Voorbij de eeuw van bureaucratie

VOORBIJ DE EEUW VAN BUREAUCRATIE

VAN REGELORGANISATIE NAAR CASUSORGANISATIE

Jan Herman de Baas

Boom bestuurskunde
Den Haag
2017

Omslagontwerp en opmaak binnenwerk: Textcetera, Den Haag

© 2017 Jan Herman de Baas | Boom bestuurskunde

ISBN 978-94-6236-803-3
NUR 805

www.boombestuurskunde.nl

INHOUDSOPGAVE

INLEIDING

Het is niet meer zoals het was. Overheidsorganisaties hebben, geleidelijk en bijna ongemerkt, de eeuw van bureaucratie achter zich gelaten. Een eeuw waarin geprobeerd werd om willekeur en rechtsongelijkheid te vermijden door overheidsbeslissingen zo strak mogelijk in te kaderen in algemene regels. De bureaucratische waarde van zorgvuldig overheidsbestuur is overeind gebleven. Maar de gedachte dat dit het best bereikt kan worden door uitvoerders in te snoeren in regels en hiërarchie, die gedachte is verlaten.

Overheden ontwikkelen zich steeds meer van regelorganisaties tot casusorganisaties: gericht op maatwerk, afgestemd op de individuele omstandigheden van het geval en op wisselende samenwerkingspartners. Dat leidt niet alleen tot een andere rol van de overheid in de samenleving. Het heeft ook grote gevolgen voor de manier van organiseren. De kenmerken van de bureaucratische organisatievorm, zoals Weber die beschreef, worden in de actuele praktijk stuk voor stuk omgekeerd.

In de casusorganisatie wordt beleidsvrijheid voor uitvoerders bevorderd, in plaats van bestreden. Vaste bevoegdheidsverdelingen worden doorbroken door voor elke casus specifiek een behandelaar aan te wijzen. Die behandelaar ('casist') bepaalt welke toeleveringen nodig zijn en weegt de bijdragen van anderen af. Door het afwegingsmandaat van de casist hebben andere afdelingen, disciplines en belanghebbenden geen vetorecht meer. Anders dan bij Weber, zijn zij voor de doorwerking van hun inbreng aangewezen op hun overtuigingskracht.

De organisatiestructuur is niet meer bepalend voor het werkproces. In de casusorganisatie wordt het meeste werk niet meer in afdelingsverband gedaan, maar in ad-hoc werkverbanden. Het werk wordt verdeeld op grond van individuele vaardigheden en niet op basis van functiebeschrijvingen. Afdelingen zijn vooral leverancier van expertise en capaciteit. Bij aanpassingen in het werkproces zijn er dus ook geen reorganisaties meer nodig.

De besluitvorming over voorstellen ligt niet meer in de hiërarchie, maar binnen de opdrachtdriehoek. Leidinggevenden functioneren als opdrachtgevers, gericht op het stellen van vragen en niet op het geven van antwoorden of het fiatteren daarvan. Inhoudelijke bijdragen kunnen ook vanuit de hiërarchie worden geleverd, maar daarmee ontstaat geen zeggenschap over de afweging van de casist. Sturing door politiek en management bestaat niet uit het toezien op en verbeteren van het werk, maar uit het aanleveren van extra ingrediënten voor de afweging door de casist. In de casusorganisatie stuurt uitvoering het beleid. Door in de praktijk gevonden oplossingen groeit de ervaring van de organisatie. Die ervaring werkt als een soort 'jurisprudentie', waaruit in toekomstige gevallen wordt geput. Zo leert de organisatie door ontwikkeling van professionaliteit. Sturing vindt plaats in de opdrachtverlening, maar vooral door te leren uit het verantwoordingsproces achteraf.

In dit boek beschrijf ik het karakter en de achtergronden van deze ontwikkeling. Een ontwikkeling die in vrijwel alle overheidsorganisaties zichtbaar is. Een ontwikkeling die bij veel overheden, zeker bij gemeenten en provincies, inmiddels het dominante patroon is geworden.

Dit is geen veranderkundig boek. Het gaat niet over het proces van verandering. Zie daarvoor bijvoorbeeld Vermaak, 2009 of Terlouw & Van Twist, 2014. Dit boek gaat over de inhoud van de verandering: Waar zien we casusorganiseren? (Hoofdstuk 1: 'een nieuwe praktijk'). Hoe heeft casusorganiseren zich ontwikkeld en hoe zit het 'ideaaltypisch' in elkaar? (Hoofdstuk 2: 'een nieuwe theorie'). Wat zijn de maatschappelijke en bestuurskundig-theoretische achtergronden? (Hoofdstuk 3).
Wat zijn de kenmerken van de casusorganisatie? (Hoofdstuk 4: Tien omkeringen van het klassiek bureaucratische organisatiemodel). Hoe vindt sturing en verantwoording plaats in casusorganisaties? (Hoofdstuk 5). Wat zegt dit allemaal over het gedrag in casusorganisaties? (Hoofdstuk 6).

In de tekst zet ik het weberiaanse klassiek-bureaucratische organisatiemodel scherp af tegenover het model van de casusorganisatie. Door deze twee als 'ideaaltypische' modellen met elkaar te contrasteren worden de verschillen goed zichtbaar. In de epiloog blik ik terug op dit contrast en op de vraag of beide modellen in elkaar overgaan, of zij elkaar uitsluiten, of dat zij elkaar in een balans kunnen houden. In de epiloog ga ik ook in op de vraag hoe mijn stelling kan worden onderbouwd, dat het model van de casusorganisatie inmiddels een beter beeld geeft van de aard van moderne overheidsorganisaties dan het model van de klassiek bureaucratische organisatie.

Ik begin in hoofdstuk 1 met het beschrijven van een nieuwe praktijk. Het idee dat publieke waarde het best kan worden gecreëerd door strakke toepassing van centrale regelgeving is achterhaald. Op allerlei plekken wordt – in de praktijk, in beleid en in regelgeving – gezocht naar nieuwe vormen. Daarin is het centrale element: ruimte geven aan het professionele oordeel over een concrete casus. Regels zijn het startpunt van een afweging, niet het eindpunt.

In hoofdstuk 2 beschrijf ik, hoe uit de ontwikkeling van de bureaucratische organisatie gedurende de afgelopen decennia geleidelijk aan een nieuw organisatiemodel naar voren is gekomen, dat de werkwijze en de besturing van het weberiaanse organisatiemodel binnenstebuiten keert. In de praktijk worden de kenmerken uit Webers 'ideaaltypische' bureaucratische organisatievorm omgekeerd. Ik beschrijf de belangrijkste kenmerken van een nieuw organisatiemodel dat daardoor impliciet is ontstaan en dat ik de 'casusorganisatie' noem.

In hoofdstuk 3 plaats ik deze veranderingen binnen de ontwikkeling van de bestuurskundige theorie. Ik laat zien hoe de veronderstellingen onder de klassiek bureaucratische organisatievorm ook in de theorie achterhaald zijn en hoe de moderne bestuurskunde ondersteuning biedt voor een casusgerichte in plaats van regelgerichte organisatievorm.

In hoofdstuk 4 breng ik vervolgens tien omkeringen in beeld, waarmee de casusorganisatie concreet toepasbaar wordt beschreven als een nieuw ideaaltypisch model van de moderne overheidsorganisatie. Met dit model kunnen organisaties richting geven aan hun ontwikkeling en kan de kloof tussen theorie en praktijk weer worden gedicht. Ik richt me hierbij vooral op de veranderingen in de organisatie, het management en de rollen van medewerkers.

In hoofdstuk 5 ga ik nader in op de politieke en managerial sturing in de casusorganisatie, inclusief het vraagstuk van verantwoording en democratische legitimatie. In de casusorganisatie is het werkproces georganiseerd rond het professionele oordeel van de behandelend ambtenaar, maar uiteraard blijven er rond die kern juridische, organisatorische en democratische waarborgen bestaan.

Ik sluit in hoofdstuk 6 af met een beschouwing over gedrag: bureaucratisch gedrag en professioneel gedrag in de casusorganisatie. Wat is daarin veranderd en wat kan daarin veranderen?

In de epiloog geef ik, zoals gezegd, een verantwoording van de totstandkoming van dit boek, de bronnen van mijn waarneming en de reikwijdte en geldingskracht van de beschrijvingen en stellingen in dit boek.

1 EEN NIEUWE PRAKTIJK: VAN REGELTOEPASSING NAAR CASUSBESLISSINGEN

Casusgerichtheid in de dagelijkse praktijk
Tekenen dat we de bureaucratische periode achter ons laten, zijn zichtbaar op alle beleidsterreinen en alle niveaus van overheidsbemoeienis. De ontwikkeling van regelbenadering naar casusbenadering werd het eerst zichtbaar bij gebiedsgerichte maatwerkaanpakken.

- Onder de noemer 'sociale vernieuwing' startte oud-minister Dales in 1990 een campagne voor een multidisciplinaire aanpak in *oude wijken*. Later gevolgd door extra aandacht voor achterstanden in de zogenaamde Vogelaarwijken (Van Merriënboer, 2015).
- In de *stadsontwikkeling* worden nieuwbouw en herstructurering breder benaderd dan de fysieke opgave. Het wordt gezien als zoektocht naar het 'meekoppelen' van wensen en belangen van vele partijen (Majoor, 2010, p. 101).
- Bij integrale *gebiedsontwikkeling* wordt landbouw niet alleen in verband gebracht met milieueisen en natuur, maar ook met ruimtelijke afwegingen en leefbaarheidsvragen, zoals woningbouw, voorzieningen, toerisme en andere 'nieuwe economische dragers' (Boonstra, 2004, p. 266).
- Grote steden laten integrale 'frontlijnteams' rondlopen in *wijken* om in de breedte integraal waar te nemen wat er gebeurt en daar actie op de organiseren (Hartman en Tops, 2005).
- In het *buurtwerk* worden veiligheid en overlast in samenhang gezien met vroegtijdig schoolverlaten en wachtlijsten in de zorg (De Bruijn, 2010, p. 47).

Inmiddels is werken vanuit de individuele casus ook de maat geworden in *reguliere aanvraagprocessen* of *uitvoeringsprogramma's*. De actuele norm is het zoeken naar de vraag achter de vraag en het vinden van oplossingen die werken in de concrete context van de casus:

- Een buitenlander die een paspoort aanvraagt, krijgt niet zomaar een weigering, maar wordt gewezen op alternatieve reisdocumenten of eventueel naturalisatiemogelijkheden.
- Iemand die een scootmobiel aanvraagt als Wmo-voorziening kan rekenen op begeleiding bij het achterliggende vraagstuk van eenzaamheid en sociale participatie.
- Wie tegenwoordig 'een uitkering komt aanvragen', krijgt als antwoord: 'Voor we die vraag behandelen, gaan we eerst kijken of we u aan werk kunnen helpen.'
- De medewerker Stadsbeheer, die op straat wordt aangesproken over een stoeptegel, haalt niet meer de schouders op onder verwijzing naar een standaard-onderhoudsprogramma. Hij neemt de melding in behandeling, ook al was hij met een andere opdracht bezig.

De moderne overheid beziet een casus op zijn individuele merites. Die trend is op tal van plekken terug te zien. Het beeld is overigens niet unisono. Er zijn in de actuele bestuurspraktijk ook patronen van standaardisatie. Standaardisatie komt soms voor als een averechts effect van 'vraaggericht denken'. Zo heeft het streven naar vraaggerichtheid er de laatste decennia toe geleid dat een burger met een diversiteit aan vragen toch bij één loket wordt ontvangen. In veel gevallen is daarbij echter, om afdoening in de frontoffice te vergemakkelijken, ingezet op standaardisatie van vraag-antwoord-combinaties (Gemeente heeft Antwoord, VDP & VNG, 2007).

Ook de invloed van ICT-techniek leidt soms tot standaardisatie. Vaak leidt ICT zelfs tot een ultieme verscherping van de bureaucratische neiging om handelingsruimte voor uitvoerders te beperken (Zuurmond, 1994; Snellen, 1998). Soms maakt geautomatiseerde afdoening maatwerk feitelijk onmogelijk, eenvoudigweg doordat de programmatuur het niet toestaat. Soms bemoeilijkt automatisering maatwerk op een praktische manier, doordat de beoordelaar geen contact meer heeft met de situatie en geen andere informatie ter beschikking heeft dan wat is ingevuld op een standaardformulier (Jorna, 2009).

Deze laatste tendens speelt vooral bij grote uitvoeringsorganisaties, zoals de Belastingdienst, de Sociale Verzekeringsbank, enzovoort.

Bovens en Zouridis geven de ontwikkeling van de organisatie van de studiefinanciering als treffend voorbeeld. Tot de jaren zestig werden beurzen op individueel niveau verstrekt, door ambtenaren die hun studenten kenden en zich op de hoogte hielden van hun vorderingen. Daarna is in enkele decennia tijd de uitvoering steeds verder geautomatiseerd. Vanaf 1986 werd de uitvoering ondergebracht in een verzelfstandigde organisatie, treffend aangeduid als Informatiseringsbank. De rol van de ambtenaren was al beperkt tot het invoeren van gegevens vanaf de standaard-aanvraagformulieren en het bevestigen van de door de computer gegenereerde beslissingen. Nu werd de rol van de ambtenaar in de eerste fase van het proces geheel verwijderd. De student moest zelf de gegevens digitaal invoeren en de computer genereerde zonder menselijke tussenkomst en zonder ondertekening een beslissing. Alleen als de aanvrager bezwaar aantekende, kwam er een menselijke beoordeling aan te pas. In deze ontwikkeling zijn 'street-level-bureaucraten' omgevormd tot 'screen-level-bureaucraten' en later 'system-level-bureaucraten'. Die laatsten zijn uitsluitend bezig met het functioneren van het ICT-systeem (Bovens & Zouridis, 2002, p. 178). Eenzelfde ontwikkeling signaleerden zij bij het Centraal Justitieel Incassobureau, waar geautomatiseerde systemen zonder menselijke tussenkomst flitsbeelden omzetten in bekeuringen, die automatisch werden verzonden. Inmiddels is aan die ontwikkeling een grens gesteld door het Gerechtshof Leeuwarden, dat in 2014 oordeelde dat het geautomatiseerd opleggen van sancties in strijd is met de Wet Administratiefrechtelijke handhaving verkeersvoorschriften. Ondanks die grens is een trend naar geautomatiseerde beschikkingen bij verschillende grote uitvoeringsorganisaties zichtbaar. Die ontwikkeling behandel ik echter niet in dit boek.

Dit verhaal gaat over de overige bestuurspraktijk. Daarin is juist een tegenovergestelde tendens zichtbaar: een tendens naar maatwerk en interactie. Illustratief is de reeks rapporten die de Vereniging van Nederlandse Gemeenten (VNG) de afgelopen tien jaar heeft uitgebracht over de ontwikkelingen in het lokaal bestuur (de commissies Jorritsma, Bovens, Van Aartsen, Van Boxtel, Van Gijzel, Van Zaanen). Uit het overzicht dat Van Twist schreef, blijkt dat het perspectief van de commissies meebeweegt met de theoretische ontwikkelingen en de tijdgeest in de praktijk. De maatschappelijke tendens naar maatwerk, coproductie en participatie is duidelijk herkenbaar (Van Twist, 2015).

Dergelijke interactie, in meer gelijkwaardige verhoudingen, verdraagt zich niet goed met sturing via bindende regels. Regels hebben immers noodzakelijkerwijs een eenrichtingskarakter, ondanks eventuele inspraak. Samenwerking met meerdere partijen vraagt om oplossingen die per concrete situatie kunnen variëren, omdat de omstandigheden en belangen waar je op af moet stemmen in elk gebied, in elke coalitie weer anders zijn. Een integrale, oplossingsgerichte aanpak kan niet worden bereikt door de diverse beleidsmatige belangen in regels te verankeren. Het vraagt een professionele afweging van alle relevante belangen, in de context van de concrete casus.

Een mooi voorbeeld van de diversiteit aan beleidsmatige overwegingen geven Moore en Khagram. Bij de uitvoering van een welzijnsprogramma speelt een veelvoud aan deels contraire beleidsbelangen. Sommige politici willen vooral de totale kosten voor het programma beperkt houden. Anderen misschien niet zozeer de totale kosten, maar dan toch wel de administratieve kosten, zodat het geld ook daadwerkelijk aan de zorg wordt besteed. Sommige politici zijn bezorgd of de voorziening wel voldoende is om de betrokkenen een veilig en gezond thuis te kunnen bieden. Anderen zijn vooral bevreesd dat er misbruik van het programma wordt gemaakt door mensen die eigenlijk niet voor een voorziening in aanmerking zouden moeten komen. Sommige politici willen dat het programma zorgt dat de cliënten zelfredzaam worden. Anderen vinden het vooral belangrijk dat de privacy en waardigheid van cliënten niet worden aangetast (Moore & Khagram, 2004, p. 6).

De klassiek bureaucratische reflex is dat voor al deze uiteenlopende belangen regels worden geformuleerd. Elk belang zijn eigen formulering in zijn eigen regel. Maar daarmee duwt het bestuur het belangenconflict naar de uitvoeringspraktijk. Want het praktische dilemma: wat in een bepaalde situatie de juiste voorziening is, in een balans tussen al deze belangen, is niet opgelost. Om die afweging helder te krijgen is het voor de uitvoerder noodzakelijk 'to enter the debate' (Moore & Khagram, 2004, p. 9). De werkelijke afweging kan pas goed worden gemaakt in een confrontatie tussen de verschillende relevante belangen en de bijzonderheden van de situatie en de cliënt.

Dit voorbeeld is representatief voor de meeste afwegingen in het publieke domein. Er is een dubbele interpretatieslag nodig. Het gaat niet alleen om het toepassen van een regel voor één bepaald beleidsdoel. Het gaat om het middelen tussen enerzijds een reeks deels conflicterende beleidsdoelen met hun bijbehorende regels en anderzijds een concrete situatie. Omdat het openbaar bestuur nu eenmaal belast is met het toedelen van publieke waarden is interne spanning binnen de doelstellingen vrijwel altijd aan de orde. Het bovenstaande voorbeeld is nog een versimpeling, omdat doelen vanuit andere beleidsdomeinen de kwestie vaak nog verder compliceren. De 'public value'-benadering gaat er daarom van uit dat de juiste afweging een interactie vraagt van uitvoerders met de betrokken cliënten, maar ook met de politiek en andere belanghebbenden (Moore, 1995). Dit is een van de achtergronden van de tendens om regelsturing te vervangen door casussturing.

De moderne wetgeving
Een belangrijk gegeven is dat deze tendens ook terugkomt in de stijl van moderne wetten zelf. Het klassiek bureaucratische ideaal was de 'gebonden beschikking': een besluit waarvoor de besliscriteria zo dwingend in de wet zijn vastgelegd dat er in de uitvoering geen enkele beleidsvrijheid meer is. Het klassieke voorbeeld daarvan was de bouwvergunning, die volgens de wet *moet* worden verleend als de aanvraag past binnen het bestemmingsplan en de bouwverordening.

Gebonden beschikkingen zijn echter zeldzaam geworden. In moderne wetgeving staat steeds vaker niet de regel maar het concrete geval centraal. Een vroeg voorbeeld was de Deltawet grote rivieren (1995). Dat was een 'noodwet' voor snelle dijkverzwaring, waarin allerlei wettelijke voorschriften werden overruled door één concreet afgewogen projectbesluit. Na de Experimentenwet Stad en Milieu (1998), de Wet algemene bepalingen omgevingsrecht (2008) en de Crisis- en herstelwet (2010) is dit principe veralgemeniseerd in de nieuwe Omgevingswet (aangenomen door Tweede en Eerste Kamer, geplande invoeringsdatum 2019/2020, inmiddels verschoven naar 2021).

De nieuwe Omgevingswet (Ow) ademt op tal van plaatsen de casuïstische benaderingswijze uit. Het meest pregnant is dat bij het 'projectbesluit'. In de ruimtelijke ordening domineerde heel lang de klassieke benadering, waarin integrale planning werd gezien als voorwaarde voor goede besluitvorming. Het ideaal was om voor wat grotere gebieden, ten minste een wijk, één bestemmingsplan vast te stellen, met algemene regels voor elke bestemming. Zo'n bestemmingsplan moest liefst jarenlang overeind blijven. De beste ruimtelijke ordening zou pas kunnen worden bereikt door het volgen van de regels van het bestemmingsplan.

In de nieuwe Omgevingswet is het projectbesluit echter volledig nevengeschikt aan de gereguleerde planning via het bestemmingsplan (tegenwoordig 'omgevingsplan'). Het bestuur mag nu in plaats van formele planvorming ook kiezen voor een projectbesluit. Zo'n projectbesluit heeft dan juridisch zelfs voorrang op de bepalingen van het algemene plan en de algemene verordening: 'De regels van het projectbesluit wijzigen de regels van het omgevingsplan voor zover die regels met de regels van het projectbesluit in strijd zijn' (art. 5.52 lid 1 Ow).

Deze nevenschikking en zelfs voorrangspositie van het projectbesluit is het sluitstuk van een decennialange strijd tegen het gebruik van vrijstellingsbepalingen. Er waren in de oude Wet op de ruimtelijke ordening (Wro) altijd al enkele uitzonderingsartikelen, waarmee voor onvoorziene gevallen vrijstelling van het bestemmingsplan kon worden gegeven. Bijvoorbeeld voor een tijdelijk afwijkend gebruik (art. 17 oude Wro) of om vooruitlopend op een komende herziening van het bestemmingsplan alvast een project te kunnen realiseren (art. 19 oude Wro). Maar in de ogen van planologen, juristen en beleidsmakers moesten individuele beslissingen zo veel mogelijk worden vermeden.

Een mooi symbool daarvan was dat de veelgebruikte artikel 19-vrijstelling met een soort bezweringsformule werd aangeduid als een 'anticipatiebesluit'. Het zou slechts een tijdelijke voorziening zijn, in afwachting van de definitieve samenhangende aanpassing van het bredere bestemmingsplan. In de praktijk echter hanteerden gemeenten op grote schaal individuele projectbeslissingen. Niet omdat er toevallig nog geen nieuw bestemmingsplan klaar was, maar omdat de vrijstellingsprocedures korter waren en men projectgewijze besluitvorming helemaal niet als inferieur beschouwde. Herziening van het achterliggende bestemmingsplan gebeurde niet, of pas jaren later als een vastlegging (codificatie) van meerdere wijzigingen. De grote bestemmingsplannen konden te weinig rekening houden met individuele bijzonderheden en wijzigende omstandigheden. In de praktijk werd door de meeste gemeenten ruimtelijk beleid gevoerd via de vrijstellingsbepalingen (De Baas & Van Geest, 1990). Decennialang heeft de regering geprobeerd deze praktijk te keren, maar inmiddels is de wetgever dus van inzicht veranderd: besluitvorming op het niveau van een individueel project is in de nieuwe Omgevingswet minstens gelijkwaardig.

Ook op andere beleidsterreinen zijn de voorbeelden legio. Zo kent de Wet werk en bijstand (WWB) enerzijds nog strak bindende bepalingen, zoals de exacte hoogte van de maandelijkse bijstand. De bedragen van € 234,88 voor een jongere onder de 21 jaar tot € 1413,13 voor een pensioengerechtigd paar staan gewoon in de wet, met jaarlijkse indexering. Ook wordt bijvoorbeeld concreet en bindend vastgelegd dat alimentatiekosten en verkeersboetes niet behoren tot de 'noodzakelijke kosten van het bestaan' (art. 14 WWB). Maar de WWB kent anderzijds juist zachter geformuleerde bepalingen, zogenaamde 'open normen'. Dat wil zeggen abstractere, niet-precieze omschrijvingen, die expliciet bedoeld zijn om het uitvoerend bestuursorgaan beleidsvrijheid te geven. Een voorbeeld is de bepaling dat de bijstand moet worden afgestemd op 'de omstandigheden, mogelijkheden en middelen van de belanghebbende' (art. 18 lid 1 WWB).

Een andere bekende techniek om beleidsvrijheid te geven is het in de wet opnemen van een zogenaamde 'discretionaire bevoegdheid'. Meestal gebeurt dat door een 'kan'-formulering, zoals in artikel 10a lid 1 WWB: 'Het college kan (...) additionele werkzaamheden laten verrichten gedurende maximaal twee jaar.' Deze formulering betekent dat het college dat 'kan' doen, maar niet hoeft te doen. Zo is er beleidsruimte gecreëerd voor de uitvoerders.

De WWB kent verder een algemene 'hardheidsbepaling': 'Aan een persoon die *geen* recht op bijstand heeft, kan het college, gelet op alle omstandigheden, in afwijking van deze paragraaf, bijstand verlenen indien zeer dringende redenen daartoe noodzaken' (art. 16 lid 1). Ook dit is een voorbeeld van hoe de wetgever bewust beleidsvrijheid organiseert. In bewuste tegenspraak met het klassiek bureaucratische principe om de uitvoering zo veel mogelijk dicht te regelen (zie ook paragrafen 2.5 en 2.6).

Een mooi voorbeeld uit het vreemdelingenrecht is de individuele beoordeling van 'moeilijke gevallen' door de staatssecretaris. De wet heeft de bewindspersoon bewust de discretionaire bevoegdheid gegeven om migranten die niet voldoen aan de vereisten, toch een – tijdelijke – verblijfsvergunning te geven om 'klemmende redenen van humanitaire aard' (art. 29 lid 1 Vreemdelingenwet 2000) en sinds de wetswijziging van 2014 zelfs zonder expliciete vermelding van redenen (Vreemdelingenbesluit art. 3.48 lid 2 onder b).

De casusmoraal
Bovenstaande voorbeelden zijn illustratief voor de beweging. Deze voorbeelden maken ook duidelijk dat de ontwikkeling naar casusorganiseren niet betekent dat er afscheid wordt genomen van rechtsstatelijke beginselen. Uiteraard blijft de rechterlijke toetsing van overheidshandelingen in stand. Er is echter een inhoudelijke verschuiving, zowel in het handelen als in de toetsing. Daarin wordt niet meer de nadruk gelegd op concrete normen in vaste regels, maar op de vraag hoe de achterliggende beginselen tot uitdrukking kunnen worden gebracht in een bepaalde concrete situatie.

Een goede illustratie van deze benadering is het leerstuk van de 'inherente afwijkingsbevoegdheid'. Dat leerstuk houdt in dat een uitvoerend orgaan altijd moet beoordelen of letterlijke regeltoepassing niet tot een onredelijke uitkomst zou leiden (Van Kreveld, 1983). Er is dus een plicht om afwijking van de regels te overwegen. Die plicht staat niet tegenover de democratische rechtsstaat, maar is daar onderdeel van. Het is een algemene rechtsplicht voor uitvoerende instanties, dat zij de redelijkheid van regeltoepassing per concrete situatie behoren af te wegen.

Dit leerstuk is enkele decennia terug tot ontwikkeling gekomen rond 'beleidsregels' (regels waarin een bestuursorgaan zelf vastlegt hoe het zijn bevoegdheden wil uitvoeren). Maar via de beginselen van behoorlijk bestuur, inmiddels opgenomen in de Algemene wet bestuursrecht, is dit type afweging ook in relatie tot formele wetgeving de norm geworden. Het vloeit voort uit de erkenning dat het letterlijk toepassen van regels onverwachte, onbedoelde en ongewenste effecten kan hebben.

Hoe ongerijmd regels kunnen zijn, bleek bijvoorbeeld toen ik in 1987 een administratief-beroepszaak moest afhandelen bij de provincie Gelderland. Het ging om een drank- en horecavergunning voor een feestboot die voer vanaf de Nijmeegse Waalkade. De gemeente had de uitbater gezegd dat hij een vergunning moest aanvragen en had die vergunning vervolgens ook verleend.

De rijksinspecteur voor de drank- en horecawetgeving tekende daartegen echter beroep aan bij Gedeputeerde Staten. Hij vond dat de vergunning moest worden vernietigd. De vergunning was in strijd met de Drank- en Horecawet, onder meer omdat op de boot niet werd voldaan aan een aantal bouwkundige bepalingen, die niet goed waren toe te passen op een boot.

Het hoogtepunt van deze lastige casus was de uitroep van de uitbater tijdens de hoorzitting: 'Maar ik hoef helemaal geen vergunning! De gemeente vond dat ik zo nodig een vergunning moest hebben. De inspecteur wil hem nu laten vernietigen. Maar mij maakt het niet uit! Ik kan ook prima draaien zonder vergunning ...'

Een prachtige omkering door deze burger, die een kafkaiaans duel moest aanschouwen tussen een gemeente en een rijksinspecteur, terwijl het ging over zijn vergunning en dus zijn bedrijf. Hij vond dat hij nergens om had gevraagd.

Daarbij zag hij wel over het hoofd dat elke vergunningplicht voortvloeit uit een verbod. In de wet is het uitbaten van een horecazaak 'verboden, behoudens vergunning'. Het klopt dat hij geen vergunning hoefde te hebben, maar dan mocht hij ook geen drank- en horeca-inrichting exploiteren ...

Anderzijds had hij wel een punt, omdat varende inrichtingen in principe zijn vrijgesteld van de vergunningplicht, juist omdat ze niet passen in het voorschriftenstelsel dat gericht is op hotels, cafés en restaurants. Het punt was echter dat hij slim gebruik maakte van dit onderscheid door aan de Waalkade vanaf een boot horeca-activiteiten te ontplooien. Op veel avonden lag de boot meer aan de kade dan dat hij rondvoer. De rechtsvraag werd uiteindelijk: Bij welke verhouding tussen 'vaartijd' en 'drinken-voor-en-na-het-varen' is de vergunnings-vrijstelling nog van toepassing? Een afweging die niet uit de regels voortkwam, maar uit de casus. Een mooie illustratie hoe de praktijk altijd weer complexer is dan de regelmakers kunnen voorzien.

Het principe van de inherente afwijkingsbevoegdheid is in de huidige bestuurspraktijk inmiddels onomstreden. Dertig jaar geleden signaleerde de eminente rechtsgeleerde Wiarda al dat er onder bestuurders, ambtenaren en burgers geen tolerantie meer is voor de redenering 'zo zijn nu eenmaal de regels' (Wiarda, 1988, p. 94). In een recente televisiedocumentaire stelden praktiserende rechters onomwonden dat 'geschreven regels nooit aanleiding mogen zijn om tot een onredelijke uitspraak te komen' ('Kijken in de ziel van rechters', NCRV, 2015). Een ander treffend voorbeeld is de toespraak die minister-president Rutte eind 2014 hield met de stelling: 'Individu juist geholpen met ongelijke behandeling' (Rutte, 2014). Rutte signaleerde dat er in de politieke discussie over de decentralisaties op sociaal domein een 'ingebakken angst voor ongelijkheid' naar voren kwam, die een 'rigiditeit van het voorzieningenstelsel' in de hand werkt. Hij pleitte ervoor om niet overal dezelfde regels toe te passen, maar 'elk probleem op zijn eigen merites te beoordelen'.

Ook de moderne wetgever vertrekt steeds vaker vanuit het uitgangs-punt dat een juiste beslissing ontstaat door een concrete afweging van de specifieke omstandigheden van een geval. Niet in abstracto door de wetgever, maar in concreto door de uitvoerende instan-tie. Met andere woorden: het gaat niet om eenvoudige toepassing van algemene regels, maar om het beoordelen van een individuele casus in redelijkheid en billijkheid. Beleidsdoelen en inhoudelijke uitgangspunten dienen daarbij als referentiekader, maar zijn niet op zichzelf maatgevend. Er geldt een rechtsplicht om altijd af te wegen of billijkheid en redelijkheid in dit concrete geval vragen om een afwijkend besluit. In tegenstelling tot wat vaak wordt gedacht, draait het in de juridische discipline niet om het volgen van regels, maar juist om het afwegen van concrete omstandigheden (Wiarda, 1988; Taekema, 2012).

Dat het verlenen van beleidsvrijheid nog steeds niet altijd zonder discussie verloopt, zien we in het voorbeeld van het persoonsgebonden budget (pgb). Dit budget is in 1997 geïntroduceerd als een fundamentele verschuiving naar vraaggerichte zorg. Het stelt cliënten financieel in staat om uiteenlopende zorgvoorzieningen zelf in te huren. Na verloop van tijd echter deden in het publieke en politieke debat tal van voorbeelden de ronde van 'oneigenlijk' gebruik van het pgb. Soms zelfs komisch, zoals een bezoek aan jazzfestivals, huiswerkbegeleiding en oppas door opa's en oma's (Kruiter & Van der Zwaard, 2014, p. 50; TK 2007). De regeling is uiteindelijk in meerdere rondes op allerlei manieren ingeperkt en daarmee weer onder invloed gekomen van de bureaucratische reflexen van rechtsgelijkheid en verantwoording.
Nu was de ruimte die in het pgb gegeven werd erg groot. Er zijn ook gevallen gesignaleerd waarin louche tussenpersonen misbruik maakten van de beperkte zelfredzaamheid van sommige cliënten. Typisch is echter wel dat de reacties gebaseerd waren op de interpretatie dat het pgb-geld werkelijk besteed moest worden aan de bedoelde zorgvormen. Zelfs de eerste € 2500, die een 'budgethouder' zonder nadere verantwoording naar eigen inzicht mocht besteden. Terwijl er in het aanpalende domein van belastingheffing bekende en onomstreden voorbeelden zijn van kortingen zonder bestedingsrichting. Denk bijvoorbeeld aan de 'alleenstaande-ouderkorting' (per 2017 ongeveer € 1200 per jaar) of de 'zelfstandigenaftrek' (ruim € 7000 per jaar). Deze kortingen worden toegekend aan personen die in bepaalde omstandigheden verkeren die in het algemeen extra kosten met zich brengen. Maar hoe dat geld besteed wordt, is geheel vrijgelaten (wat natuurlijk ook past bij de systematiek van een fiscale aftrekpost).

In het totaal van de decentralisaties in het sociaal domein is de discussie over het pgb echter slechts een van de contrapunten. De hoofdbeweging is die van toenemende ruimte voor maatwerk in specifieke situaties. Inhoudelijke normering binnen de wet is steeds minder het vertrekpunt van de rechtstoepassing. De neiging is juist om materiële normering van besliscriteria zo veel mogelijk te beperken.

Een van de meest typerende voorbeelden is de Wet maatschappelijke ondersteuning (Wmo; 2015). Het centrale principe van deze wet is niet een 'recht' op een bepaald landelijk gestandaardiseerd geldelijk bedrag, zoals in de WWB. Centraal in de wet staat het principe van een op de persoon toegesneden 'maatwerkvoorziening'. Het kernartikel van de wet gebruikt zelfs expliciet die term: 'Het college draagt er zorg voor dat aan personen die daarvoor in aanmerking komen, een maatwerkvoorziening wordt verstrekt' (art. 2.3.1 Wmo). De wet bepaalt ook dat deze 'maatwerkvoorziening' gebaseerd moet zijn op een onderzoek naar de concrete omstandigheden van de persoon. Een onderzoek dat bovendien in samenspraak met de betrokken persoon moet worden verricht. De omstandigheden die in aanmerking genomen moeten worden, zijn volstrekt persoonsgebonden en zeer persoonlijk van aard, zoals onder meer 'de behoeften, persoonskenmerken en de voorkeuren van de cliënt' (art. 2.3.2 lid 4 Wmo). Daarbij moeten ook concrete omstandigheden in de sociale omgeving en woonomgeving van de aanvrager worden onderzocht, tot en met voorzieningen op wijkniveau.

Eenzelfde strekking heeft ook de 'planbepaling' in de nieuwe Participatiewet (PW), die vastlegt dat voor jongvolwassenen bij de bijstandsbeslissing een op de persoon en omstandigheden toegesneden 'plan van aanpak' moet worden opgenomen als 'bijlage'. Dit plan dient 'in samenspraak met die persoon' periodiek te worden geëvalueerd en zo nodig bijgesteld (art. 44 lid 4 PW).

Karakterwisseling
Het is allemaal geen toeval en geen voorbijgaande trend. Wetgevers, managers en uitvoerders ontwikkelen hun praktijk in deze richting. Vaak gebeurt dit nog weinig bewust en weinig expliciet. Wel is er

onder practitioners een breed verspreide beleving/intuïtie dat dit de ontwikkelingsrichting is waar we heen gaan en waar we heen willen. Het is een brede trend die door veel organisaties onderling wordt overgenomen. Dit type inzichten verspreiden zich vaak via rapporten, expert-community's, consultants en/of statements van politieke partijen. Hieruit ontstaan trends die steeds verder groeien doordat professionals zich op elkaar oriënteren. Het is een soort leer- of 'kopieergedrag', dat volgens DiMaggio en Powell leidt tot 'isomorfie': een parallelle doorwerking van nieuwe inzichten in reeksen van vergelijkbare organisaties (DiMaggio & Powell, 1983). De redenen, achtergronden en contouren van deze beweging blijven in zo'n proces vaak onvoldoende scherp.

Maar hier gaat het niet om een willekeurige trend, die evengoed door een volgende mode kan worden opgevolgd. De overgang van regeltoepassing naar casusbeoordeling hangt samen met structurele ontwikkelingen in de samenleving en in het verlengde daarvan de rol en werkwijze van overheidsorganisaties. Deze trend is ook gefundeerd in de ontwikkeling van de bestuurskundige theorie. In hoofdstuk 3 laat ik zien hoe de bestuurskundige theorie zich heeft ontwikkeld van een streven naar rationalisering, via een fase van ontnuchtering, naar het benutten van interactie als middel voor het verbeteren van het overheidshandelen.

Dit boek is bedoeld om de hier geschetste ontwikkeling te voorzien van een heldere begripsbepaling, onderbouwing en uitwerking. Hiermee hoop ik houvast te geven voor het werken aan die talloze kleine stapjes die in de praktijk deze ontwikkeling vormgeven. De genoemde voorbeelden illustreren dat we in de verhouding tussen beleid, regulering en uitvoering zijn overgestapt naar een nieuw paradigma, van regeltoepassing naar het beoordelen van casussen. Als we de ontwikkelingen in dit perspectief beschouwen, dan blijkt dat we onze manier van organiseren, na een eeuw in de geest van Webers model, hebben onttrokken aan de schaduw van de bureaucratietheorie. We streven nog steeds naar een zorgvuldige en objectief-zakelijke behandeling. We werken nog steeds op basis van democratische legitimatie en er is nog steeds onafhankelijke rechterlijke toetsing. Maar het organisatiemodel dat Weber daarbij beschreef, is achterhaald. In de praktijk zien we een omkering van de kenmerken van dat model. Hoogste tijd om ons daar expliciet van bewust te zijn. Hoogste tijd om de overheidspraktijk ook op theoretisch niveau te bezien in het licht van een nieuw model, de casusorganisatie.

2 EEN NIEUWE THEORIE: VAN BUREAUCRATIE NAAR CASUSORGANISATIE

2.1 Het bureaucratische principe

Weber zag 'bureaucratie' niet primair als een organisatiekundig beginsel, maar als een principe voor de legitimatie en de uitoefening van gezag. Hij zag dit principe als onderdeel van een bredere ontwikkeling in de samenleving. Webers bureaucratiemodel is slechts een hoofdstuk in zijn veel bredere werk *Wirtschaft und Gesellschaft. Die Wirtschaft und die gesellschaftlichen Ordnungen und Mächte* (Weber, 2009, postume uitgave 1920).

Weber constateerde dat in plaats van traditie en/of bovennatuurlijke bronnen steeds meer de rede werd gehanteerd als richtsnoer voor het handelen. Dat kan worden gezien als uitvloeisel van de Verlichting, mede in de hand gewerkt door de opkomst van de handelseconomie. Weber zag het in ieder geval als een algemeen maatschappelijk proces van 'rationalisering'. De kern was dat het gezag niet meer werd gelegitimeerd door feodale tradities, 'Patrimonialismus', of door persoonlijke kwaliteiten, 'Charismatismus', maar door de rationaliteit van algemeen verbindende regels. Regels die het gezag onpartijdig en onwillekeurig maken. Regels die voor de gezaghebbers zelf net zo goed gelden als voor de onderdanen (Weber, 1920/2009, p. 11). Die nieuwe gezagsvorm noemt Weber 'Bürokratismus'.

Bureaucratisch gezag is gelegitimeerd door een systeem van zakelijke regels. Gezag is alleen legitiem zolang het volgens die regels wordt uitgeoefend. Niet de persoon, maar de regels moeten worden gehoorzaamd. De bron van gezag wordt hierdoor geobjectiveerd, maar ook de gezagsuitoefening zelf. Deze wordt niet door persoonlijke oordelen bepaald, maar door van tevoren vastgelegde regels. Weber spreekt van een proces van 'Entzauberung' (onttovering).

De belangrijkste principes van de bureaucratie zijn in onze maatschappij inmiddels vanzelfsprekend geworden. De bureaucratische kenmerken vinden we niet alleen terug bij de overheid, maar in alle grote organisaties. Denk bijvoorbeeld aan een gedetailleerd uitgewerkte hiërarchie, met vaste verantwoordelijkheden voor vaste functionarissen. Ook het afscheiden van het zakelijke vermogen en het privévermogen en het scheiden van zakelijke correspondentie en privécorrespondentie zijn overal gebruikelijk. In grotere bedrijven zijn de hoogste functionarissen doorgaans werknemer in hun eigen bedrijf geworden. Ook in het aantal regels en voorschriften doen veel moderne bedrijven niet onder voor overheidsinstanties. Dit geldt niet alleen voor het bank- en verzekeringswezen, ook in de industrie, dienstverlening en non-profitsector bestaan vaak zeer gedetailleerde instructies over de wijze waarop het werk moet worden uitgevoerd.

Voor Weber waren deze kenmerken essentieel om de bureaucratie te onderscheiden van historische organisatievormen, zoals gilden en de feodale horigheid. Historisch gezien was een zakelijk-objectieve gezagvoering namelijk niet vanzelfsprekend. Feodale leenheren betaalden een 'leen' aan hun heer en moesten vervolgens zien dat zij opbrengsten uit hun gebied haalden. Nog aan het eind van de Middeleeuwen kon een benoeming tot schout worden gekocht met een geldsom, bij wijze van pacht. Een schout had taken in de sfeer van politie en rechtspraak en moest leven van de opbrengsten van zijn ambt, vooral in de vorm van boetes, waar hij dus een persoonlijk belang bij had. Veel ambten konden worden vererfd of doorverkocht. In Webers bureaucratie is het juist ondenkbaar dat beambten voor eigen rekening werken. Ambtelijke bevoegdheden horen niet bij een persoon, maar bij een functie. Ambtsdragers krijgt een vast salaris en eventuele opbrengsten van hun werk vloeien in de staatskas.

Het principe dat een ambtenaar geen persoonlijk gewin uit zijn of haar functie haalt, is een kernbeginsel in de moderne ambtseed. In de loop der jaren heb ik die eed of belofte mogen afnemen bij vele nieuwe ambtenaren. In het gesprek dat we daarbij voeren, blijkt dat

de meeste aankomende ambtenaren dit principe haast te vanzelf-sprekend vinden om te benoemen.
Tot er onlangs iemand bij zat die de voorafgaande jaren in een Afrikaans land had gewerkt. In dat land was het volgens haar normaal dat je, voor welke overheidshandeling dan ook, de behandelend ambtenaar een geldbedrag toestopt. Met dezelfde vanzelfsprekend-heid waarmee we in Nederland in een restaurant een tip geven aan de ober of aan het loket leges betalen voor het aanvragen van een vergunning of een paspoort.

Ook honderd jaar na Webers beschrijving zijn er nog veel situaties waarin de scheiding tussen ambtsuitoefening en persoonlijk belang niet zo scherp wordt gehanteerd als Weber bepleit. Er loopt een glij-dende schaal van een geschenk als bedankje (in Nederland onder voorwaarden toegestaan tot een waarde van € 50), via cliëntelisme, naar machtsmisbruik en corruptie. Als je uit binnen- of buitenland voorbeelden hoort van zelfverrijking door politici of ambtenaren, dan dringt het besef zich op hoe belangrijk de achterliggende waar-den van Webers bureaucratiemodel nog steeds zijn.

Bureaucratische rationaliteit

Als Weber spreekt van 'rationalisering' bedoelt hij dat het overheids-handelen niet wordt bepaald door persoonlijke overwegingen, zoals gevoelens van betrokkenheid, gunst of genade, maar door zakelijke overwegingen, zoals doelen en middelen. Met zakelijkheid bedoelt Weber dat beslissingen op zakelijke gronden worden genomen, zon-der aanzien des persoons. Zakelijk-rationele beslissingen zijn gefun-deerd op argumenten waarover op redelijke gronden kan worden gediscussieerd. Het gaat om een redelijke afweging van doelen en middelen, in het bijzonder het toepassen van algemene normen. De burger is dan niet meer afhankelijk van gunsten waarvoor hij dank-baar zou moeten zijn. De burger heeft, in de gegeven omstandig-heden en met de gegeven regels, recht op een bepaalde beslissing.

Het was dit type rationalisering dat Weber op het oog had (Raad-schelders, 2003, 313). In de bureaucratische benadering betekent 'rationeel' niet het kiezen van de meest efficiënte of doelgerichte handelwijze. Het gaat erom legaal vastgestelde regels stringent, onpartijdig, betrouwbaar en redelijk toe te passen. Weber noemde dit 'Wertrationalität' (waarderationaliteit): dat in het handelen van de overheid bepaalde maatschappelijke waarden worden gehanteerd. Weber plaatste dit tegenover 'Zweckrationalität' (doelrationaliteit), die gericht is op effectiviteit en een gunstige verhouding tussen kosten en baten.

Dit type betrouwbaarheid van de ideaaltypische bureaucratische organisatie is van belang voor zowel burgers als politici (De Baas, 1995, p. 187). Aan burgers worden onpartijdigheid en rechtszekerheid geboden. De bureaucratie behandelt alle burgers op gelijke wijze. Burgers kunnen zich bij een onafhankelijke rechter verweren als ze menen dat de regels niet juist zijn toegepast, of dat er met hun bijzondere belangen onvoldoende rekening is gehouden. De schriftelijke documentatie, die zo kenmerkend is voor de bureaucratie, maakt het handelen van de bureaucratie controleerbaar voor de burgers en de door hen ingeschakelde rechters.

Daarnaast biedt het bureaucratische model ook grote voordelen aan de politieke top van overheidsorganisaties. De politieke top kan onmogelijk zelf alle handelingen van de organisatie controleren (De Vries, 2016, p. 85). Daarom is de bureaucratische organisatie erop gericht om nauwgezet en plichtsgetrouw vast te houden aan de door de top vastgestelde wetten en regels. Bureaucratische ambtenaren voeren hun taken uit in loyale ondergeschiktheid aan het politieke gezag. Zij worden geacht hun persoonlijke voorkeuren buiten beschouwing te laten.
Uitvoerende taken zijn gebonden aan strikte voorschriften die door de politieke top worden vastgesteld. Uitvoerende ambtenaren zouden zelf geen beleidsgevoelige beslissingen mogen nemen. Welke criteria een rol spelen en hoe individuele gevallen beoordeeld moeten worden, is vastgelegd in wetten of uitvoeringsvoorschriften.
In die zin sluit de bureaucratische organisatievorm perfect aan bij de norm van politieke verantwoordelijkheid. In de klassieke optiek vraagt dit immers om een zo groot mogelijke beheersing van het ambtelijk apparaat door de politieke top. Dan is het mooie van de ideaaltypische bureaucratische organisatievorm dat het niet meer

nodig is om toe te zien op alle individuele handelingen. De politiek kan zich beperken tot het vaststellen van de algemene regels die gehanteerd moeten worden.

Kortom, de bureaucratische organisatie is transparant, betrouwbaar en controleerbaar. Ze is als het ware een geoliede machine, waar vanboven regels in gestopt worden en vanonderen op voorspelbare en controleerbare wijze de gewenste beslissingen uit komen. Hierdoor worden beide hoofdelementen van de democratische rechtsstaat gewaarborgd: enerzijds democratische beleidsbepaling en anderzijds rechtszekerheid en rechtsgelijkheid. Het is in deze zin dat de ideaaltypische bureaucratie waarderationeel is.

Dit aspect van het bureaucratische principe is in de praktijk van de moderne casusorganisatie niet achterhaald. De genoemde waarden zijn nog steeds van belang. Ook de moderne overheid wil zorgvuldig en onpartijdig handelen. Dat dit werkwijzen en procedures vereist, die ten koste gaan van pure efficiency, wordt ook in de casusorganisatie graag geaccepteerd.

Wat niet meer wordt geaccepteerd, is de veronderstelling dat die waarden het best kunnen worden gediend door het nauwkeurig volgen van de kenmerken van Webers ideaaltype. Weber ging ervan uit dat de beoogde waarden tot uitdrukking komen door bureaucratische regelvolging binnen een hiërarchische organisatie. Hij stond daarmee, zoals ik in hoofdstuk 3 zal laten zien, geheel in het teken van zijn tijd. Wellicht werkte dat recept goed in die periode, met een veel kleinere overheidstaak en een minder complexe en dynamische samenleving. Tegenwoordig zijn de weberiaanse waarden nog wel relevant, maar is zijn recept om die waarden te bereiken achterhaald. Zowel in de theorie als in de praktijk.

Hierna zal ik toelichten dat in de actuele casusorganisaties geen enkel van de kenmerken uit Webers ideaaltype nog op die manier wordt toegepast. In de volgende paragrafen beschrijf ik eerst de kenmerken van het ideaaltype van Weber en de kritiek die daarop is gekomen. Vervolgens beschrijf ik de ontwikkeling zoals die zich in de praktijk heeft voorgedaan. Die ontwikkeling heeft er uiteindelijk toe geleid dat de meeste moderne overheidsorganisaties, zeker de Nederlandse overheden op lokaal en regionaal niveau, alle door Weber beschreven kenmerken achter zich hebben gelaten. De moderne casusorganisatie laat op al die kenmerken een omkering zien.

2.2   Webers ideaaltypische organisatiemodel

Bij het principe van de zakelijk gelegitimeerde gezagvoering hoorde volgens Weber een specifiek aangepaste organisatievorm, door hem 'Bürokratie' genoemd. Dat begrip was eerder gebruikt en sommige kenmerken, die Weber beschreef, zoals hiërarchie, papierwerk en het beperken van vrijheidsgraden voor uitvoerders, waren al gesignaleerd in klassieke heerschappijen zoals in het Egypte van de farao's en het Han-keizerrijk in China (De Vries, 2016, p. 88). Weber constateerde in zijn periode niettemin dat de bureaucratische organisatievorm in opkomst was, zowel bij de overheid als in het bedrijfsleven en dat deze belangrijk afweek van de organisatievormen in de voorafgaande perioden. Weber beschrijft een aantal kenmerken voor de opbouw en werkwijze van de 'Bürokratie', die er volgens hem voor zorgen dat de onderliggende maatschappelijke waarden worden gediend.

Weber beschreef zijn bureaucratiemodel als een 'ideaaltype', dat wil zeggen als uitgezuiverd model met enigszins veralgemeniseerde kenmerken, die in de praktijk in verschillende variaties voorkomen. Zijn ideaaltype was tegelijkertijd een wetenschappelijke beschrijving van een maatschappelijk verschijnsel én een aan te bevelen organisatievorm. Volgens Weber bood dit ideaaltype, mits zuiver toegepast, grote voordelen. Het was een organisatievorm die, zoals Weber het zelf zei, een 'technische Überlegenheit' had in vergelijking met de voordien bekende organisatievormen:

'De beslissende reden voor de opkomst van de bureaucratische organisatie was altijd al haar puur technische superioriteit boven iedere andere vorm. Een volledig ontwikkeld bureaucratisch mechanisme verhoudt zich tot andere vormen, zoals een machine zich verhoudt tot niet-gemechaniseerd handwerk.

Precisie, snelheid, duidelijkheid, vakkundigheid, continuïteit,
discretie, eenvormigheid, strenge ondergeschiktheid en besparing
op wrijvingen, persoonlijke en zakelijke kosten zijn bij een zuiver
bureaucratische, in het bijzonder monocratische, gezagsuitoefening
door geschoolde individuele ambtenaren tot het optimum toegenomen
in vergelijking met alle vormen van collegiale ambtsuitoefening en
eren- of nevenfuncties.' (Weber, 1920/2009, p. 24 – eigen vertaling)

Een groot deel van de bureaucratietheorie is sindsdien besteed aan het bestrijden van deze stelling. Bureaucratie wordt nog steeds erkend als een waarborg voor zorgvuldigheid en onpartijdigheid (Bekke, 1990, p. 9). Maar bureaucratie staat vooral bekend als toonbeeld van inefficiëntie en bron voor ondoorgrondelijke en ongerijmde beslissingen (zie *Het proces*, Kafka, 1925).

De voornaamste kritiekpunten zijn ten eerste regelzucht en formalisme en ten tweede verkokering en bureaupolitieke strijd. Beide punten vloeien direct voort uit de hoofdkenmerken van het bureaucratische model. Dat ernaar gestreefd wordt zo veel mogelijk zaken in algemene regels vast te leggen, is de kern van het begrip 'bureaucratie'. Dat bureaucratische ambtenaren zich vasthouden aan die regels, zonder gevoelig te zijn voor de bijzonderheden van het individu, werd door Weber als een voordeel gezien. Dat er binnen de bureaucratie gestreden wordt om competenties mag evenmin verbazen. De toedeling van competenties bepaalt immers de invloed, handelingsruimte en ook de status van ambtenaren.

Bureaucratiekritiek
In de loop van de twintigste eeuw zijn deze kenmerken echter steeds meer gaan wringen. Uiteindelijk zijn het belangrijke kritiekpunten geworden. In de bestuurskunde zijn deze kritiekpunten al in de eerste decennia na de Tweede Wereldoorlog geformuleerd. Die kritieken zijn inmiddels zelf klassiekers geworden.
Zo stelde de Fransman Crozier dat er binnen een bureaucratie van drie zijden een druk ontstaat om zo veel mogelijk regels uit te vaardigen (Crozier, 1963). Ondergeschikten voelen zich kwetsbaar tegenover hun chef en streven ernaar diens beoordeling zo veel mogelijk aan algemene regels te binden. Regels binden namelijk niet alleen de

medewerkers zelf, maar vooral ook hun leidinggevenden. Leidinggevenden worden in die zin gebonden dat zij zich niet meer negatief kunnen uitlaten over medewerkers die de regels hebben gevolgd. Hetzelfde mechanisme geldt tussen afdelingen die afhankelijk zijn van elkaars competentieterrein. Elke afdeling ('Kompetenz'-houder) oefent haar taken het liefst uit in zo veel mogelijk autonomie. Men is niet graag afhankelijk van anderen. Daarom streeft men ernaar de handelingsvrijheid van anderen zo veel mogelijk in te perken. Zodoende wil iedereen vrijheid voor zichzelf en gedragsregulering voor de ander. Het nettoresultaat is dat er een permanente druk ligt op het inperken van de handelingsvrijheid van alle organisatieonderdelen. De starheid van de bureaucratie neemt dus steeds verder toe ten gevolge van strategisch gedrag dat gericht is op vrijheid. Dit lijkt een ontembaar mechanisme, door Crozier aangeduid als de 'vicieuze cirkel van bureaucratie' (Crozier, 1963, p. 187).

Ten slotte kent het bureaucratische model ook een tendens tot steeds toenemende regelgeving, juist door de imperfectie van regels. De praktijk vertoont altijd weer afwijkingen. Managers en politici, die zelf niet in de praktijk staan, zien geen ander alternatief dan het verder verfijnen van hetgeen zij kunnen doen, namelijk regels stellen.

De overmaat aan regels brengt ook de uitvoerders in de problemen. Juist zij ervaren de spanning met de praktijk, terwijl zij daarvoor vanwege de bureaucratische hiërarchie zelf geen oplossingen mogen zoeken. Daardoor lokt die spanning formalistisch gedrag uit. De burger krijgt dan te maken met ambtenaren die veiligheidshalve de regeltjes volgen en zich onverschillig tonen voor de werkelijke problemen: 'Sorry, ik kan er ook niets aan doen. Ik pas slechts de regels toe.'
In een bureaucratische organisatie kan iedereen zich terugtrekken op de eigen deeltaak en hoeft niemand zich verantwoordelijk te voelen voor het eindproduct. Als beleid en regels niet effectief blijken te zijn, kan de verantwoordelijkheid daarvoor worden afgeschoven op de beleidsmakers en uiteindelijk op de politiek. Dit soort formalisme betekent dat het naleven van de regels een zelfstandig en overheersend doel wordt, dat in de plaats komt van het oplossen van maatschappelijke problemen. Merton noemde dit de rituele doelverschuiving (Merton, 1952).

Studies naar de implementatiepraktijk lieten al vroeg zien dat de werkelijkheid van 'street-level'-bureaucraten nog gecompliceerder is. Uitvoerders worden vaak geconfronteerd met tegenstrijdige doelstellingen. Ze staan aan drie kanten onder druk: Ze moeten zich houden aan een stroom van regels, die vaak niet adequaat zijn voor de situaties die zij tegenkomen. Ze worden vanuit het management aangesproken op bepaalde prestatienormen voor de afdoening van zaken. Daarbij kampen ze meestal met een chronisch tekort aan tijd en middelen om alle gevallen individueel en nauwgezet te beoordelen. Ten slotte ervaren ze de druk van de burgers of cliënten die hun producten afnemen, en die vragen om een oplossing voor hun concrete probleem.

In deze werkomstandigheden zijn uitvoerende ambtenaren gedwongen om compromissen te sluiten tussen enerzijds de geldende regelgeving en anderzijds de druk van hun cliënten en superieuren. Tummers, Bekkers en Steijn wijzen erop dat veel professionals in een bureaucratische omgeving een soort 'beleidsvervreemding' ervaren, helemaal als de bureaucratische regeldichtheid gecombineerd wordt met een managementstijl die focust op bedrijfsmatige output. Beleidsvervreemding betekent dat uitvoerders zichzelf niet verbonden voelen met het formele beleid (Tummers e.a., 2009, p. 105). Die afstand ontstaat als uitvoerders zich machteloos voelen, in die zin dat ze vanuit de uitvoering geen invloed kunnen uitoefenen op het beleid; als ze een zinloosheid ervaren, als ze zien dat het beleid in de praktijk niet de gewenste effecten bereikt; en als ze rolconflicten ervaren, doordat de organisatielogica, de professionele logica en de praktijkervaring niet op elkaar aansluiten.
Een veelvoorkomende reactie hierin is, zoals Lipsky (1980) al liet zien, dat street-level-ambtenaren hun beleidsvrijheid waar mogelijk benutten ten gunste van hun cliënten. Kiezen voor het cliëntperspectief sluit vaak het best aan bij hun eigen professionele doelen en geeft hun meer het gevoel dat hun werk zinvol is. Meer recent is dit beeld bevestigd in een reeks verhalen van street-level-functionarissen zoals politieagenten, onderwijzers en welzijnswerkers. Als je hen vraagt naar hun werkpraktijk, hoor je in de eerste plaats verhalen over namen en gezichten. De regels rond hun werk beschouwen zij vaak als barrière in hun streven om het goede te bereiken voor

de individuele personen en gevallen (Maynard-Moody & Musheno, 2003, p. 3).

In zekere zin deden *street-level*-bureaucraten op eigen houtje al datgene wat in de casusorganisatie officieel van professionals wordt gevraagd: niet slaafs de regels volgen, maar in elke situatie een passend, juist en billijk resultaat nastreven. In een klassieke organisatie gebeurt dit echter per definitie in de informele schemer. Daardoor waren er nauwelijks checks-and-balances tegenover het misschien goedbedoelde, maar niet altijd voldoende geïnformeerde en breed afgewogen oordeel van de *street-level*-ambtenaar.

Volgens Lipsky werden er grove stereotypen gebruikt. Een bekend en actueel voorbeeld daarvan is het zogenaamde 'etnisch profileren' door de politie. Daarbij selecteert de politie op basis van vooroordelen, die de dagelijkse omgeving voor hen simpeler maken, maar die feitelijk op drijfzand rusten en rechtsstatelijk niet aanvaardbaar zijn (Van der Woude & Van der Leun, 2013, p. 127).

Daarnaast signaleerde Lipsky al dat vaak een formalistische opstelling wordt gekozen, niet vanwege een legalistische of behoudzuchtige instelling van de ambtenaren, maar als 'copingstrategie' om te midden van alle werk- en prestatiedruk het hoofd boven water te houden (Lipsky, 1980). Veel *street-level*-ambtenaren beseffen dat ze hierdoor niet altijd de adequate beslissingen nemen, maar ze zien geen mogelijkheden om hun situatie te doorbreken. Maynard-Moody en Musheno concluderen dat je geen goed zicht krijgt op het gedrag van uitvoerders zolang je hun handelen interpreteert als regeltoepassing. Dat klassiek bureaucratische frame noemen zij het 'state-agent narrative', waarin de relatie tussen het beleid en de uitvoerder centraal wordt gesteld. Voor een werkelijk begrip van de wereld van *street-level*-uitvoerders zou je moeten kijken vanuit de relatie tussen de uitvoerders en de personen (burgers, cliënten) met wie zij in de praktijk werken. Zij noemen dat het *citizen-agent*-perspectief (Maynard-Moody & Musheno, 2013, p. 9). Kortom, in een bureaucratie handelen uitvoerders vaak (noodgedwongen) formalistisch en als zij de vrijheid nemen om eigen keuzes te maken, dan is daar onvoldoende toezicht en verantwoording bij, juist omdat die keuzevrijheid een taboe is.

Een ander klassiek kritiekpunt is dat van bureaupolitiek. Hiervan is sprake als ambtenaren doeleinden nastreven die ontleend zijn aan eigenbelang of het belang van hun organisatieonderdeel. De Amerikaanse bestuurskundige Downs veronderstelde dat ambtenaren een eigen 'economische rationaliteit' hanteren en streven naar maximalisatie van de omvang en het budget van hun eigen eenheid, zoals politici streven naar stemmenwinst. De particuliere doelen van ambtenaren verschillen onderling. Sommige ambtenaren streven naar maximalisatie van eigen macht, inkomen en prestige, andere streven naar maximale zekerheid of gemak, en weer andere worden gemotiveerd door professionele doelen of het dienen van maatschappelijke belangen (Downs, 1966, 92). Niskanen meende dat het maximaliseren van het afdelingsbudget een overkoepelend doel is voor deze verschillende accenten. Sommigen willen extra budget omdat dit hun machtspositie en hun carrière bevordert, anderen omdat ze daardoor meer kunnen doen voor hun beleidsveld (Niskanen, 1973, 22).

Beide theorieën waren overigens vooral vertalingen van de theorie van de rationele 'homo economicus' naar het domein van de overheidsorganisatie. Er lag bij Downs en Niskanen geen empirische onderbouwing onder. Empirische studies laten zien dat uitvoerende ambtenaren proberen om burgers te helpen en dat burgers daar doorgaans best tevreden over zijn (Raadschelders, 2003, 321-326). Zoals we nog zullen zien, is ook de casusorganisatie primair gericht op de professioneel inhoudelijke motivatie van ambtenaren (zie hoofdstuk 4, omkering 1: 'Beoordelingsruimte bevorderen').

De Vries geeft een mooi overzicht van de belangrijkste kritiekpunten, door te laten zien dat alle kenmerken van Webers bureaucratiemodel naast voordelen onvermijdelijk ook neveneffecten hebben zoals: ongevoeligheid van de top; conflicten tussen organisatie-eenheden; verkokering; vervreemding; conformisme; eenzijdige recrutering; vervaging van verantwoordelijkheden; formalistische ongevoeligheid en gebrekkige motivatie (De Vries, 2016, p. 96).

Beleving in de praktijk

De belangrijkste kritiekpunten zijn dus al klassiekers, waarop sindsdien volop is gevarieerd en verfijnd. Maar de kritiek is in de afgelopen jaren niet verstomd. De bronnen hiervoor zijn schier oneindig. Een treffend voorbeeld is de recente survey onder zevenduizend lezers van de Harvard Business Review, die laat zien dat twee derde van de respondenten meent dat de bureaucratisering in hun organisatie de laatste jaren niet is afgenomen, maar is toegenomen (Hamel & Zanini, 2017). Bureaucratisering leidt volgens het onderzoek tot een grote vertraging in besluitvorming, met name over budgetkwesties. Slechts 10 procent ervaart substantiële autonomie bij het inrichten van het eigen werk. Driekwart voelt zich zelden of nooit betrokken in de beleidsbepaling. Nieuwe ideeën vanaf de werkvloer worden volgens 80 procent van de respondenten tegengewerkt. Bureaupolitiek gedrag komt vooral in grotere organisaties veel voor en driekwart constateert dat dit vaak bepaalt welke beslissingen er worden genomen.

De kritiek is er dus nog steeds, massaal en levendig. Hamel en Zanini geven echter aan dat de beleving 'dat de bureaucratie alleen maar toeneemt' vooral bestaat bij respondenten in operationele functies en dan vooral in grotere organisaties. Dat sluit aan bij Crozier, die al stelde dat sommige verschijnselen, zoals het beperkte zicht van de top op de uitvoering, vooral worden bepaald door de organisatie-grootte. Het is dus de vraag in hoeverre de kritiek specifiek samenhangt met de kenmerken van het weberiaanse organisatiemodel. De Bruijn signaleert in zijn boek over professionals (De Bruijn, 2011) dat opereren in organisatieverband onvermijdelijk betekent dat er meerdere belangen in het spel komen. Naast het belang van de professionele uitvoerder om zo veel mogelijk autonomie te houden, komt het belang van stafdisciplines om bepaalde aspecten te optimaliseren en het organisatiebelang van resultaat en efficiency (De Bruijn, 2011, p. 27; zie ook hoofdstuk 4, omkering 1). Die belangen-tegenstellingen worden vaak veralgemeniseerd als een strijd tussen professionals en management. In dat debat wordt de term 'bureaucratie' vaak gebruikt als een algemene aanduiding voor alles wat de handelingsruimte op de werkvloer inperkt.

Hoewel de survey van Hamel en Zanini niet alleen overheidsorganisaties betrof, maar ook commerciële en non-profitorganisaties, is niettemin duidelijk dat de negatieve kant van bureaucratische kenmerken domineert, tenminste in de beleving. Het lijkt erop dat er een parallelle toename is van zowel de kritiek op bureaucratie als de bureaucratisering zelf. Misschien is bureaucratisering inderdaad, zoals Weber zelf stelde, een 'ijzeren kooi', waar je niet meer uit kunt ontsnappen. Misschien houden we, zoals Ten Bos oppert, de bureaucratie (onbewust) zelf in stand, omdat we ondanks alle kritiek stiekem toch erg gehecht zijn aan de voorspelbaarheid en veiligheid van de bureaucratie (Ten Bos, 2015, p. 31).

In deze discussie is natuurlijk steeds de vraag aan de orde of de stelling van Weber dat de bureaucratie 'technisch superieur' is onjuist was, of dat in de praktijk niet voldaan wordt aan de door hem gestelde voorwaarde: een zuiver bureaucratische organisatievorm. Meer dan het bureaucratische principe en de bureaucratische waarden is het juist die organisatievorm die in de praktijk van afgelopen decennia is omgekeerd. Om die stelling toe te lichten behandel ik in de volgende paragraaf de kenmerken van de bureaucratische organisatievorm, zoals Weber die beschreef. Om daarna te laten zien hoe die organisatievorm zich uiteindelijk tot haar tegendeel heeft ontwikkeld.

2.3 Het klassiek bureaucratische werkproces

Weber werkte in het hoofdstuk 'Bürokratismus' een specifieke organisatievorm uit, waarin de bureaucratische waarden tot uitdrukking komen. Hij beschreef dit als een zogenaamd 'Ideaaltype'. Het was een uitgezuiverde typering van een organisatievorm die in de praktijk in verschillende variaties voorkomt. Weber was ervan overtuigd dat de bureaucratische organisatievorm empirisch steeds meer voorkwam. Hij was er zoals gezegd ook van overtuigd dat die vorm, mits zuiver toegepast, belangrijke voordelen had. In zoverre had dit 'Ideaaltype' voor hem dus ook een zekere normatieve waarde. De belangrijkste functie van het 'Ideaaltype' was echter theoretisch wetenschappelijk. Het is een iets geabstraheerd model, dat gebruikt kan worden om feitelijk bestaande organisaties te rubriceren en aan te spiegelen.

Ik geef hieronder een korte beschrijving van dat ideaaltypische bureaucratische organisatiemodel. De ordening van kenmerken in de oorspronkelijke tekst van Weber lijkt niet heel systematisch, mogelijk doordat het een postuum uitgegeven tekst is. De tekst volgend komen sommige auteurs tot acht kenmerken (De Vries, 2016, p. 90) of tien kenmerken (Rosenthal e.a., 1987; Raadschelders, 1990). Anderen komen tot zeventien kenmerken (Vroom, 1980) of twintig kenmerken (Van Braam, 1986; Raadschelders, 2003). Inhoudelijk zitten daar echter geen noemenswaardige verschillen tussen.

Samengevat hanteer ik het hiernavolgende lijstje van meest typerende kenmerken van de weberiaanse bureaucratische organisatie: drie typerende kenmerken van de organisatorische positionering van de ambtenaar, drie typerende kenmerken van het bureaucratische werkproces en drie typerende kenmerken van het personeelsbeleid.

Weberiaans bureaucratiemodel

a. Vaste toedeling taken en bevoegdheden

b. Werken in vast hiërarchisch verband

c. Gehoorzamen aan regels en ambtsplichten

d. Werkproces volgens vastgestelde regels

e. Schriftelijke procesgang

f. Ambtsdiscipline/controle in de hiërarchie

g. Vaste aanstelling op vaste taakomschrijving

h. Selectie op vakbekwaamheid (diploma's)

i. Loopbaan op anciënniteit, salaris op functie

---

a. Vaste en exclusieve toedeling taken en bevoegdheden
Een bureaucratie wordt in de eerste plaats gekenmerkt door een vaste verdeling van 'Kompetenzen'. Er is een vaste toedeling van taken ('Tätigkeiten und Pflichten') en de daarvoor benodigde bevoegdheden ('Befehlsgewalten') aan functionarissen met een vaste aanstelling ('Beambten').

Taken en bevoegdheden zijn onlosmakelijk verbonden. Een taak (bijvoorbeeld handhaving van parkeerbeleid) is krachteloos zonder bijbehorende bevoegdheden (bijvoorbeeld het uitschrijven van parkeerboetes of het wegslepen van verkeerd geparkeerde auto's). Een bevoegdheid (bijvoorbeeld tot het verlenen van subsidies of vergunningen) impliceert ook een verantwoordelijkheid en daarmee een taak om die verantwoordelijkheid zo goed mogelijk uit te voeren (bijvoorbeeld een evenwichtig aanbod van muziekonderwijs of het waarborgen van veiligheid rond de vergunde activiteit). Belangrijk in de competentieverdeling is ook de verdeling van financiële budgetten. Budgetten bepalen in veel situaties de armslag van de overheid en in een klassieke bureaucratie ligt de zeggenschap over de besteding van die middelen exclusief bij de budgethouder (ministerie of afdeling).

In Webers bureaucratiemodel moeten de betreffende bevoegdheden zijn gebaseerd op algemene regels in wetten of reglementen.
De drie elementen *taken, bevoegdheden* en *functionarissen* constitueren een 'Behörde', oftewel een bestuursorgaan. Weber wijst erop dat permanente bestuursorganen met vaste competenties niet of nauwelijks voorkwamen bij premoderne besturen, zoals in de klassieke Oriënt, bij de Germanen en Mongolen en het feodalisme. De klassieke heersers regeerden door aan vertrouwde personen persoonlijke opdrachten, privileges, rechten en bevoegdheden te verstrekken. Dan ontstond er dus geen 'Behörde' in modern bureaucratische zin, maar een persoonlijk en tijdelijk mandaat. Het ging om 'für den Einzelfall zeitweilig geschaffenen und nicht fest begrenzten Aufträgen und Befugnissen' (Weber, 1920/2009, p. 12).
Zoals we nog zullen zien, komt dit laatste kenmerk – tijdelijk mandaat voor specifieke opdrachten – in de casusorganisatie juist weer terug, als een weerspiegeling van premoderne gebruiken.

b. Werken in vast hiërarchisch verband
De bureaucratie kent een vaste ambtshiërarchie, met onder- en bovenschikking van ambtsdragers, waarbij de ondergeschikten onder toezicht staan van de bovengeschikten. In de zuivere bureaucratische vorm is de hiërarchie 'monocratisch', dat wil zeggen dat er *eenheid van leiding* is waarbij iedere functionaris ondergeschikt

is aan één andere functionaris. We duiden dit tegenwoordig door-gaans aan als de 'lijnorganisatie'.

Weber zag in die 'monocratie' een efficiencyvoordeel: Voor elk onderwerp is slechts één persoon bevoegd en hoeft in slechts één hiërarchische lijn verantwoording te worden afgelegd. In de prak-tijk van integraal werken slaat dit vaak om in een nadeel: als bij een dossier verschillende aspecten relevant zijn, moeten er meer-dere 'Kompetenzen' worden betrokken en ontstaan er meerdere exclusieve zeggenschapslijnen. Het kan zomaar gebeuren dat voor elk aspect een andere ambtenaar bevoegd is, die verantwoording moet afleggen in een andere, sectoraal georiënteerde hiërarchische lijn. Een dergelijke stapeling van hiërarchische zeggenschap is een belangrijke bron voor de beruchte stroperigheid van bureaucratieën. (We zullen nog zien dat de casusorganisatie het oorspronkelijke 'monocratische' principe herstelt door een enkelvoudig mandaat aan de behandelaar, één ambtelijk opdrachtgever en één bestuurlijk opdrachtgever.)

c. Gehoorzamen aan regels en ambtsplichten
In de bureaucratie is de ambtsuitoefening gebonden aan algemene regels. Het is belangrijk dat die regels op de juiste wijze zijn vastge-steld door het politiek bestuur. Daardoor worden ze geacht uitdruk-king te zijn van het democratisch gelegitimeerde openbaar gezag. Nadere afweging van omstandigheden is vanuit bureaucratisch perspectief niet nodig. De regels zelf zijn de bindende uitdrukking van de onderliggende belangenafweging. Voor het wezen van de bureaucratische organisatie is essentieel dat uitvoerende beambten zich voegen naar algemene regels, zodat die voor eenieder gelijkelijk worden toegepast. Dat zou de waarborg zijn tegen willekeur en de garantie dat de uitvoering verloopt volgens de politieke wilsbepa-ling.

d. Werkproces volgens vastgestelde regels
In een bureaucratie is niet alleen de inhoud van beslissingen, maar ook de procedure gebonden aan algemene regels. Er zijn voorge-schreven procedurestappen. Bepaalde informatie moet wel of mag niet worden betrokken bij de beslissing. Bevoegdheden mogen alleen worden gebruikt voor het doel waarvoor ze zijn gegeven (ver-bod op 'détournement de pouvoir').

e. Schriftelijke procesgang met bewaring van stukken
Typisch voor de bureaucratie is dat de taakuitoefening in schriftelijke akten wordt vastgelegd. Nieuw in Webers model is dat de persoonlijke en de ambtelijke administratie strikt worden gescheiden. De akten dienen als vastlegging en bewijsvoering. Maar ook als middel voor toezicht en controle op de uitvoerders, om te zien of proces en inhoud volgens de geldende regels zijn verlopen.

f. Ambtsdiscipline/controle in de hiërarchische lijn
Iedere ambtenaar staat onder het gezag van zijn meerdere. De hiërarchie ziet toe op het werk. Producten worden in de lijn geaccordeerd en door de hiërarchie desgewenst aangepast. Ooit was dat fysiek zichtbaar doordat op een afdeling van schrijvers de chef aan de in- en uitgang zat en het werk via hem naar binnen en naar buiten ging. Later bleef dit proces zichtbaar in de volgorde van parafen op dienstformulieren. In ieder geval heeft de hiërarchie in een bureaucratie het eindmandaat en kan zo nodig ook sancties opleggen.
De ambtelijke gehoorzaamheidsplicht geldt in een bureaucratie overigens niet tegenover de persoon van de bestuurder of de leidinggevende, maar tegenover het openbaar gezag van de functies die zij bekleden. Zodoende is er in het bureaucratische model in principe geen nepotisme of cliëntelisme. Zelfs de hoogste ambtsdrager is *dienaar* en ondergeschikt aan de vastgestelde regels. Bevoegdheden en middelen behoren tot het ambt en niet tot de privépersoon die het ambt uitoefent.
De ambtelijke rechtspositie is ook van belang, omdat die een onafhankelijke en onpartijdige ambtsuitoefening mogelijk maakt, ook tegenover eventuele politieke druk.

g. Vaste aanstelling op vaste taakomschrijving
Een functie in een bureaucratische organisatie is een ambt. Weber spreekt van een 'Beruf'. Niet alleen vanwege de vakbekwaamheidseisen die worden gesteld, maar ook omdat er sprake is van een 'ambtsplicht'. Aan de functie is een morele verplichting verbonden om de functie neutraal en onafhankelijk uit te oefenen. Weber zet dit tegenover de praktijk in voorgaande eeuwen, waarin publieke taken doorgaans werden uitgeoefend als een persoonlijke nering, waarbij men in plaats van een vast salaris moest leven van de opbrengsten uit heffingen, boetes en dergelijke, zoals de Middeleeuwse schout.

h. Selectie op vakbekwaamheid (diploma's)
De ambtsuitoefening vergt professionele kwalificaties ('Fachschulung'). Een aanstelling is niet erfelijk en kan ook niet worden verkocht of geschonken. Er geldt een bekwaamheidsprofiel, op grond waarvan een objectieve selectie plaatsvindt. In Webers beschrijving is die selectie vooral gebaseerd op formele vakdiploma's. Weber schrijft hier ook een deel van het sociaal prestige van ambtenaren aan toe. De benoeming tot ambtenaar houdt in dat voldaan is aan vakbekwaamheidseisen, die in die tijd zeker niet vanzelfsprekend waren.

i. Loopbaan op anciënniteit, salaris op functierang
Het normale patroon in een bureaucratische organisatie is om onderaan in de hiërarchie te beginnen en geleidelijk op te klimmen. Het past bij de bureaucratische cultuur om die geleidelijke loopbaangroei zo veel mogelijk te objectiveren op basis van anciënniteit en diploma's. Beloning en carrière zijn niet prestatieafhankelijk, want prestatiebeloning zou een neutrale ambtsuitoefening in de weg zitten.
Het salaris van de verschillende functionarissen is afgestemd op het functieniveau. Het salarisniveau is volgens Weber relatief bescheiden. Een ambtelijk beroep was aantrekkelijk vanwege de rechtszekerheid en omdat het eervol is om voor de publieke zaak te werken. De ambtenaar vertegenwoordigt het openbaar gezag. Vandaar ook dat het 'beledigen van een ambtenaar in functie' strafbaar is gesteld.

Regels en uitvoering
Een centraal kenmerk van het klassiek bureaucratische werkproces was dat het gebaseerd was op een scheiding tussen 'beleid' en 'uitvoering'. Uitvoering werd in juridische zin opgevat als het toepassen van een set voorgegeven regels. De politieke top bepaalde, mogelijk met advies van enkele naaste adviseurs, wat de gewenste handelwijze was en dat werd vastgelegd in regels.
De belangrijkste regels waren de inhoudelijke besliscriteria: In welke omstandigheden wordt een bepaalde beslissing genomen? Wanneer wordt een bepaald verzoek toegekend of afgewezen? Zoals gezegd

was het ideaal de 'gebonden beschikking', zoals we die nu nog kennen in de bouwvergunning en de sloopvergunning.

In die context was het ambtelijk werk sterk juridisch van karakter. Het ging om wetstoepassing. Montesquieu stelde hierbij het ideaal van automatische rechtstoepassing: 'Les juges de la nation ne sont que les bouches qui prononcent les paroles de la loi' (Montesquieu, 1748). In het klassieke werkproces was er geen afweging van uiteenlopende aspecten vanuit meerdere beleidsterreinen. Er was geen sprake van doelvervlechting of compromissen. Er was ook geen sprake van het systematisch betrekken van belanghebbenden. Uitgangspunt was dat de afweging van belangen al heeft plaatsgevonden en is neergedaald in de toepasselijke regels. Het enige dat men nog dacht nodig te hebben was doorgaans wat feitelijke informatie, die de aanvrager aandraagt.

In mijn eerste functie begon ik in 1986 bij een afdeling Algemeen Juridische Zaken. Mijn chef was een uitstekende vakman, van wie ik veel kneepjes van het vak heb geleerd. Hij was er oprecht van overtuigd dat hij het werk van vrijwel alle 1400 collega's zou kunnen doen ('en omgekeerd helaas niet ...').
Dat stoelde niet op arrogantie, maar op de overtuiging dat al het overheidshandelen neerkwam op het toepassen van wettelijke voorschriften. Daar was hij bekwaam in.

De staatsrechtgeleerde en latere minister van Justitie Hirsch Ballin formuleerde het in een heldere stelling: 'Het doel van beleid is niet anders dan het tot gelding brengen van het recht' (Hirsch Ballin, 1979, p. 44). In dezelfde zin betoogde Visser dat interbestuurlijk toezicht niet gericht moet zijn op beleidsbeïnvloeding, maar op het beschermen van rechtsbelangen (Visser, 1986). Het moet gezegd dat voor beiden 'het recht' niet alleen geschreven regels omvat, maar ook rechtsbeginselen. Maar het basisidee blijft dat overheidshandelen gericht is op de juiste toepassing van het recht.

2.4 Samenwerken in een bureaucratie

Een belangrijke vraag bij het bureaucratische organisatiemodel is hoe in die rechtstoepassing meerdere invalshoeken kunnen worden betrokken. Volgens Weber kende de modelbureaucratie snelheid van handelen omdat iedere competentie eenduidig is toegedeeld. In zo'n 'monokratie' is weinig samenwerking nodig. In de praktijk is dat al lang heel anders. Afwegingsprocessen zijn de laatste decennia in twee richtingen uitgedijd: er worden steeds meer verschillende aspecten betrokken ('integraal werken') en steeds meer belanghebbenden ('interactief werken').

Zo wordt bij een vergunning voor een kinderdagverblijf een diversiteit aan aspecten meegewogen, van kindveiligheid en pedagogisch beleid tot arbeidsomstandigheden en energiezuinigheid. In het kader van de omgevingsvergunning wordt meegewogen wat de vestiging van een kinderdagverblijf betekent voor de wijkontwikkeling, het parkeren en de verkeersafwikkeling. Ook de belangen en opvattingen van buurtbewoners worden meegewogen.

De afwegingen van moderne overheden zijn hierdoor inhoudelijk rijker geworden, maar tegelijk ook complexer, zowel qua inhoud als qua proces. Het niveau van 'sophistication' is ontzagwekkend en daarmee tegelijkertijd een valkuil. In organisatorische zin ontstaat een informatieverwerkings- en besluitvormingsproces dat steeds moeilijker te behappen is.

De afgelopen decennia is niettemin een praktijk ontstaan van 'integraal werken'. Niemand wil er nog van worden beschuldigd om verkokerd te werken (Schillemans, 2008, 122). Soms hanteren ambtenaren en politici voor zichzelf misschien nog wel min of meer sectorale doelstellingen, maar een aanpak zonder het betrekken van relevante andere domeinen komt in de praktijk bij lagere overheden niet of nauwelijks meer voor. In die zin is integraal werken de standaardnorm geworden.

Anderzijds is er de nodige kritiek ontstaan op het integraal werken. In de praktijk betekent het vaak dat het gehele werkproces wordt doorgenomen in vergaderingen met alle deelnemers vanuit alle (zijdelings) betrokken disciplines. Vanuit oprechte betrokkenheid proberen die disciplines om het belang van hun domein zwaar te laten meewegen. Achter het motto 'integraal werken' gaat dan een krachtmeting schuil tussen sectorale deelbelangen. Er wordt veel energie besteed aan debat en onderhandeling. Deelnemers proberen een proces te sturen door overtuigingskracht, selectieve informatie of slimme frames.

Als ze de discussie weten te domineren, kunnen individuele beleidsterreinen de overhand krijgen. Een eerste vereiste daarvoor is voortdurend op de juiste plekken aanwezig zijn. Het inzetten van capaciteit en kwaliteit van medewerkers is dan een strategisch vraagstuk geworden. Vandaar de scherpe debatten over de samenstelling van werkgroepen en stuurgroepen. Projectleiders willen graag goede vakmensen in hun team, maar soms nog liever collega's met een constructieve opstelling en/of het gezag om hun afdeling te binden. Lijnmanagers sturen soms juist op een dwarse opstelling en/of een beperkt mandaat voor hun vertegenwoordigers.

In zulke processen ontstaan gemakkelijk blokkades. Omdat ieders instemming nodig is, kunnen deelnemers vanuit hun vetorecht achteroverleunen. De projectleider is afhankelijk van de instemming van alle disciplines. Voortgang vergt bijzondere onderhandelingsvaardigheden. Er is in de praktijk daarom een chronische behoefte aan getalenteerde 'procesneuzen'. Iedereen zoekt de 'tovenaars' die in een complex van verdeelde belangen toch nog consensus weten te fabriceren.

Deze ervaringen hebben integraal werken inmiddels in een spanningsveld gebracht. Integraal afwegen lijkt een goed idee. Maar integraal werken blijkt ook een grote tijdverslinder. Het verkeert meestal in een stroperig proces waarin 'iedereen zich met alles bemoeit', en als het hoger oploopt, dan verkeert het in een wapenwedloop tussen beleidsterreinen.

Het kernprobleem is dat de praktijk van integraal werken in een bureaucratie op twee gedachten hinkt: het klassiek bureaucratische principe van enkelvoudige competenties is verlaten. Er wordt een veelheid van competentiedomeinen betrokken. Anderzijds blijft het principe van exclusieve bevoegdheden nog overeind. De vertegenwoordigers van verschillende disciplines dragen hun budgetten en bevoegdheden niet over. Iedere deelnemer behoudt een vetorecht over de eigen competenties. In Webers eigen bewoordingen: 'Moderne Beambte verschiedener Ressorts unterstehen gegenseitig ihrer Befehlsgewalt, jener innerhalb der Kompetenz des anderen' (Weber, 1920/2009, p. 5). Oftewel: binnen het competentiedomein van de ander sta je onder diens inhoudelijk gezag. Competentiedomeinen kruisen elkaar, maar worden niet doorbroken. Iedereen staat onder elkaars gezag. Inhoudelijk is fiat vanuit het betreffende domein nodig om een bepaalde uitspraak over 'hun' onderwerpen te doen. De inzet van instrumenten uit andere domeinen is voorbehouden aan de betreffende 'Kompetenz'-houders, evenals het benutten van budgetten vanuit andere beleidsvelden. Consensus is daarom de enig mogelijke beslisregel. Dat leidt tot een onweberiaanse stapeling van bevoegdheden.

Juist op dit punt brengt de casusorganisatie een principiële doorbraak. Om uit die impasse te komen gaat het casuswerkproces namelijk uit van het mandaat van de behandelend ambtenaar, zodat er geen vetorecht is voor toeleveraars.

2.5 Het casuswerkproces

Het lijkt tegenwoordig een open deur dat de overheid integraal en interactief zou moet werken en maatwerk zou moeten bieden in plaats van klakkeloos regels toe te passen. We spreken over integraal werken en interactief werken, frontlijnsturing, coproductie en de responsieve overheid. Het gaat om projectmatig werken en flexibel werken. In al die gevallen gaat het niet om het 'toepassen van regels', maar om het vinden van de juiste oplossing in de concrete omstandigheden.

Minder belicht is dat dit een wezenlijke verandering vraagt in het karakter van overheidsorganisaties zelf. Deze manier van werken past niet in het bureaucratische model. Er is een heel nieuw type werkproces nodig. Mijns inziens kan dit het best worden getypeerd als 'casuswerkproces' in plaats van 'regelwerkproces'.

In de casusorganisatie is de kern van het werkproces het oordeel van de 'behandelend ambtenaar' (hieronder ook aangeduid met de synoniemen 'behandelaar' of 'casist', naar analogie van de 'case-manager'). In diens oordeel worden natuurlijk geldende normen betrokken, van maatschappelijke gebruiken en rechtsbeginselen tot en met wet- en regelgeving. Maar beslissingen worden niet geacht automatisch uit de gegeven regels voort te vloeien. De casusorganisatie denkt niet van binnen naar buiten, dat wil zeggen: je eigen regels toepassen op de buitenwereld. De casusorganisatie denkt van buiten naar binnen, dat wil zeggen: een vraag of maatschappelijke opgave beschouwen als een unieke situatie en oplossingen zoeken die daar waarde aan toevoegen.

Dit uitgangspunt staat diametraal tegenover het bureaucratische model. De casuswerkwijze is alleen mogelijk als de traditionele organisatieprincipes letterlijk worden omgedraaid.

Kort samengevat:
- Het vereist dat beleidsvrijheid wordt bevorderd, in plaats van bestreden. Het vereist dat vaste bevoegdheidsverdelingen worden doorbroken, door voor elke casus een behandelaar aan te wijzen die afwegingsmandaat heeft. Waardoor andere afdelingen, disciplines en belanghebbenden geen vetorecht meer hebben, maar zijn aangewezen op hun overtuigingskracht.
- Het betekent dat uitvoering het beleid stuurt, doordat in de praktijk gevonden oplossingen worden gebruikt als 'best practices' of een soort 'jurisprudentie' waaruit in volgende gevallen kan worden geput. Het betekent dat sturing in de organisatie ontstaat door achteraf te leren uit de praktijk, in plaats van vooraf te besluiten over voorstellen.
- Het betekent dat leidinggevenden opdrachtgevers worden, gericht op het stellen van de vragen en niet op het geven of goedkeuren van de antwoorden. Het betekent dat hogeren in rang

inhoudelijke bijdragen kunnen leveren als toeleveraar aan de casist, maar dat zij geen zeggenschap hebben over diens afweging. Sturen gebeurt door het toevoegen van ingredienten aan de afweging van de casist, niet door diens werk over te doen of te verbeteren.

- Het betekent dat het werk niet meer in afdelingsverband wordt gedaan, maar in ad-hoc verbanden per casus. Het betekent dat afdelingen primair leverancier zijn van capaciteit en expertise, dat de werkverdeling gebaseerd wordt op individuele vaardigheden, en dat functiebeschrijvingen geen recht meer geven op een bepaalde klus.
- Het betekent dat de organisatiestructuur niet meer bepalend is voor het werkproces en het om die reden aanpassen van organisatiestructuren dus ook niet meer nodig is.

Aspecten van bovengenoemde kenmerken van de casusorganisatie zie je terug in de meeste moderne overheidsorganisaties, zeker bij de decentrale overheden. Een mooie illustratie is dat in de provinciale CAO 2017-2018 inhoudelijke functiebeschrijvingen worden afgeschaft. Uitgangspunt is dat medewerkers vanuit een algemene functie belast worden met wisselende opdrachten (zie hoofdstuk 4, omkering 6).

De introductie van deze kenmerken was een geleidelijk en hoogstens halfbewust proces. Er is geen moment geweest waarop het bureaucratische model bewust is uitgezwaaid. Maar inmiddels zijn veel organisaties beter te beschrijven als casusorganisatie dan als bureaucratie.

Het is meer dan een accentverschuiving. Tegenover elk van de eerdergenoemde kenmerken van het weberiaanse ideaaltype is het tegendeel komen te staan:

Weberiaans bureaucratiemodel	↔	Casusorganisatie
a. Vaste toedeling taken en bevoegdheden	↔	Toekenning bevoegdheid per opdracht
b. Werken in vast hiërarchisch verband	↔	Ad-hocwerkverbanden (i.p.v. 'eenheid van leiding')
c. Gehoorzamen aan regels en ambtsplichten	↔	Professionele verantwoordelijkheid: doel- en vraaggericht
d. Werkproces volgens vastgestelde regels	↔	Proces ontwerpen en regisseren (kennis en interactie)
e. Schriftelijke procesgang	↔	Veel mondelinge interactie (workshops/ateliers)
f. Ambtsdiscipline/controle in de hiërarchie	↔	Professioneel oordeel plus verantwoording in fora
g. Vaste aanstelling op vaste taakomschrijving	↔	Wisselende taken in flexibele schillen
h. Selectie op vakbekwaamheid (diploma's)	↔	Selectie op grond van kennis en vaardigheden
i. Loopbaan op anciënniteit, salaris op functie	↔	Loopbaan en salaris naar competenties (duale loopbaan: inhoud of management)

Deze omkeringen rechtvaardigen de stelling dat het niet gaat om het bijslijpen van de scherpste kantjes van het bureaucratiemodel. Het gaat niet meer om een bureaucratische organisatie met wat aanvullingen of aanpassingen. Het is fundamenteler: de huidige bestuurspraktijk kan niet meer worden geduid en geanalyseerd aan de hand van het bureaucratische ideaaltype. De moderne overheidsorganisatie is 'verwandelt' naar een fundamenteel nieuwe typologie, die ik hier aanduid als de casusorganisatie.

Een dergelijke ontwikkeling is in diverse Europese landen zichtbaar. Pollitt en Bouckaert beschreven in een internationale survey van bestuurlijke hervormingen dat in Angelsaksische landen, zoals de Verenigde Staten, het Verenigd Koninkrijk, Australië en Nieuw-Zeeland, de invloed van New Public Management (zie hoofdstuk 3) nog steeds domineert. In de onderzochte continentaal-Europese landen, Nederland, België, Frankrijk, Duitsland, Finland, Italië en Zweden, worden weberiaanse elementen aangevuld met een aantal vergelijkbare vernieuwingsrichtingen (Pollitt & Bouckaert, 2011, p. 119). De belangrijkste vernieuwingen die zij in al deze landen signaleren, zijn:

- verschuiving van de aandacht van regelvolgen naar het voldoen aan burgerwensen;
- aanpassing van wetgeving door de normering meer te richten op gewenste uitkomsten in plaats van procedures;
- inhoudelijke professionalisering van de ambtelijke organisaties, met een cultuur van kwaliteit en dienstverlening in plaats van alleen een juridische oriëntatie;
- aanvulling van democratische vertegenwoordiging door diverse vormen van consultatie.

Ondanks dat veel hervormers uit deze bewegingen zich expliciet afzetten tegen het weberiaanse model, benoemen Pollitt en Bouckaert deze ontwikkeling als 'neoweberiaans'. Zij zien namelijk dat in de continentaal-Europese landen een aantal klassieke bureaucratische waarden van belang blijft, zoals de centrale rol van de staat, de representatieve democratie en het behoud van het bijzondere gezag en de publiekrechtelijke status van de openbare dienst (De Vries, 2016, p. 98).

In vergelijking met de Angelsaksische benadering is die constatering ongetwijfeld terecht. Maar als het gaat om de werkstijl en inrichting van de overheidsorganisaties zelf zijn de verschillen met het weberiaanse model zo ingrijpend, dat ik deze trend wel beschouw als nieuw, maar niet als weberiaans.

Belangrijker dan het label is echter de constatering dat de gesignaleerde vernieuwingsrichtingen in meerdere continentaal-Europese landen zijn terug te vinden. De in deze landen gesignaleerde vernieuwingen stroken met de gedachten achter de casusorganisatie. Het concept van de casusorganisatie past in de beweging die Pollitt en Bouckaert beschrijven. Het gaat dus niet om een specifiek Nederlands concept.

Wederkerige relatie tussen beleid en praktijk

Het belangrijkste verschil tussen beide modellen is misschien wel de relatie tussen beleid en praktijk. In de gedachtewereld van de bureaucratie worden beleid en praktijk tegenover elkaar gezet. Om zorgvuldigheid en democratische legitimatie te verzekeren moet de handelingsruimte aan de praktijk worden ontnomen. Er ontstaat dan echter een spanning tussen democratische representatie en effectieve probleemoplossing.

Volgens Ansell is het vruchtbaarder om democratische representatie en praktische probleemoplossing niet te zien als tegengestelde waarden, maar als uiteinden van eenzelfde dimensie (Ansell, 2011, p. 5). Hij stelt dat je tussen regel en casus twee bewegingen kunt bedenken. De eerste is de klassieke beweging vanuit het 'sturend centrum' naar de uitvoeringspraktijk. Die beweging begint bij democratische wilsbepaling door verkiezingen en daarna overleg tussen volksvertegenwoordigers, en gaat vervolgens via regels en beleid naar de uitvoeringspraktijk, die geacht wordt nauwgezet de regels te volgen.

De relatie tussen probleemoplossing en democratische representatie is echter ook andersom te leggen: professionals zoeken in de concrete praktijk naar effectieve oplossingen, in afstemming met betrokken partijen in de samenleving. Ze behandelen casussen, lossen problemen op en rapporteren daarover richting beleid en politiek. Op beleidsmatig niveau worden de resultaten geëvalueerd. Met het oog hierop worden de effecten in de praktijk goed gemeten, ook in vergelijking tot andere voorbeelden. Op politiek niveau volgt een constructieve verantwoording gericht op het leren voor toekomstige situaties (zie ook hoofdstuk 5 over verantwoording).

Door beide bewegingen te combineren kan een leerproces ontstaan waarin de probleemoplossing steeds effectiever wordt en tegelijkertijd goed geworteld blijft in het democratisch gelegitimeerde politieke debat.

De leercirkel die zo ontstaat, is vergelijkbaar met het proces van incrementele beleidsverbetering waar Lindblom over spreekt (zie hoofdstuk 3). De uitwerking die het 'experimentalism' hieraan toevoegt, is het bewust inrichten van de uitvoeringspraktijk op het experimentele karakter. Dat stelt eisen aan beide bewegingsrichtingen. Vanuit het legitimerende centrum worden mandaat en richting meegegeven: Welke beleidsdoelen streven we na? Welke belangen zijn relevant? Er wordt echter afgezien van gedetailleerde regelgeving die de experimenteerruimte inperkt (Ansell, 2011, p. 5). Vanuit de uitvoeringspraktijk vindt actief verantwoording plaats door monitoring van de concrete oplossingen die worden uitgeprobeerd. Hierover wordt teruggemeld naar beleidsniveau (Sabel & Simon, 2011). Door beide bewegingen in samenhang te zien ontstaan mogelijkheden om de spanning tussen democratische legitimatie en casusgerichte probleemoplossing te overwinnen. Hierdoor kan handelingsruimte voor de uitvoerders worden gecombineerd met meer gecentraliseerde processen van democratische legitimering. Ansell verwoordt het als volgt: 'Public agencies are at the tail end of the chain of representation, but also on the front end of problem solving' (Ansell, 2011, p. 4). Als je uitgaat van een wederkerige afstemming, dan is de uitvoeringspraktijk niet alleen het eindpunt, maar net zo goed een beginpunt in de tweezijdige relatie tussen democratie en probleemoplossing.

Veranderende positie van ambtenaren
De trend van handelingsruimte voor uitvoerende ambtenaren verandert de manier waarop we naar hun positie kijken. In het bureaucratische model werd de ambtenaar gezien als degene die op neutrale en loyale wijze de gegeven regels toepast. Weber zag dat overigens wel degelijk als een vorm van vakmanschap.
Met de ontwikkeling van de casusorganisatie is inmiddels ook bij ons de visie op ambtelijk vakmanschap in beweging gekomen. Hartman en Tops noemen uitvoerders geen toepassers van regels of uitvoerders van prestaties, maar eigenstandige 'dragers van professionaliteit', die op basis van een intrinsieke motivatie inspelen op de 'situationele logica' van het concrete geval (Hartman en Tops, 2005, 73).
In Nederland is er recentelijk nog extra aandacht gekomen voor de ambtelijke professionaliteit vanwege de ophanden zijnde 'normalisering' van de ambtelijke rechtspositie. De eenzijdige ambtelijke aanstelling wordt vervangen door een tweezijdige arbeidsovereenkomst, zoals die ook in de private sector bestaat. Dit heeft de vraag naar het wezen van de ambtelijke status een nieuwe actualiteit gege-

ven (zie bijvoorbeeld het themanummer van *Bestuurskunde*, 2014/4). De minister van Binnenlandse Zaken en Koninkrijksrelaties (BZK) heeft een statuut toegezegd waarin de kernwaarden van het ambtelijk vakmanschap worden beschreven.

De klassieke benadering is die van toewijding aan de publieke zaak en loyaliteit aan de rechtsstaat en aan de bestuurders die zich voor jouw werk moeten verantwoorden. Loyaliteit aan de rechtsstaat betekent overigens, zoals Weber al zei, dat de ambtenaar niet de persoon van de bestuurder dient, maar diens functie binnen het raamwerk van de rechtsstaat. Loyaliteit aan de bestuurders betekent respect voor het primaat van bestuurders om de politieke richting aan te geven, zonder afbreuk te doen aan de onafhankelijke professionele advisering (Kwakkelstein & Beaumont, 2014).

In het Verenigd Koninkrijk geldt een ambtelijke code met vier vergelijkbare waarden:

- *integrity*, dat wil zeggen dienen van het publieke belang in plaats van particuliere belangen;
- *honesty*, dat wil zeggen waarheidsgetrouwheid;
- *objectivity*, dat wil zeggen dat je adviezen baseert op zorgvuldige afweging van het feitenmateriaal;
- *impartialness*, dat wil zeggen dat je adviezen neutraal zijn en niet gekleurd door meningen of belangen (Becker, 2014).

Door de vermaatschappelijking van het publiek bestuur verandert het beeld van ambtelijke waarden. Er komen waarden bij die samenhangen met de interactie met actoren buiten de overheidsorganisatie. De moderne ambtenaar beoefent een evenwichtskunst tussen enerzijds een dienende en politiek sensitieve instelling en anderzijds een ondernemende en verbindende opstelling (Binnema e.a., 2013). Het gaat, in de woorden van 't Hart, om een derde generatie ambtelijk vakmanschap. Dat vraagt wat van de inrichting van de organisatie, zoals een platte structuur en openheid naar binnen en buiten. Het vraagt wat van de cultuur van de organisatie, zoals een waardegedreven, lerend karakter. Maar het vraagt ook wat van de moderne ambtenaar zelf, namelijk een balans tussen inhoud, relatie en context ('t Hart, 2014). De moderne behandelend ambtenaar bemiddelt tussen enerzijds meerdere overheidstaken, vakdisciplines en regelsets en anderzijds de context van de casus, inclusief politieke en maatschappelijke voorkeuren en belangen. Dit is een complexe bemiddeling, die steeds opnieuw een professioneel oordeel vraagt. Die nieuwe professionaliteit bestaat dus uit het verbinden van verschillende klassieke inhoudelijke specialismen (Noordegraaf, 2007, p. 774).

2.6 Oordeelsvorming door de casist

Het steeds opnieuw vinden van de balans tussen de inhoudelijke doelen, de concrete context en de relevante relaties is een kwestie van professionele oordeelsvorming. De professional is daarbij ingebed in een professionele en organisatorische omgeving, die hem of haar ondersteunt en bovendien checks-and-balances biedt. De professional combineert in zijn oordeelsvorming zijn eigen intrinsieke motivatie om voor betrokkenen de beste publieke waarde te genereren (Davis e.a., 1997) met de organisatielogica (doelen, regels en randvoorwaarden van het bestuur en de organisatie) en de professionele logica (normen vanuit de beroepsgroep) (Tummers e.a., 2009, p. 107). De manier waarop de behandelend ambtenaar die verschillende logica's afstemt op een concrete situatie is bepalend voor de kwaliteit van het overheidshandelen. De houding en vaardigheid van de casist kan ervoor zorgen dat er een goede dienstverlening ontstaat, zelfs als de regelsets moeilijk toepasbaar zijn of de verschillende logica's met elkaar strijden (Schillemans, 2008, 140 en 144).

In deze paragraaf ga ik in op de aard van die oordeelsvorming zelf en de relatie met kennis, normen en gebruiken in de professionele omgeving. In hoofdstuk 4 ga ik in op de toeleveringen die de casist krijgt van binnen en buiten de organisatie (omkering 3), op de relatie tussen het casusoordeel en het formele en informele beleid van de organisatie (omkering 4), op de programmering en formulering van opdrachten die het kader scheppen voor de casist (omkering 8), op de input vanuit het management die meegewogen wordt (omkering 9), en op de sturing vanuit het management en de politiek (omkering 10). Het laatste element werk ik nader uit in een apart hoofdstuk 5 over sturing en verantwoording in de casus-organisatie, met de elementen: kaderstelling, input, acceptatie en verantwoording.

Al met al staat de casist dus niet alleen en niet op een blanco vel. Maar toch blijft de kern van casusorganiseren het oordeel van de casist. Die oordeelsvorming is vakmanschap in een wisselwerking tussen kennis en creativiteit, tussen zoeken en vinden (Sennett, 2008, p. 287). Het is een kunde en een kunst tegelijk (Dewey, 1916, p. 241). Dat is niet in regels te vangen. Het is afhankelijk van de instelling en het gedrag van de professional.

De tegenwoordig wettelijk verplichte ambtseed is een weerspiegeling van die afhankelijkheid. Een vroege voorloper was de medische eed van Hippocrates. Ook in zijn tijd werd dus al nagedacht over oordeelsvorming. Volgens Hippocrates' tijdgenoot Aristoteles vraagt het juiste oordeel redelijkheid en rechtvaardigheid. Redelijkheid in je oordeelsvorming en rechtvaardigheid in het gestelde doel, ten goede van de samenleving als geheel. Deze oude Grieken wezen dus al op het belang van waardegebondenheid. Voor ons onderwerp is interessant dat de nadruk op professionele waarden impliceert dat er handelingsruimte is, die goed of minder goed kan worden gebruikt. Zonder handelingsruimte hoef je je immers geen zorgen te maken over welke waarden je hanteert.

Het modernistische idee dat beoordelingsvrijheid in onzekere afwegingen een jammerlijk gebrek is, dat met wetenschap en extra regels moet worden overwonnen, zien we bij Aristoteles niet terug. In zijn kennisleer is de werkelijkheid, althans een groot deel van de praktische werkelijkheid, niet in wetmatigheden te vangen. Volgens Foucault is het reduceren van mensen en situaties tot vast omschreven categorieën en criteria typisch voor de modernistische rationaliteit van de bureaucratie (Foucault, 1991). In veel gevallen doet dat echter onrecht aan de eigenheid van burgers en omstandigheden. Voor Aristoteles was het vanzelfsprekend dat een juist oordeel niet altijd gebaseerd kan worden op zekere kennis en vaste regels.

Prudentie

Aristoteles onderscheidde daarom verschillende soorten kennis, waaronder wetenschappelijke kennis, *epistèmè*, die onveranderlijk geldt in alle omstandigheden, en 'praktische wijsheid', *phronèsis* of *prudentie*, die een juiste inschatting vraagt van concrete omstandigheden in een concreet geval. *Phronèsis*/prudentie is niet gericht op abstract kloppende wijsheid, maar op het tot stand brengen van het goede, gewenste effect. Aristoteles zag prudentie als een deugd. Zij is niet gericht op het onmiddellijke eigenbelang, maar op het bereiken van het goede in de samenleving. De toetssteen voor het wijze oordeel is dat de voorgestelde handeling feitelijk werkt om het doel naderbij te brengen (Aristoteles, vertaling 2004, Boek VI, 9). Aristoteles formuleerde hiermee een criterium dat we nu, tweeduizend jaar later, 'pragmatisch' zouden noemen. Daarmee is hij een voorloper in het gedachtegoed dat door onder meer Dewey en Lindblom in de bestuurskunde is geïntroduceerd (zie paragraaf 3.4).

Aristoteles erkent dat de praktijk soms snel handelen vraagt. Maar prudente oordeelsvorming moet je volgens hem niet overhaasten. Prudentie is namelijk het vermogen om de passende handeling te kiezen in de bijzondere en steeds weer veranderende omstandigheden van het individuele geval. Het prudente oordeel is niet af te leiden uit wetenschappelijke zekerheid over oorzaak en gevolg. Je kunt het dus niet op voorhand kennen.

Prudentie vraagt de bereidheid om de bijzonderheden van het geval zorgvuldig te onderzoeken. Zij vraagt ook een bijzonder inschattingsvermogen, dat gestoeld is op vertrouwdheid met het betreffende type vraagstukken. Volgens Aristoteles groeit dit vermogen met de leeftijd. Tegenwoordig associëren we zulke vaardigheid niet zozeer met leeftijd, maar met professionaliteit.

Die professionaliteit komt niet uit een leerboek. Onderzoek laat zien dat een ervaren dokter betere diagnoses stelt dan een briljante student die de officiële leer volgt (Sennett, 2008, p. 247). De beslisbomen van moderne algoritmen presteren steeds beter, dus het domein waarop ICT beter presteert dan professionals breidt zich nog steeds uit. Dat is echter niet het domein van de casusorganisatie. Een kernelement van de casusorganisatie is de acceptatie dat het juiste overheidshandelen niet altijd kan worden gebaseerd op zekere kennis, vaste regels en patronen in databases. Dit in tegenstelling tot de klassieke bureaucratie, die meent dat wetenschappelijke onzekerheid, belangenstrijd en maatschappelijke waarden beslecht horen te worden door politieke oordeelsvorming, die vervolgens wordt vastgelegd in beleidsregels en wettelijke voorschriften, die op hun beurt nauwgezet worden gevolgd in de uitvoering. Casusorganiseren gaat daarentegen uit van het besef dat het juiste oordeel niet wordt bereikt door het volgen van abstracte regels, maar door zorgvuldig onderzoek van de bijzondere situatie en een prudent professioneel oordeel.

Inspiratie uit rechtsvinding

Over die prudente professionele oordeelsvorming is sinds de klassieke filosofie natuurlijk nog veel meer nagedacht. Een belangrijke bron is daarbij de traditie van rechtsvinding. Montesquieu onderscheidde drie typen van rechtsvinding, waarbij een rechter gezien wordt als:

- willoze spreekbuis der wet, die letterlijk de regels volgt ('la bouche de la loi');
- wetsvertolker, die de regels volgt als die duidelijk zijn en verder probeert de geest van de regel te volgen ('l'esprit de la loi');
- oordelaar naar redelijkheid en billijkheid (Montesquieu, 1748).

Montesquieu was een van de intellectuele vaders van de moderne constitutionele gedachte. Als Verlichtingsfilosoof was hij fel voorstander van volkomen wetgeving, die automatisch kon worden toegepast door de rechter. In zijn boek *De l'esprit des lois* (1748) drukte hij dit ideaal uit in de beroemde zin: 'Les juges de la nation ne sont que les bouches qui prononcent les paroles de la loi.'
Beoordeling naar redelijkheid en billijkheid leidde in zijn ogen tot 'despotisme', omdat de rechter dan zijn eigen regels bedacht ('le juge est lui-même sa règle'). Hij had daar bovenal bezwaar tegen omdat de rechtspraak in zijn tijd uiteindelijk was onderworpen aan de koning.
Dit laatste was van oudsher de normale situatie. Rechtspraak is historisch gezien een van de oudste staatsfuncties. Voorafgaand aan Montesquieus idee van de machtenscheiding, 'trias politica', viel de

rechtspraak gewoonlijk onder het koninklijk gezag (een praktijk die we in Nederland overigens tot de jaren tachtig van de vorige eeuw nog terugzagen in het zogenaamde kroonberoep).

De ideeën van Montesquieu werden overgenomen in de Franse Revolutie. Robespierre vond dat de rechter uitsluitend de wet moest toepassen en waar er onduidelijkheid zou zijn, de vraag moest terugleggen bij de volksvertegenwoordiging. Daartoe werd het eerste 'Tribunal de cassation' ingesteld, waaruit zich later de onafhankelijke cassatie ontwikkelde.

Interessant is dat Portalis, de schrijver van de Code Civil, dit idee toen al bestreed met het argument dat het onbegonnen werk was om de regelgeving steeds opnieuw aan te vullen. Hij stelde dat er per definitie steeds weer onvoorziene casussen of omstandigheden voorkomen en dat het rechtspreken in die gevallen iets wezenlijk anders is dan wetgevende arbeid (Wiarda, 1998, p. 16). Dat nam niet weg dat vanaf dat moment een ambitieus wetgevingsprogramma werd opgezet, dat door Napoleon ook naar Nederland werd geëxporteerd.

Wiarda beschrijft dat met name na de Tweede Wereldoorlog een kentering is gekomen in het streven naar wetten zonder interpretatieruimte. Volgens hem kan nog steeds het leeuwendeel van de voorkomende rechtszaken eenvoudig door regelvolging worden beslecht (Wiarda, 1988, p. 19). Er zijn echter steeds meer zaken waarin van rechters een meer autonome interpretatie wordt gevraagd door een samenleving die billijkheid van groter belang acht dan letterlijke wetstoepassing. Rechters worden geacht dit maatschappelijk gevoel te volgen.

Ook de wetgever zelf maakt steeds vaker gebruik van 'vage normen' of 'open normen', die ruimte laten voor een aan de situatie aangepaste interpretatie (Wiarda, 1988, p. 37). Wiarda ziet die ontwikkeling in het bestuursrecht, maar ook in het arbeidsrecht, huurrecht en privaatrecht, met als voorbeeld begrippen als 'overmacht' of 'duurzame ontwrichting van het huwelijk'. Nog een stap verder is het expliciet in de wet verlenen van discretionaire bevoegdheden aan bestuursorganen (zoals beschreven in hoofdstuk 1).

Wiarda noemt drie maatschappelijke oorzaken voor deze tendens (Wiarda, 1988, p. 92):

- de toenemende complexiteit van de samenleving: er komen steeds meer soorten rechtsvragen, die steeds minder in wetgeving zijn te voorzien/ondervangen;
- de opkomst van de verzorgingsstaat, waardoor steeds meer recht ontstaat met een 'modificerend' karakter, dat wil zeggen dat het niet een weergave is van bestaande maatschappelijke normen, maar gericht is op het bijsturen van maatschappelijke verhoudingen (bijvoorbeeld in het huurrecht, arbeidsrecht en consumentenrecht, waar nieuwe rechtsnormen de belangen van zwakkere contractspartijen beschermen);
- de verschuivende sociale waarden: door de toenemende dynamiek zijn mensen steeds meer gewend aan veranderingen en vernieuwingen. Ze hechten daardoor cultureel gezien minder aan oude waarden en oude regels. Door de ervaring van permanente verandering worden oude gewoonten minder waardevol gevonden. Inmiddels is er geen tolerantie meer voor onbillijke beslissingen die genomen worden 'omdat de regels nu eenmaal zo zijn'.

Deze ontwikkeling betekent dat de rechtsvinding meer casuïstisch wordt. Het is een keuze voor nuance en casuïstiek en tegenover eenvormigheid. Het gaat niet meer om abstracte systeemlogica, wat de Duitsers noemen 'Normgerechtigkeit', maar om bijdragen aan maatschappelijke probleemsituaties, 'Fallgerechtigkeit'.

Als je erkent dat er interpretatieruimte is, dan komt ook het begrip 'jurisprudentie' om de hoek kijken. Jurisprudentie is de verzameling van eerdere uitspraken, waarin je interpretaties kunt lezen van wat in specifieke gevallen billijk en rechtvaardig is gevonden. Die uitspraken zijn geen nieuwe algemene regels, want alleen van toepassing in die casus. Maar ze zijn wel een inspiratiebron voor het beoordelen van min of meer vergelijkbare situaties.
Het idee van jurisprudentie is dat elke uitspraak mede gebaseerd is op de praktijk van voorafgaande uitspraken en tegelijkertijd weer een nieuw element toevoegt aan die jurisprudentie. De verhouding tussen de individuele uitspraak en de jurisprudentie is vergelijkbaar

met de wederzijdse beïnvloeding tussen individueel gedrag en sociale structuren in de sociologie. Door deze wisselwerking toont de jurisprudentie een voortdurende ontwikkeling, waarin geleidelijk aan ook veranderende maatschappelijke omstandigheden en veranderende maatschappelijke normen worden meegenomen (Wiarda, 1988, p. 18). Dit principe ligt van oudsher ten grondslag aan de Angelsaksische traditie van 'common law', waarin niet de geschreven regels maar de bestaande rechtspraktijken centraal staan. Rechtspraktijken die steeds opnieuw worden gevormd door voortschrijdende jurisprudentie.

Casusoordeel

Er loopt een duidelijke parallel tussen de discussie over rechtsvinding en de discussie over een bureaucratische versus casuïstische bestuurspraktijk. Zoals White zegt: 'Administrators are in the same place as lawyers and judges' (White, 1990, p. 138). Zij staan voor beslissingen in concrete situaties, waarbij ze een relatie zoeken tussen enerzijds bestaande regels en praktijken en anderzijds een billijke uitkomst voor die situatie. In het publieke domein zijn afwegingen altijd meervoudig. Er spelen meerdere belangen en meervoudige waarden. Zulke waardenconflicten zijn niet definitief op te lossen, zeker niet op principeniveau. Ze zijn wel te verzoenen in een specifiek besluit voor een specifieke situatie (Schillemans, 2008, 131; Fisher e.a., 1991). De casusorganisatie is niet gericht op het laten verdwijnen van deelbelangen of het opheffen van waardenconflicten. Het casusoordeel is bedoeld om te midden van die meervoudigheid oplossingen te vinden, die voldoen aan eisen van billijkheid en (doorgaans) ook kunnen rekenen op een grotere mate van acceptatie bij belanghebbenden dan koude regeltoepassing.

De casist oriënteert zich daarbij in zijn oordeelsvorming op meerdere factoren:
• de specifieke concrete omstandigheden;
• de input vanuit andere vakinhoudelijke disciplines en het maatschappelijk veld;
• de belangen en mogelijkheden van diverse betrokkenen;
• de doelen van het eigen bestuursorgaan;
• de relevante regels en professionele beroepsnormen.

Het streven om diverse input in de besluitvorming te betrekken is ook in politiek-maatschappelijke context weer heel actueel. Op veel plaatsen wordt geëxperimenteerd met vormen van 'deliberatieve democratie', als aanvulling op de klassieke vertegenwoordigende democratie. 'Het verhogen van de kwaliteit van de beleidsontwikkeling met behulp van veelzijdige expertise, die ook praktische en lokale kennis omvat, is een belangrijke doelstelling van deliberatieve democratie' (Akkerman, 2004, p. 296). Deliberatieve uitwisseling van argumenten heeft als voordeel dat het de kwaliteit van de besluitvorming verhoogt. Daarnaast is het een methode om gemeenschappelijke waarden te ontdekken, of sterker uitgedrukt: om gemeenschappelijke waarden te *vormen* door het onderling afstemmen van relevante belangen.

Dat hoeft geen consensus op te leveren. Een werkbare overeenstemming is voldoende (Akkerman, 2004, p. 293). De openheid van het proces en de kwaliteit van de argumentatie dragen bij aan de acceptatie van de afweging. Deze gedachte vinden we ook terug in de casusorganisatie. Het casuswerkproces organiseert een open uitwisseling van argumenten, rond een behandelaar die de taak en het mandaat heeft om zich door argumenten te laten overtuigen.

De ervaringen met interactieve beleidsvorming in de laatste decennia laten zien dat het niet 'vanzelf goed komt' als je een maatschappelijk vraagstuk 'in de groep gooit'. Het kan gebeuren dat bepaalde belangen niet aan bod komen en dat de status van toeleveraars of de dominantie van bepaalde input bepalend wordt. Het kan ook gebeuren dat de voortgang stokt, omdat er te weinig participatie op gang komt of omdat er verschillende perspectieven zijn en geen duidelijke beslisregel. Dit zijn bekende risico's in interactieve en deliberatieve processen. Voor geslaagde interactie is meestal een goed procesontwerp nodig.

De keuze voor een eenduidige verantwoordelijkheid en mandaat bij de behandelend ambtenaar is een bewuste reactie op dit soort risico's. De verantwoordelijkheid geeft de casist een bepaalde macht, die uiteraard afhankelijk is van het mandaat dat hij of zij heeft meegekregen vanuit de eigen organisaties en/of andere deelnemende partijen. De verantwoordelijkheid van de casist geeft bovenal een heldere structuur aan het proces. De casist is degene die de afweging maakt over proces en inhoud.

Onderdeel van die professionele afweging is ook de 'jurisprudentie' van voorgaande beslissingen, zowel eerdere beslissingen van collega's als beleidsuitspraken van bestuursorganen of managementteams in eerdere situaties. Elke beslissing van bestuur of management werkt dus niet alleen door in de betreffende casus zelf, maar ook in de permanente ontwikkeling van een 'bestendige praktijk'. De casist houdt terdege rekening met eerdere beslissingen in vergelijkbare gevallen. Daarom is het niet nodig dat elke individuele beoordeling langs procedurele weg wordt gecontroleerd tot aan het hoogste bevoegd gezag. Bestuursorganen en managementteams hoeven ook niet al hun inzichten om te zetten in bindende instructies. In de meeste gevallen geven eerdere beslissingen of eerdere beleidsmatige discussies voldoende oriëntatiemateriaal voor de professional.

Bestuursorganen, managementteams en ook werkoverleggen hebben zodoende een forumfunctie met indirecte doorwerking. Het bespreken van praktijkgevallen geeft richting aan de normen, belangen en factoren die de casist meeweegt, en aan het gewicht dat die krijgen. Die forumfunctie kan in de bestaande praktijk doorwerken door besluiten vooraf goed te keuren (klassiek), maar evengoed door besluiten achteraf te beoordelen in een verantwoordingsproces of leeromgeving (casusorganiseren). Bij bespreking achteraf is bijsturing voor dat ene besluit niet meer mogelijk, maar het leereffect voor de professionele praktijk is vaak groter omdat de spanning van het beslismoment is weggevallen. Er is daardoor meer ruimte voor een open dialoog.

De centrale rol die verantwoording speelt in leerprocessen en dus de ontwikkeling van overheidsbeleid is vaak beschreven. Bovens heeft die rol uitgewerkt in drie functies: het sturen van beleid en organisatie, het ijken van normen en waarden en het dienen als zuiveringsritueel na incidenten of fouten (Bovens, 1990). Bovens en 't Hart lieten zien dat verantwoordingsprocessen soms tekortschieten door de dominante positie van het bestuur. Daardoor komt de juiste informatie niet boven tafel of kan er onvoldoende tegenwicht worden geboden tegen bestuurders die verantwoording en sanctionering ontwijken. Zo'n houding van bestuurders wordt volgens hen mede in de hand gewerkt door een politieke cultuur waarin media en politici eerder uit lijken op het beschadigen van bestuurders dan op het verbeteren van het beleid door lessen te trekken uit de uitvoering (Bovens & 't Hart, 2005).

In de casusorganisatie wordt constructieve verantwoording bewust gestimuleerd. Dit betekent dat verantwoording georganiseerd wordt als een evenwichtige dialoog, vanuit belangstelling en goede voorbereiding. Het hoeft niet altijd geformaliseerd te worden met rapportages of onderzoeksrapporten. Onderlinge toetsing, in direct contact tussen professionals, kan zeker zo effectief zijn (Schillemans, 2007). Het gaat om een lerende in plaats van sanctionerende insteek. Dat laatste kan lastig zijn als pers en politiek boven op een incident springen. Bestuurders zouden de normaliteit van leerprocessen moeten blijven benadrukken door zichzelf ook daar naar te gedragen. Soms maakt de actualiteit dat bijna onmogelijk. Door een terugblik normaal en veilig te maken kunnen die situaties echter de uitzondering zijn. Er kunnen speciale leersessies worden georganiseerd. Het kan ook worden meegenomen in de reguliere managementcyclus of door aan het eind van wekelijkse vergaderingen even terug te blikken op het verloop van het gesprek. Constructieve verantwoording staat of valt bij het centraal stellen van nieuwsgierigheid en de behoefte om te leren, in plaats van de schuldvraag en de behoefte om machtsverhoudingen te hanteren.

Bij de provincie Zuid-Holland zijn sinds 2016 oploopjes georganiseerd onder de noemer 'Als professionaliteit spannend wordt'. Daarin vertelt een behandelaar voor een groep van ongeveer dertig collega's over een situatie waarin hij of zij zich in de knel voelde zitten. Wat is er gebeurd? Welke afweging heeft hij/zij gemaakt? Hoe waren de reacties binnen en buiten de organisatie?

Aan deze evaluaties wordt deelgenomen door in de casus betrokken managers en bestuurders. De facilitator en de overige aanwezigen zorgen ervoor dat het gesprek gericht wordt op lessen met een bredere betekenis.

Daarnaast wordt na lastige beslissingen geregeld een tijdlijnsessie georganiseerd, waarin alle gebeurtenissen in volgorde worden gezet. Daarbij wordt teruggekeken op de emoties die ze opriepen, en ook weer gekeken naar de lessen die je daaruit kunt trekken. Binnen de provinciale organisatie is een twaalftal facilitators opgeleid voor het begeleiden van (onder meer) dit soort sessies.

Zoals hierboven gezegd, oriënteert de casist zich op omstandigheden, input van toeleveraars, belangen van derden, doelen van het bestuur, relevante regels en beroepsnormen. De professionaliteit van de casist bestaat erin dat hij/zij met al deze factoren rekening houdt, zonder zichzelf daarvan in zijn oordeel afhankelijk van te maken.De casist houdt rekening met de concrete omstandigheden, zonder zich daar op voorhand bij neer te leggen. De casist let op de doelen en belangen van zijn bestuursorgaan, zonder die per definitie voorrang te geven op de diversiteit aan andere relevante belangen. De casist gebruikt expertise van anderen, zonder een expertoordeel als een voldongen feit te beschouwen. De casist slaat acht op de 'jurisprudentie' van eerdere beslissingen, zonder die op te vatten als dwingend precedent. De casist volgt zijn beroepsethiek en professionele ervaring, zonder die te verabsoluteren.

Er zit altijd spanning tussen deze factoren. Die spanning kan niet worden opgeheven. Het gaat erom die spanning te hanteren in de concrete situatie.

De casist middelt tussen al de factoren om per situatie de meest passende actie te ontdekken. Hij of zij zoekt daarbij voortdurend de juiste combinatie van de rollen die Montesquieu beschreef: de spreekbuis der wet, de vertolker van de geest van het beleid en de oordelaar naar redelijkheid en billijkheid. De casist doet dat met de 'praktische wijsheid' die Aristoteles beschreef als prudentie/*phronèsis*.

Om dit mogelijk te maken blijft de casist in het casuswerkproces vanaf de opdracht tot de oplevering centraal staan. Hij of zij is als 'eigenaar' van het dossier verantwoordelijk. In de bureaucratische organisatie werd die verantwoordelijkheid met het dossier mee langs de stations in de procedure gestuurd. Een complexe beslissing moest langs vele stations in de hiërarchie en elk station was op dat moment bevoegd over het dossier. Zie hiervoor hoofdstuk 4, omkering 3: 'Toeleveringen op aanvraag'.

In de casusorganisatie wordt in aanvang een casist aangewezen, die op allerlei plekken input verzamelt, maar de verantwoordelijkheid voor het dossier nooit hoeft af te staan. In plaats van een hele hiërarchie van chefs en chefjes, die allemaal aanwijzingen kunnen geven, heeft de casist alleen te maken met één ambtelijk opdrachtgever (die de hele lijnorganisatie vertegenwoordigt) en één bestuurlijk opdrachtgever. De behandelaar, ambtelijk opdrachtgever en bestuurlijk opdrachtgever vormen de sturingsdriehoek waarin de verantwoordelijkheid voor de casus is belegd. Zie hiervoor hoofdstuk 4, omkering 2: 'Casist weegt input af'.

Als dat afwegen goed gebeurt, dan resulteert dat in optimale oordelen, naar redelijkheid en billijkheid afgestemd op de maatschappelijke normen, en optimale beslissingen, die concreet toetsbaar een betere uitkomst bieden dan het ongevoelig volgen van abstracte regels.

De casusorganisatie is van die prudentie afhankelijk, zoals de bureaucratie afhankelijk was van de kwaliteit en toepasselijkheid van abstracte regels. Er zijn ingebouwde correctiemechanismen, waarin de casist verantwoording aflegt en leert voor de toekomst en waarin de betrokkene een heroverweging kan vragen in een breder forum. Het casusoordeel is immers geen wetenschap en geen garantie voor een 'juiste' toepassing. Het is een vorm van praktische wijsheid, die inspeelt op het gegeven dat een maatwerkoordeel in veel situaties de beste kans geeft op een goede, billijke en effectieve uitkomst. Hoe deze concepten doorwerken in de praktijk van de casusorganisatie beschrijf ik nader in hoofdstuk 4.

2.7 Voortschrijdende ontwikkeling

De ontluikende praktijk van casusorganiseren bouwt voort op een aantal pijlers in het overheidsmanagement van de laatste decennia. De casusorganisatie staat niet alleen op de schouders van het bureaucratische model, maar gebruikt ook ervaringen uit het projectmatig/ flexibel werken, het integraal werken en het interactief werken.

Projectmatig werken

De eerste belangrijke pijler is het projectmatig werken. Kern daarvan is dat rollen en bevoegdheden tijdelijk worden toegedeeld, voor een bepaalde opgave, los van de reguliere competentieverdeling in de lijn. Opdrachten en bevoegdheden zijn niet permanent toegedeeld, zoals in een bureaucratie, maar 'für den Einzelfall zeitweilig geschaffen', zoals Weber het beschreef voor de prebureaucratische periode. Bij projectmatig werken gaat het met name om de rollen van *opdrachtgever* (bestuurlijk/ambtelijk) en *opdrachtnemer* (projectleider). Deze rollen zijn per definitie gebonden aan de looptijd en de scope van de opdracht.

Vooral na de Tweede Wereldoorlog is projectmatig werken opgekomen als een soort 'gulden middenweg' tussen enerzijds vaste werkroutines en anderzijds de ambachtelijke improvisatie uit het tijdperk voor Weber (Kor & Wijnen, 2005, p. 12). Inmiddels is in alle overheidsorganisaties brede ervaring opgebouwd met projectmatig werken. Er bestaan uitgewerkte en goed doordachte methodieken. Er is ook veel professionaliteit op ontwikkeld en wie niet zelf de kneepjes kent, die is tenminste toch bekend met de kernbegrippen.

De praktijk van casusorganiseren bouwt voort op elementen uit dit projectmatig werken. Toch zijn er ook wezenlijke verschillen. Ik noem er twee.

Het eerste verschil betreft de *resultaatsdefinitie*. In projectmatig werken ligt de nadruk op het bereiken van een vooraf door de opdrachtgevers bepaald *resultaat*. 'The main question is whether the previously formulated goals have been met, and at what cost' (De Bruijn, 2011, p. 174).
Het is deze benadering waardoor een onderscheid ontstaat tussen het 'wat', dat het domein van de opdrachtgever zou zijn, en het 'hoe', dat het domein is van de projectleider/opdrachtnemer. In casusorganiseren zijn het 'wat' en 'hoe' echter geen te onderscheiden

domeinen. Niet in de relatie tussen opdrachtgever en opdrachtnemer en niet in de relatie tussen politiek en ambtelijk domein.
De politieke verantwoordelijkheid geldt altijd voor alle aspecten van
het werk in de ambtelijke organisatie, zowel het 'wat' als het 'hoe'.
Het 'hoe' is niet een neutraal technisch aspect. Voor moderne politici is het 'hoe' vaak een belangrijk onderdeel van de doelstelling.
Een interactieve bestuursstijl is voor hen een politiek doel, waar zij
in geloven en waarmee zij zich profileren. In veel collegeprogram-
ma's staat dat streven voorop. Geregeld vinden politici een goede
interactieve omgang met burgers en belanghebbenden belangrijker
dan de inhoudelijke uitkomsten. Een projectdefinitie in 'wat'-ter-
men voldoet dan niet. Het 'wat' en 'hoe' vloeien in elkaar over (zie
ook: Hartman en Tops, 2005, 52, 75).

In casusorganiseren wordt in de opdracht niet een *uitkomst* meegegeven, maar een *vraag* of een *opgave*. Wat is de kwestie waar een
oplossing voor moet worden gezocht? Welke doelen, belangen en
waarden moeten in de afweging worden betrokken, toegepast in de
concrete situatie van die casus?
Zo is de opdracht 'realiseer de opstelling van windmolens met een
opbrengst van zo- en zoveel Megawatt' in principe geschikt voor
projectmatig werken. De maatschappelijke opgave 'draag bij aan de
maatschappelijke energietransitie' is veel opener. Het staat te bezien
wat de 'energietransitie' inhoudt, welke partijen daar leidend in
zijn en welke bijdrage de eigen organisatie daaraan kan leveren. De
definitie van succes staat niet op voorhand vast. Zo'n opdracht past
moeilijk in de logica van projectmatig of programmatisch werken.
Bos, Van Loon en Licht hanteren in hun handboek *Programmatisch creëren* eenzelfde soort afbakening. Zij rangschikken routine-
processen, projectmatig werken, programmatisch werken, procesmanagement en ten slotte improvisatie als werksoorten die passen
bij een steeds verder afnemende voorspelbaarheid: Bij project- en
programmamanagement moet het doel helder zijn, respectievelijk als concreet product of als een meer abstracte ambitie, maar in
beide gevallen zo helder mogelijk, liefst SMART omschreven (Bos
e.a., 2013, p. 9). Bij procesmanagement en improvisatie is dat niet
het geval. In wat zij noemen een 'creatief proces' is sprake van een

'vaag vraagstuk', waarbij de vraagstelling wel helder is, maar de aard van het resultaat of de uitkomst niet. In wat zij noemen 'improvisatie' zijn er een complex krachtenveld van belangen, onduidelijkheid over oplossingsrichtingen en/of weinig ervaring met het onderwerp (Bos e.a., 2013, p. 3 en 10).

Dit soort omstandigheden (onduidelijke of omstreden doelen, twijfel of onbekendheid met de effectiviteit van de middelen, wisselend patroon van deelnemers) zijn in de bestuurskunde bekend als 'complexe situatie' (De Baas, 1995, p. 252). Daarin kan de besluitvorming niet volgens een centrale logica georganiseerd worden (Cohen e.a., 1972). Een projectmatige of programmatische aanpak past daar dus niet.

In die zin lijkt casusorganiseren meer op procesmanagement dan op project- of programmamanagement. Het komt geregeld voor dat de opvattingen over het 'wat' en het 'hoe' gaandeweg het proces veranderen. De principes van casusorganiseren kunnen echter ook van toepassing zijn in routinematige werkprocessen. In casusorganisaties wordt ook daar professionele oordeelsvorming gestimuleerd. Casusorganiseren ontleent dus een aantal principes aan de traditie van projectmatig en programmatisch werken, maar is breder van toepassing dan alleen in dat type aanpak.

Het tweede verschil betreft de *(on)afhankelijkheid* van de projectleider. In projectmatig werken worden de benodigde disciplines bijeengezet in een projectteam, dat zich als collectief inzet voor het projectdoel. De projectleider is als functioneel leidinggevende verantwoordelijk voor de collectieve prestatie van het team (Bos & Harting, 2006).
De methodiek leert ons dat projectgroepsleden mandaat horen mee te krijgen van hun afdeling. Zodat zij het betreffende domein kunnen binden aan de in projectverband overeengekomen oplossing. In de praktijk blijft er onvermijdelijk 'spanning tussen lijn en project'. Het is namelijk een paradoxaal idee om enerzijds te vragen dat projectleden hun domein ontstijgen in het belang van het projectresultaat en anderzijds te vragen dat het resultaat bindend is voor de domeinen die de projectleden hebben afgevaardigd.

In casusorganiseren wordt op dit punt een principiële vervolgstap gezet. De domeincompetenties worden losgelaten. De verantwoordelijkheid wordt als geheel neergelegd bij de 'behandelend ambtenaar'. Deze is in zijn mandaat niet afhankelijk van toeleveraars. Dat is geen kwestie van rang of stand, maar van organisatorisch principe. Het maakt hiervoor niet uit of het gaat om een ambtenaar die een subsidieaanvraag behandelt, een projectleider Wijkontwikkeling of de Deltacommissaris voor hoogwaterbescherming. Als er kennis uit andere disciplines nodig is, dan wordt die ingewonnen als een toelevering die wordt afgewogen door de behandelaar. Toeleveraars worden geen lid van het project. Zij hoeven geen mandaat te leveren, want de behandelaar heeft al volledig mandaat. Zij hoeven de afdeling waaruit zij komen niet te committeren, want die afdeling functioneert hier slechts als thuisbasis en is alleen verantwoordelijk voor de kwaliteit van de input van de toeleveraar. Het kan overigens wel voorkomen dat de behandelaar een team vormt ter ondersteuning van zijn rol, maar dan gaat het om die rol zelf en niet om het verzamelen van toeleveraars uit inhoudelijk benodigde disciplines, zoals in klassieke integrale werkgroepen.

Op dit punt is casusorganiseren misschien eerder verwant met de tradities van professionele oordeelsvorming, zoals we die kennen uit de geneeskunde en de juridische discipline. Zie de passage over rechtsvinding in de vorige paragraaf.

Een andere vergelijking die ik hier nog wil maken, is die met een bekende uitwerking van een op projecten gerichte organisatievorm, namelijk het model van 'adhocratie', zoals dat door Mintzberg is beschreven. Er is een aantal overeenkomsten tussen de casusorganisatie en Mintzbergs adhocratie. In beide wordt los van de lijnstructuur gewerkt, door experts te matchen aan steeds wisselende opdrachten. In beide wordt niet-gestandaardiseerd werk verricht met een versmelting van beleid en uitvoering (Mintzberg, 1979).
Er zijn echter ook beslissende verschillen. De adhocratie is primair gericht op innovatie door verschillende specialisten in teamverband te laten afstemmen ('mutual adjustment'). De casusorganisatie is soms gericht op echte innovatie, maar meestal op profes-

sioneel maatwerk. Inhoudelijke keuzes worden niet gemaakt door onderlinge afstemming, maar door een professioneel oordeel, binnen opdrachtkaders. In tegenstelling tot de adhocratie is er in de casusorganisatie geen versmeltend projectteam, maar een sterk rolbewustzijn rond de centrale rollen van behandelaar, opdrachtgever (ambtelijk en bestuurlijk) en expert-toeleveraar.

De casusorganisatie heeft ook kenmerken van wat Mintzberg de professionele bureaucratie noemt. Denk aan de kernrol van de professional en het professionele oordeel. Mintzberg legt in zijn beschrijving van de professionele organisatie echter sterk de nadruk op het toepassen van standaardrepertoire op categorieën van gevallen ('pigeonholing'). Vandaar dat hij ook spreekt over de professionele 'bureaucratie'. Een belangrijk verschil is ook dat Mintzbergs professionele bureaucratie nauwelijks een eigen strategie en beleidsbepaling ontwikkelt. De professionals oriënteren zich in zijn model primair op de standaarden van hun professionele gemeenschap, dus grotendeels buiten de eigen organisatie.
De casusorganisatie kent daarentegen een eigen strategie, die richtinggevende inspiratie biedt in de dilemma's van concrete afwegingen. Om effectief te zijn zal zo'n strategie zijn opgebouwd in samenspraak tussen de (politieke) top en de professionele werkvloer en gebaseerd op ervaringen die de organisatie tijdens een langere periode heeft opgedaan. Het is wat Mintzberg noemde een 'emergent strategy' (Mintzberg & Quinn, 2003).

Integraal werken
Een tweede belangrijke pijler onder casusorganiseren is het zogenaamde 'integraal werken'. Het voordeel van de klassiek bureaucratische verdeling van 'Kompetenzen' was dat er geen inefficiënte dubbels ontstaan. Een neveneffect is echter dat er bij een maatschappelijk initiatief al snel meerdere afdelingen betrokken zijn.
Een typisch bureaucratisch verschijnsel is dat voor een bepaald initiatief meerdere vergunningen nodig zijn, die door verschillende afdelingen onafhankelijk van elkaar worden beoordeeld op basis van in eigen regels beschreven vaste criteria. Het op elkaar afstemmen van verschillende beslissingen is alleen mogelijk als er beleidsvrijheid is, wat in het bureaucratische model om andere redenen

onwenselijk wordt geacht. Zelfs als er interpretatieruimte is, dan is het onderling afstemmen van beslissingen in het bureaucratische denkraam al snel 'détournement de pouvoir'. Dat wil zeggen: het gebruik van bevoegdheden voor een ander doel dan ze zijn gegeven, wat in juridische zin niet is toegestaan.

Dit kan er gemakkelijk toe leiden dat een initiatiefnemer bijvoorbeeld drie vergunningen wel krijgt en eentje niet, waardoor het initiatief per saldo wordt geblokkeerd. Of, misschien nog schrijnender, dat een initiatief tegelijkertijd verboden is en subsidiabel ... In het bureaucratische model is zoiets volkomen logisch. Het is een teken dat de scheiding van *Kompetenzen* en de onafhankelijkheid van regeltoepassing goed verloopt. Vanuit maatschappelijk perspectief wordt dit echter als ongerijmd ervaren, vooral omdat de kans op dit soort ongerijmdheden in de loop van de twintigste eeuw enorm is toegenomen door de uitbreiding van overheidsbemoeienis. In de wetgeving zijn initiatieven genomen om dit tegen te gaan, van de 'coördinatiebepaling' in de Wet algemene bepalingen omgevingsrecht (2010) tot het samenbrengen van diverse toetsingsaspecten in één omgevingsvergunning (Omgevingswet 2019). Los daarvan wordt een dergelijke verkokering in de praktijk al decennialang als ongewenst beschouwd. Er wordt voortdurend gestreefd naar integrale afstemming.

In een bureaucratie betekent dit echter dat bij de afhandeling van aanvragen andere afdelingen moeten worden betrokken. In een bureaucratie zijn inhoudelijke domeinen immers exclusief voorbehouden aan bepaalde afdelingen. Het is een functionaris van een andere afdeling niet toegestaan om eigen opvattingen over die onderwerpen te formuleren. Daarom is onder de noemer 'integraal werken' een praktijk gegroeid waarin een veelheid van afdelingen betrokken wordt bij dossiers.

Aanvankelijk ging dat typisch via de 'medeparaaf', waarbij een dossier langs een reeks afdelingen werd gestuurd, die akkoord konden geven of aanpassingen konden vragen. De laatste decennia werd het gebruikelijker om vertegenwoordigers van verschillende afdelingen bijeen te brengen in vergaderingen en werkgroepen.

Zo startte in de gemeente Venray in 2010 een zogenaamd 'Breed overleg'. Daarin waren alle afdelingen vertegenwoordigd die mogelijk betrokken konden zijn bij aspecten van een vergunning. Dit overleg kwam wekelijks bijeen om de 'intake' te bespreken van nieuw ingekomen aanvragen. Welke aspecten lijken hier aan de orde? Wie moet bij de behandeling worden betrokken? Het was een praktische vorm van coördinatie in een overigens sectoraal ingedeelde organisatie. Het betekende wel dat wekelijks bijna twintig ambtenaren bijeen moesten komen.

Tegenwoordig is 'integraal werken' tegelijkertijd een basale norm en een steen des aanstoots. Niemand bepleit nog een sectorale insteek, maar de kritieken op integraal werken zijn alom (zie bijvoorbeeld RMO, 2008; ROB, Aardema & Korsten, 2009). De eerste kritieken werden al vroeg geformuleerd (Tjeenk Willink, 1984). Het doel om gecoördineerd in plaats van verkokerd te werken is vanzelfsprekend geworden. De gehanteerde methoden zijn echter vastgelopen. Het is in de praktijk tijdverslindend om bij alle dossiers vertegenwoordigers van alle aspecten te betrekken. Daarnaast ontbreekt het in traditioneel integraal werken aan een beslisregel. Elke afdeling heeft op haar onderwerpen een vetorecht. Bij uiteenlopende opvattingen wordt een casus opgehouden in een proces van nader onderzoek, overleg, overtuiging en onderhandeling.

Het vinden van uitwegen in die waaier van veto's is een kunst op zich geworden. Er is veel vraag naar handige 'kunstenaars' die dat kunnen. Dat de praktijk van integraal werken zo moeizaam is geworden, zou echter geen pleidooi moeten zijn voor nog vaardiger ambtenaren, maar juist voor een vereenvoudiging van het integrale werkproces. Op dit punt komt het casusorganiseren in beeld. Casusorganiseren doorbreekt het klassieke patroon van integraal werken door de *Kompetenz*-verdeling achter te laten. De casist is volledig ('integraal') bevoegd tot afhandeling van de casus. Andere disciplines worden hier betrokken als expert-adviseur en niet meer als instantie waarvan instemming moet worden verkregen. Toeleveraars hebben geen vetorecht meer. De behandelaar weegt hun inbreng af. De doorwerking van hun inbreng is zodoende afhankelijk van de kwaliteit van hun advies en hun adviesvaardigheden. Zoals ik in hoofdstuk 4 bij omkering 2 nader zal beschrijven, is hiermee de zeggenschapsverhouding omgedraaid. Het mandaat ligt niet meer bij de individuele toeleveraars, ieder voor hun eigen aspect, maar bij de casist. Het door Weber beschreven wederzijdse 'Befehlsgewalt' is daarmee doorbroken.

Interactief werken
Een derde pijler onder casusorganiseren is de opkomst van interactief werken. Terwijl integraal werken vooral ziet op het betrekken van inhoudelijke aspecten via collega-afdelingen, gaat het bij interactief werken om het betrekken van externe partijen uit de samenleving.
De trend van interactief werken, ook wel aangeduid met 'netwerkend werken' of 'coproductie', is in de Nederlandse praktijk rond 1990 opgekomen. Voorlopers waren de ROM-gebiedsprocessen. Daarin werden gebiedsplannen opgesteld in coproductie met belangenorganisaties, bewoners en bedrijven. Ze werden bekrachtigd in convenanten, als verbeelding van de zelfstandigheid en gelijkwaardigheid van de deelnemers. Deze aanpak was gebaseerd op de Vierde Nota Ruimtelijke Ordening en het eerste Nationaal Milieubeleidsplan, beide uit 1989. In omringende landen ontstonden vergelijkbare aanpakken, later mede gestimuleerd door het Europese 'Leader'-programma (Boonstra, 2004).

In die eerste periode ging het vooral om ruimtelijke ontwikkeling en de relatie landbouw-natuur. Vanaf midden jaren negentig verspreidde dit type integrale, interactieve aanpak zich over alle bestuursniveaus en allerlei beleidsterreinen. Het kernprincipe van interactief werken is dat de overheid aanvaardt dat ze in een netwerk opereert, met partijen die onmisbaar zijn om optimale resultaten te bereiken, maar die niet tot medewerking kunnen worden gedwongen. De combinatie van onderlinge afhankelijkheid in doelbereiking en onderlinge onafhankelijkheid in gedragsbepaling definieert een netwerk (De Baas, 1995, p. 227).

In interactieve processen wordt gewerkt aan 'doelvervlechting' (Teisman, 1992, p. 129). Er ontstaat gezamenlijke actie door het bijeenbrengen van uiteenlopende bijdragen van verschillende partijen. Er is geen sprake van eenzijdige sturing door de overheid, maar van interactieve doelbepaling en van coproductie door partijen die elk voor zich beslissen wat ze willen bijdragen (De Baas, 2016). In de beginperiode werd de interactieve aanpak zo enthousiast verwelkomd, dat deelnemers alleen al door die aanpak gemotiveerd waren om er samen uit te komen. Vaak werd de aanpak doel in plaats van middel. De laatste decennia willen veel besturen per se interactief werken (Tops e.a., 1996, p. 17). Er zijn ook signalen dat interactieve processen soms worden ingezet als een middel om weerstand tegen bepaalde initiatieven in te kapselen of als werkgelegenheid voor procesmanagers en externe adviseurs (Van der Arend, 2007; Pröpper & Steenbeek, 1999).

Behalve door de charme van de aanpak zelf werd consensus vaak bevorderd doordat iedere deelnemer wel iets van zijn wensen gehonoreerd kreeg. Er werd gesproken over win-winsituaties (Susskind & Cruikshank, 1987), soms kritisch aangeduid als 'wonderbare broodvermenigvuldiging'. Dat het geen *zero-sum game* was, kwam mede doordat de overheid vaak subsidiemiddelen toevoegde. Daarnaast werden overheidsbevoegdheden ingebracht, zoals een wijziging van het bestemmingsplan. Tot aan de crisis van 2008 was de toestemming om ergens te mogen bouwen veel geld waard.

Als hoofd Ruimtelijke Ordening van de provincie Gelderland heb ik in 1999 nog een ronde gemaakt langs gemeenten die vanwege restrictief beleid normaal gesproken weinig mochten bouwen. In het kader van de landelijke Ruimte voor Ruimte-regeling boden we 'bouwcontingenten' aan, dat wil zeggen goedkeuring voor het bouwen van woningen.

Gemeenten konden extra contingenten krijgen als ze per stuk ƒ 100.000 stortten in een fonds voor het slopen van leegstaande stallen in het buitengebied. Zo ontstaat een 'win' voor bouwlustigen en tegelijkertijd een 'win' voor de sanering van het buitengebied.

In één week haalden we *f* 48 miljoen op. Dit bewees de kracht van de provinciale sturing op woningbouwaantallen. Na de economische crisis is de 'rode motor' onder dit soort gebiedsprocessen echter vooralsnog stilgevallen.

Dit voorbeeld laat ook zien hoe klassieke bevoegdheden (in dit geval vergunningen onder de noemer 'contingenten') en klassieke sturingsinstrumenten (in dit geval rendement op ruimtelijke ontwikkelingen) onderdeel uitmaken van win-winarrangementen.

Het idee van – intersectorale – uitruil is soms alweer gekolonialiseerd door de bureaucratische traditie. We zien dit bijvoorbeeld bij de compensatieplicht in de Boswet en het salderingsprincipe in de nieuwe Omgevingswet. Het salderen is daar volledig geprotocolleerd, tot en met een 'Puntensysteem natuurcompensatie' (minister van Economische Zaken, Kamerbrief van 27 september 2013). Op die manier gaat het mechanisme meer lijken op een compenserende heffing dan op creatieve doelvervlechting.

Een platte ruil (voor wat, hoort wat) is ook niet het eigenlijke principe van interactief werken. De oorspronkelijke intentie is wel degelijk onbureaucratisch. De kern is immers het integraal afwegen van voor- en nadelen, in plaats van een geïsoleerde beoordeling volgens weberiaans verdeelde *Kompetenzen*. Interactief werken biedt zo kansen om in een netwerk van onderling afhankelijke partijen een gezamenlijk gedragen koers te vinden.

Tegenwoordig behoren interactieve beleidsprocessen tot het standaardrepertoire van overheidsorganisaties. Er is een hele discipline ontstaan van het 'management van beleidsprocessen'. In de politiek en in de ambtelijke professionaliteit heeft interactief werken inmiddels, net als integraal werken, een normatieve lading gekregen. Het betrekken van belanghebbenden is een principe geworden, bijna vanzelfsprekend, als een vorm van 'bestuurlijk fatsoen'.

Zo is, via projectmatig werken, integraal werken en interactief werken, een voortschrijdende ontwikkeling te zien die is uitgemond in casusorganiseren en de casusorganisatie die daar bij hoort. Alvorens in hoofdstuk 4 de verschijningsvorm van de casusorganisatie concreter uit te diepen, geef ik in hoofdstuk 3 een schets van de maatschappelijke en theoretische ontwikkelingen die drijvers zijn geweest onder de opkomst van de casusorganisatie.

3 THEORETISCHE ONTWIKKELING: VAN UNIRATIONALITEIT NAAR INTERACTIE

3.1 Politiek-maatschappelijke achtergronden

Casusorganiseren komt niet uit de lucht vallen. Er zijn maatschappelijke achtergronden aan te wijzen en achtergronden in de bestuurskundige theorie. Op beide vlakken is een geleidelijke ontwikkeling te zien, waarin de principes van de casusorganisatie een logische plek hebben. Dit hoofdstuk schetst die ontwikkeling in vogelvlucht. De bedoeling is om te laten zien wat de theoretische onderbouwing is van het streven naar interactie, dat in de actuele praktijk zoveel nadruk krijgt en ten grondslag ligt aan de casusorganisatie.

Het moment waarop 'bestuur' ('administration') als een technisch-rationele bekwaamheid werd onderscheiden van 'politiek' wordt vaak gezien als het startpunt van de bestuurskundige wetenschap. Dit onderscheid bleek de opmaat voor een langdurig streven naar rationalisering van zowel de vorming als de implementatie van beleid. De bestuurskunde was decennialang in de greep van het ideaal van rationele beleidsvoering. Een ideaal dat naadloos past in de moderniteit van na de Verlichting en dat niet alleen de bestuurskunde beheerste (Van der Loo & Van Reijen, 2001, p. 44).

Tot op de dag van vandaag is het voor politici verleidelijk om zich te positioneren als allround probleemoplosser. In verkiezingstijd doen zij vaak allerlei maakbaarheidsbeloften (Frissen, 2013, p. 12). Populistische politici lopen daarbij voorop. Zij suggereren eenvoudige oplossingen voor complexe problemen. Ze doen dat schijnbaar onbekommerd. De ware populist heeft kennelijk de gêne achter zich gelaten dat de voorgespiegelde effecten van een maatregel ook feitelijk zouden moeten optreden. Voor veel politici bevinden politieke boodschappen zich vooral op symbolisch niveau (Edelman, 1985). Menige kiezer lijkt daar niet mee te zitten. Dit soort 'fact free politics' is echter geen mainstream in de overheidspraktijk, niet op lokaal en regionaal niveau en ook niet op rijksniveau. We zijn intussen wel ontnuchterd van al te grote rationaliteitspretenties. In theorie en praktijk is het besef doorgedrongen dat de overheid veel ontwikkelingen niet in haar eentje kan overzien en veel doelen niet op eigen kracht kan realiseren. Hoe soeverein een regering zich soms ook waant, men zoekt partners, men sluit akkoorden en men benoemt de verantwoordelijkheden van de samenleving (Zie ook het Regeerakkoord 'Vertrouwen in de toekomst' van het kabinet Rutte III, 10 oktober 2017).

Naast een instrumentele afweging ligt hier ook een ontwikkeling van onze maatschappijvisie aan ten grondslag. De verhouding tussen overheid en samenleving is 'gehorizontaliseerd' (Rob, 2012). Eenzijdig optreden van de overheid wordt al snel gezien als een aantasting van de rechten van betrokkenen. De Jong en Dorbeck-Jung vatten deze ontwikkeling samen in vier begrippen (De Jong & Dorbeck-Jung, 1997, p. 251; Rob, 1999, p. 26):

- *horizontalisering*: de overheid wordt niet meer gezien als bovengeschikt, maar als deel van maatschappelijke netwerken waarin zij haar inbreng moet waarmaken;
- *pluralisering*: de noodzaak om aan te sluiten bij diverse netwerken, waardoor de overheid gefragmenteerd optreedt (naast de van oudsher bekende verkokering komt nog de opsplitsing over verschillende netwerken);
- *concretisering*: de tendens om maatschappelijke problemen en oplossingen op te vatten als opzichzelfstaand, in plaats van als onderdeel van een bredere samenhang of algemene regels;
- *proceduralisering*: steeds minder materieel inhoudelijk sturen en steeds meer sturen op procedurele waarborgen en vereisten.

Deze maatschappelijke ontwikkelingen vormden de achtergrond bij de opkomst van integraal werken en interactief werken. In zo'n maatschappelijke omgeving gaat het immers niet meer om het 'uitvoeren' van in het besturingscentrum bedacht 'beleid'. Het gaat om processen waarin belangen worden vervlochten door op concreet niveau in interactie te gaan. De overheid moet zich dan kunnen aanpassen aan verschillende conflicterende vereisten, te midden van onzekerheid, variëteit en meervoudigheid. Het vraagt een balancerende bestuursstijl, in verbinding met verschillende groepen stakeholders. Balancerend bestuur is van oudsher kenmerkend voor het maatschappelijk middenveld en kan een inspiratiebron zijn voor de overheden van nu (Van de Donk & Brandsen, 2006, p. 368). Pluralisering en horizontalisering zijn actuele maatschappelijke tendensen. De hierboven genoemde 'concretisering' en 'proceduralisering' zijn mechanismen waardoor de overheid hier mee om kan gaan.

Deze mechanismen zijn bouwstenen van het casusorganiseren. In de casusorganisatie zien we 'concretisering' terug in de nadruk op de maatwerk-afweging in concrete omstandigheden, in plaats van algemene regels. Algemene regels passen vaak niet en kunnen in een sterk gepluraliseerde samenleving ook niet op een brede consensus rekenen. 'Proceduralisering' zien we terug in het geven van doelvoorschriften en opdrachten met beleidsruimte. Het centrale niveau in de casusorganisatie probeert niet meer op voorhand de inhoudelijke uitkomsten te bepalen, maar stuurt door de vormgeving van het proces en door het toevoegen van inhoudelijke ingrediënten voor de afwegingen die in de uitvoering worden gemaakt.

Het bureaucratische organisatiemodel past hier niet meer. Dat was namelijk ingericht op het bedienen van een unicentrische regulerende rationaliteit. De laatste decennia staat de bestuurskundige theorie in het teken van alternatieve benaderingen, waarin het ideaal van centraal rationele maakbaarheid vervangen is door vertrouwen op interactie. Interactie tussen maatschappelijke partijen die hun voorkeuren gaandeweg onderling afstemmen. En interactie tussen rationele beleidsontwerpen en feitelijke praktijkervaring. De combinatie van die beide interactievormen leidt tot een geleidelijke optimalisering, die zonder zulke interactie niet bereikbaar zou zijn.

Deze benadering is een logische reactie op de tekortkomingen van de klassieke centraal rationele sturing. Interactie is dus geen willekeurige, voorbijgaande hype. Het idee dat de overheid rationeel kan sturen wat er in de samenleving gebeurt, is door de bestuurskunde geleidelijk aan ontmaskerd als een illusie. Dit is niets minder dan een Werdegang van de bestuurskundige discipline.

Om de theoretische achtergronden van die ontwikkeling te duiden ga ik daar in het vervolg van dit hoofdstuk dieper op in. Ik hanteer hiervoor een eerder gebruikte indeling in drie theoretische golfbewegingen: ten eerste de opkomende *rationalisering* van het bestuur, ten tweede de fundamentele *kritiek* en *relativering* van het rationaliteitsmodel en ten derde de opkomst van *interactie* als alternatief voor het onhaalbare rationaliteitsideaal (De Baas, 1995, p. 20). Het idee van 'ontwikkelingsgolven' is uiteraard slechts een beeldspraak (Pollitt & Bouckaert, 2011, p. 8). Ik gebruik deze indeling hier om te verhelderen hoe het bureaucratische organisatiemodel wortelt in de rationele benadering en hoe de casusorganisatie wortelt in de actuele interactieve bestuurskunde.

3.2 Klassieke bestuurskunde: rationalisering

Vaak wordt het artikel 'The study of administration' (1887) van de latere Amerikaanse president Wilson gezien als startpunt van de bestuurskunde. Wilson constateerde dat het bestuur in zijn tijd zo complex werd dat er een aparte 'administrative science' nodig was. Hij bepleitte een scheiding tussen politiek en bestuur (Wilson, 1887, p. 210). Hij zag dat als een bescherming tegen machtsmisbruik en corruptie, maar ook als een kans om het ambtelijk bestuur te verbeteren door wetenschappelijke studie. Wilson duidt op een logische, systematisch geordende organisatie, op eenvoud en efficiency en op dienstbaar, nauwgezet en deskundig handelen. Wilson hanteert dus een rationalistisch perspectief: wetenschappelijke kennis als basis voor de ontwikkeling van de overheid.

Daarmee sluit hij inhoudelijk aan op de politieke theorie voor hem, die vooral gericht was op staatsvorming en constitutionele inrichting. In de Europese traditie was het centrale thema dat overheidsgezag een functie vervult ten dienste van de samenleving. Bacon stelde al in 1600 dat overheidsgezag gefundeerd moet zijn in maatschappelijke legitimiteit. Machiavelli vond dat heersen een ambachtelijke plicht was, in de eerste plaats gericht op het handhaven van orde en gezag. Hobbes, Locke en Montesquieu bouwden vanaf 1650 aan de argumentatie voor een proces van constitutionalisering: overheidsgezag dient de samenleving; de macht van de soeverein is gelimiteerd; en de soeverein kan worden afgezet als hij zijn taak niet naar behoren waarmaakt. Uiteindelijk leidde dit tot de democratische filosofie dat de soevereiniteit bij de bevolking berust en het staatsgezag hoort te worden ingezet in het belang van en met de instemming van de bevolking. Rousseau beschreef deze verhouding als een 'sociaal contract' (1762).

In maatschappelijk opzicht was deze theoretische ontwikkeling verbonden aan de opkomst van de handelseconomie en de behoefte aan stedelijke en burgerlijke vrijheidsrechten. In theoretisch opzicht was ze onderdeel van de Verlichting, die ook in andere opzichten streefde naar redelijkheid als fundament voor instituties, opvattingen en gedrag. Hiertoe hoorde ook Max Weber, die de ontwikkeling van de moderne samenleving zag als een alomvattend rationaliseringsproces ('Entzauberung').

Er zijn altijd verschillende stromingen geweest in politiek en bestuur. Maar een gemeenschappelijke noemer van generaties bestuurskundigen was het werken aan de rationalisering van het overheidsbestuur. Dit met onder meer theorieën over besluitvorming (Lasswell, 1963), beleidsanalyse (Quade, 1976; Wildavsky, 1979) en beleidsontwikkeling (Hoogerwerf, 1992).
Niet alleen de methode, maar ook de inhoud van het overheidsbeleid rationaliseerde steeds verder. Als de overheid het maatschappelijk nut moet dienen, dan is de logische vervolgstap dat het realiseren van het maximale maatschappelijk nut het doel van overheidsbeleid zou worden. Dit 'utilitaristische' principe werd al rond 1800 geformuleerd (Bentham, 1789). Vanuit die gedachte is 'het publieke domein' in de loop van de twintigste eeuw sterk uitgedijd.
Na de industriële revolutie ontstond behoefte aan nieuwe (semi) collectieve goederen, zoals infrastructuur, onderwijs en gezonde huisvesting. Overheidsregulering werd ingezet om negatieve effecten van marktwerking in te perken (zoals arbeidsomstandigheden en milieu). Dit heeft geleid tot verzorgingsstaten, met in West-Europese landen uitgaveniveaus tot boven de 50 procent van het nationaal inkomen.

Theoretische mijlpalen waren het pleidooi van Keynes voor actief overheidsingrijpen tegen de economische recessie (Keynes, 1926) en de rechtvaardigheidstheorie van Rawls, die inhield dat we niet alleen moeten streven naar maximaal maatschappelijk nut, maar ook naar een rechtvaardige verdeling daarvan (Rawls, 1971). Daarmee werd het domein van overheidszorg nagenoeg ongelimiteerd. De overheid reageert als een soort geavanceerd piepsysteem op allerlei eisen uit de samenleving (Easton, 1953) en politici steunen elk beleid dat stemmenwinst oplevert (Schumpeter, 1943; Downs, 1957). De overheid blijkt die piepsignalen moeilijk te kunnen negeren, ook omdat elk signaal gesteund wordt door een actieve belangengroep, terwijl de kosten van ingrijpen worden afgewenteld over de brede groep van belastingbetalers (theorie van de 'gepassioneerde minderheid' – Dahl, 1956; Van den Doel, 1978). De toenemende welvaart en het Verlichtingsoptimisme voeden het optimisme van de rationeel maakbare samenleving.

Al met al is rationalisering meer dan een eeuw lang de centrale beweging geweest in het westerse overheidsbestuur. Met 'rationalisering' doel ik hier op het beeld van de doelrationele overheid, die haar maatschappelijke verantwoordelijkheid op een efficiënte en effectieve manier wil uitvoeren, redenerend vanuit een unicentrisch perspectief. Dat wil zeggen een centrale wilsbepaling door de overheid als sturend systeem tegenover de samenleving als bestuurd systeem. Dit type denken voelt, zo omschreven, wellicht ouderwets aan. Maar het idee van doelgerichte actie door een centraal sturende overheid is nooit meer echt verdwenen. Rationele beleidsontwikkeling is nog steeds de referentie voor beleidsnota's en vrijwel elk politiek debat: Hoe definieer ik het maatschappelijk probleem? Wat zie ik als de taak van de overheid? Hoe zorg ik, met rationele inzet van een waaier aan instrumenten, dat dit probleem wordt opgelost?

3.3 Kritische bestuurskunde: ontnuchtering/relativering

Vooral na de Tweede Wereldoorlog is er echter een kentering in deze ontwikkeling te signaleren. In de bestuurskundige theorie ontstonden steeds meer aanwijzingen dat het vermogen tot rationele beleidsvoering beperkt is. Als startpunt geldt Simon, die in 1947 stelde dat beslissers in de praktijk onvolledige informatie hebben en daar ook genoegen mee nemen (Simon, 1947). Simon was streng in methodologie (Simon, 1946). Juist daaruit ontstond zijn kritiek op de gangbare managementtheorie. Die gaf een rationeel beeld, dat niet overeenkwam met de empirische werkelijkheid. De studie van Simon bleek een opmaat voor een veelheid aan kritische studies die op allerlei onderdelen lieten zien dat de bestuurspraktijk niet overeenkomt met het rationalistische ideaal.

Zo liet Allison zien dat de besluitvorming over de Cubacrisis werd beïnvloed door organisatorische routines en bureaupolitieke strijd (Allison, 1971). Complexe besluitvormingsprocessen kennen geen centrale regie, zodat beslissingen 'toevallig' ontstaan op momenten waarop problemen, oplossingen en beslissers bij elkaar komen (Cohen e.a., 1972).
Tal van studies toonden de beperkingen van overheidsinstrumenten. Regels zijn abstract, missen nuances en zijn per definitie niet afgestemd op steeds wisselende concrete omstandigheden (Van Gunsteren, 1972). Subsidiëring is afhankelijk van de 'prijselasticiteit' van het te sturen gedrag. Overreding blijft afhankelijk van de veranderbereidheid van de doelgroep.
Ook Webers stellingen over de efficiency van bureaucratie werden van alle kanten bekritiseerd. Bureaucratieën zijn gevangen in een vicieuze cirkel van regelzucht (Crozier, 1963). Bureaucraten richten zich op maximalisatie van hun budgetten (Downs, 1966). Uitvoering wordt slechts beperkt gestuurd door het centrale beleid. Street-level-bureaucraten solidariseren met hun klanten of dekken zich in met een formalistische opstelling (Pressman & Wildavsky, 1973; Lipsky, 1980; Maynard-Moody & Musheno, 2003).

De kritiek raakte het fundament van de modernistische rationaliteitspretentie. De logische uitloper was het 'postmodernisme', dat betoogde dat een omvattend begrip van de samenleving onmogelijk is. Onzekerheid en verwarring zullen altijd deel blijven van het menselijk leven (Derrida, 1967). Kennis is altijd contextgebonden en wat we in teksten aan betekenis willen overdragen, wordt per definitie anders geïnterpreteerd (Van Twist, 1994, p. 85). Daarbij dreigt voortdurend een fixatie van eigen interpretaties (Luhmann, 1982; In 't Veld e.a., 1991; Termeer, 1993; Blom, 1997). De uiterste consequentie is dat sturing van de samenleving door de overheid onmogelijk is en het centrum van overheidsbestuur eigenlijk 'leeg', zoals Frissen het uitdrukte (Frissen, 1999, p. 12 versus De Vries, 2001). De zekerheidsillusie van de moderniteit is bedrieglijk. Dat is niet alleen een jammerlijk gebrek, het kan ook gevaarlijk zijn. Beleid gebaseerd op schijnwaarheden kan een onderdrukkend effect hebben (Foucault, 1991).

Vanaf de jaren tachtig ontstond ook een hernieuwd politiek streven naar 'minimal government'. Reagan zei: 'Government is not the solution to our problems. Government is the problem.' In de Angelsaksische traditie is dat een bekende gedachte. Al in 1859 schreef J.S. Mill dat overheidsbemoeienis alleen gerechtvaardigd is als daarmee een dreigende schade aan de vrijheid van burgers kan worden voorkomen. Economen uit het 'neoliberalisme', zoals Friedman, bepleiten in het verlengde hiervan een principiële terughoudendheid met overheidsbemoeienis. Het bijsturen van ongelijke welvaartsverdeling zien zij niet als een overheidstaak, zolang bezit maar rechtmatig is verkregen (Nozick, 1974). Bovendien is de rationaliteit van overheidshandelen zo gebrekkig dat het eigenlijk geen verbetering kan zijn ten opzichte van wat het vrije maatschappelijke krachtenspel tot stand brengt (Hayek, 1960).

In de laatste decennia van de vorige eeuw kwam, onder de noemer 'New Public Management' (NPM), een streven op om de overheid meer bedrijfsmatig te laten werken. De overheid moest worden hervormd met behulp van bedrijfsmatige principes (Osborne & Gaebler, 1992). Elementen als klantgerichtheid, prestatie-indicatoren en integraal management deden bij vrijwel alle overheidsorganisaties hun entree. Uitvoerende taken konden aan de markt worden overgelaten of moesten ten minste op afstand worden geplaatst en aangestuurd met prestatiecontracten ('verzelfstandiging'). Liefst met onderling concurrerende aanbieders. Het geloof in de rationaliteit van collectieve besluitvorming werd hier vervangen door een geloof in marktwerking en economische rationaliteit (met vertrouwen in een 'onzichtbare hand').

De NPM-literatuur is constructief en optimistisch van toon, met vertrouwen in de verbeterde rationaliteit die door marktwerking kan worden bereikt. Dit vertrouwen brengt een gelijkenis met bestuurskundige interactiebenaderingen, in die zin dat de inzet is om uit de wisselwerking tussen meerdere actoren een beter resultaat te halen. Toch deel ik deze stroming hier in binnen de kritische golf, omdat de kritiek op de klassiek bureaucratische overheid, en met name de werking van het klassieke budgetmechanisme (Lindblom, 1977), centraal staat. De introductie van marktelementen, zoals door NPM bepleit, betekende meestal ook een terugtred van de klassieke overheid.

In de bestuurskunde is New Public Management vanaf het begin sceptisch ontvangen. Moore bracht in 1995 een tegengeluid op gang onder de noemer 'public value' (Moore, 1995). Hij betoogde dat de overheid geen bedrijf is, niet gericht is op aandeelhouderswaarde, en dat de burger niet beschouwd kan worden als 'klant'. De afnemer van overheidsproducten betaalt meestal niet of slechts gedeeltelijk. Het product is vaak niet eens welkom bij de afnemer. De waarde van overheidsproducten kan dan ook niet worden afgemeten aan de tevredenheid van de individuele afnemers. Publieke waarde heeft meerdere aspecten en kan alleen vanuit het collectief van de samenleving worden bepaald. Het vereist een discussie tussen afnemers, belastingbetalers en burgers als lid van de samenleving (en/of volksvertegenwoordigers).

Desondanks had NPM in de decennia rond de eeuwwisseling grote invloed op de politiek en de overheidspraktijk. In veel westerse landen, vooral de Angelsaksische landen zoals de Verenigde Staten, het Verenigd Koninkrijk en Australië, werd met allerlei vormen van verzelfstandiging geprobeerd om in te spelen op de eigen prestatiemotieven van uitvoerders. Er zou een beter product ontstaan als je uitvoeringsorganisaties bindt aan managementcontracten en deze verder de vrijheid geeft om hun eigen bedrijfsvoering in te richten. De motieven van publieke professionals liggen echter in de sfeer van 'stewardship' en 'public value' en zijn dus veel breder dan het efficiënt leveren van een product. Bovendien is in de publieke dienstverlening niet alleen het eindproduct van belang, maar net zo goed de zorgvuldigheid van het proces, die dus ook gereguleerd moet worden. In de praktijk ontstond hierdoor vaak een verschil in verwachting, onderling wantrouwen en een kat-en-muisspel rond de prestatieafspraken (In 't Veld, 1995; Walsh, 1995). Het probleem van gedetailleerde sturing kwam terug in de nieuwe kleren van contractmanagement. De trend van verzelfstandiging en contractering is dan ook alweer op zijn retour, ook in de Angelsaksische landen (Warner & Hefetz, 2008).

Per saldo zorgde de golf van kritische studies voor een ontnuchtering van het ideaal van rationele sturing door de overheid. De overheid is in zichzelf geen eenheid en is ook niet het almachtige centrum van de samenleving. Perfect rationele besluitvorming is doorgaans onhaalbaar en overheidsinstrumenten hebben een beperkte effectiviteit. De samenleving is niet zo maakbaar gebleken als in de Verlichting misschien werd gehoopt.

3.4 Actuele bestuurskunde: interactie

Sinds de Verlichting lijkt de maakbaarheidsgedachte even natuurlijk als het menselijke streven naar vooruitgang. Intussen is er echter een derde golf op gang gekomen in de bestuurskundige theorievorming. Uitgangspunt is acceptatie van de beperkingen van klassieke rationaliteit en het gebruik van ervaringskennis en intersubjectiviteit als aanvulling. Om ervaringen op te bouwen moet je in de praktijk experimenteren met voorlopige kennis. Om uiteenlopende perspectieven te benutten en mogelijk intersubjectieve overeenstemming te bereiken is interactie nodig tussen verschillende belanghebbenden, indirect betrokkenen en relevante experts. Dit vraagt dus om interactie. Interactie tussen theoretische kennis en praktische ervaringen en interactie tussen verschillende betrokken partijen.

De actuele bestuurskunde gaat ervan uit dat dergelijke interactie de kwaliteit en legitimiteit van overheidshandelen op een veel hoger niveau brengt dan mogelijk is met de unirationele kennis van de centrale overheid alleen. In de actuele bestuurskunde is veel onderzoek gedaan naar de aard van beide interactievormen, de wisselwerking tussen beide en de mogelijkheden om die interactie te stimuleren.

Incrementalisme en wederzijdse aanpassing

De meest bekende benadering is het 'incrementalisme' van Lindblom. Lindblom stelde dat deelnemers in beleidsprocessen niet vasthouden aan hun vooringenomen doelen en standpunten. Zij passen hun ambities aan op grond van wat haalbaar lijkt. Ze letten daarbij zowel op de effectiviteit van instrumenten als op de voorkeuren en krachtsverhoudingen in het veld van participanten. Als iets technisch en/of politiek moeilijk haalbaar is, stelt men de verwachtingen naar beneden bij of overweegt men een alternatief. Als een doel makkelijk bereikbaar blijkt, dan wordt het ambitieniveau vaak verhoogd.

Uit die wederzijdse aanpassing kan beleid ontstaan dat bevredigend is, ook zonder dat vooraf gestelde doelen zijn bereikt en zonder dat er volledige kennis is over doelen en middelen. Lindblom noemde dit proces van wederzijdse toenadering 'mutual adjustment' (Lindblom, 1959).

Dit proces voltrekt zich volgens Lindblom in reeksen van kleine stapjes. Kleine aanpassingen zijn zowel inhoudelijk als politiek minder riskant omdat je uit kunt gaan van de ervaring met de bestaande aanpak. 'Increment' betekent: aanwas, aangroeiing in stapjes. Het incrementalisme is een vorm van optimalisering die rekening houdt met de beperkingen in de rationaliteit van het beleid. Dankzij stapsgewijze interactieve aanpassingen is de overheid niet meer afhankelijk van de rationele kwaliteit van een individuele beslissing. Het proces van opeenvolgende beleidsaanpassingen zorgt voor wat Lindblom noemt 'The intelligence of democracy'.

De gedachte van kleine stapjes werd 75 jaar eerder overigens ook al geuit door Wilson, die stelde: 'Voortgang wordt bereikt door compromissen, door het combineren van verschillen, door het bijstellen van plannen en het smoren van al te uitgesproken principes. Er ontstaat een aaneenschakeling van beslissingen die zich uitstrekt over de loop der jaren, een spervuur van beleid, met een heel scala van aanpassingen' (Wilson, 1887, p. 207).

Deze 'mutual adjustment' is een goede beschrijving gebleken van de feitelijke praktijk van overheidsbeleid, vooral in complexe situaties met meerdere partijen, uiteenlopende doelen en onzekerheid over de effectiviteit van instrumenten (De Baas, 1995, p. 248). In zulke situaties is er geen geaccepteerde probleemstelling. Er is onvolledige kennis over instrumenten en niemand heeft de macht om het gedrag van de relevante partijen te sturen. In de meest complexe situaties, ook wel aangeduid met termen als 'wicked problems' (West Churchman, 1967, 141) of 'garbage cans' (Cohen e.a., 1972), is centraal gestuurde probleemoplossing een illusie. Er ontstaat een beleidsspel waarin iedereen probeert om iedereen te sturen.

Het 'mutual adjustment' van Lindblom is dus een fundamenteel andere benadering dan de rationele doelbereiking uit de eerste golf. Beleidsontwikkeling is een proces van wederzijdse aanpassing tussen actoren onderling en tussen doelen en middelen. Lindblom noemt dit 'The science of muddling through': men doet tastenderwijs ervaring op, met elkaars standpunten en met de reikwijdte van beschikbare instrumenten. Die afstemming maakt dat partijen een bepaald beleidsontwerp accepteren, ook als daarmee vooraf bedachte doelen niet worden gehaald. Daarom is volgens Lindblom 'tevredenheid achteraf' het beste criterium voor geslaagd beleid (Lindblom, 1959).

Pragmatisme, experimentalisme en 'public value'

In wetenschapsfilosofische zin is een basis hiervoor te vinden in het werk van Dewey en andere pragmatisten, die een alternatief fundament zochten om kennis op te baseren. Deweys alternatief is om kennis te testen in de praktijk. Als iets werkt zoals de theorie voorspelt, dan beschouwen we die kennis voorlopig als juist (Dewey, 1927).

Dit moderne pragmatisme wordt vaak aangeduid met de formulering van Rorty: 'It is true because it works' (Rorty, 1982). Die formulering lijkt heel postmodern te suggereren dat de kennis, waarden en doelen bijna willekeurig kunnen worden ingewisseld. Dat is echter niet de strekking van de pragmatische filosofie. Het gaat er slechts om dat wat partijen hanteren als doelformulering niet vooraf en onwrikbaar vaststaat. Standpunten ontstaan uit de wisselwerking tussen doelen en ervaringen en de betekenis die ontstaat uit de onderlinge communicatie van betrokkenen. Hetzelfde geldt voor de kennis over de effectiviteit van verschillende instrumenten of beleidsprogramma's: zij worden niet afgeleid uit louter theoretische kennis, maar uit bestaande ervaringskennis en nieuwe experimentele probeersels. Wat in de praktijk blijkt te werken, geldt voor de pragmatisten als bruikbaar instrument. Zo vindt er een proces plaats van voortdurende verfijning van doelen, waarden en kennis. De benadering van beleidsproblemen steunt op de bestaande perspectieven, maar de ervaring met die beleidsproblemen leidt weer tot aanpassing van dat perspectief (Ansell, 2011, p. 8 en 14).

Ansell wijst hierbij op het perspectief van 'evolutionary learning'. Omdat er geen onomstreden kennis is, zien we een voortdurende botsing tussen uiteenlopende perspectieven. Op principeniveau zijn die perspectieven moeilijk te verenigen. Je richten op praktische vraagstukken is dan behulpzaam. Een concrete casus leidt tot een onderzoeksvraag en vraagt om praktische actie. De ervaringen die je daarmee opdoet, kunnen leiden tot nieuwe, gezamenlijk geconstrueerde meningen.

Leren wordt vergemakkelijkt door een probleem te analyseren op het specifieke niveau van een individuele casus en vervolgens de lessen die daaruit voortkomen een bredere gelding en betekenis te geven (Dewey, 1916 p. 158). Zo ontstaat een voortdurende incrementele ontwikkeling. De bereidheid om te leren geeft dit proces de hoopvolle kleur van een steeds voortgaande groei van ervaring, kennis en gezamenlijke betekenisgeving (Ansell, 2011, p. 12).

Sennett ziet dit pragmatisme als een Amerikaanse reactie op de meer absolute 'idealistische' benadering van de Verlichting (Sennett, 2008, p. 286). Dewey bepleitte een praktijk van sociaal experimenteren en trial-and-error. Hij zag 'democratie' als een verkenning waarin ideeën worden uitgewisseld en problemen worden opgelost door leren en testen (Dewey, 1927). Dit sluit aan bij de kennistheorie van Popper, die alle kennis zag als voorlopig en kennisverwerving als een geleidelijk proces van verificatie en falsificatie. Ook Popper bepleitte daarom een aanpak van 'piecemeal engineering' (Popper, 1945 en 1959).

In de actuele bestuurskunde wordt vaak vanuit dit principe gewerkt. Zo pleiten Dorf en Sabel voor 'experimentalism' (Dorf & Sabel, 1998). In die benadering wordt bewust variatie georganiseerd in de uitvoeringspraktijk om te kunnen leren van 'best practices'. De uitvoeringspraktijk is daardoor eigenlijk altijd een 'experiment'. Een goede experimentele aanpak ontstaat als je slechts een kaderstellend doel benoemt en discretionaire ruimte geeft aan uitvoerders en betrokken partijen, onder het vereiste van monitoring en goed georganiseerde terugkoppeling. Hierdoor kunnen lessen worden geleerd uit de uitvoering (Sabel & Simon, 2011, p. 78) en kan de democratische legitimiteit worden bewaard. Dit laatste noemt Ansell 'accountable autonomy' (Ansell, 2011, p. 6).

Interactie is volgens Moore ook onmisbaar omdat 'public value' per definitie meer dimensies omvat. Wat 'public value' is, kan alleen worden bepaald in een dialoog tussen de verschillende invalshoeken van de verschillende betrokkenen. De strategische vraag voor het overheidsmanagement is om de wensen vanuit de politiek (legitimatie en autorisatie) te verbinden met de wensen vanuit de afnemers/ontvangers van beleid (waardecreatie) en de mogelijkheden van de organisatie (uitvoerbaarheid) (Moore, 1995, p. 70). Een overheidsdienst moet tegelijkertijd nuttig, behoorlijk en aanvaardbaar zijn.
Voor goede oplossingen is dus een creatieve interactie nodig. Die interactie houdt meer in dan een platte onderhandeling tussen belanghebbenden en meer dan een beslissing van een democratisch gekozen volksvertegenwoordiging, gehoord de reacties op een inspraakbijeenkomst. De verschillende betrokkenen worden door Moore allemaal beschouwd als onmisbaar onderdeel van de 'authorizing environment' (Moore, 1995, p. 130).

Torgerson laat zien dat het onderscheid tussen de bestuurskundige benaderingen 'rationaliteit' en 'interactie' is terug te leiden op een kentheoretisch debat dat ook al werd gevoerd door de Griekse filosofen (Torgerson, 1995, p. 230). Plato hanteerde een absolute ideeënleer, die aansluit op de ambities van de rationele benadering. De interactiebenadering past daarentegen juist in de kenleer van Aristoteles, die ervan uitging dat kennis ontstaat door empirische, zintuigelijke ervaringen, die we met ons aangeboren verstand weten te ordenen. Het goede handelen kan ontstaan uit de wisselwerking tussen die beide bronnen.
Aristoteles sprak, zoals we gezien hebben, van 'phronèsis' of 'prudentie' als een oordeel van 'praktische wijsheid' in unieke concrete

situaties. Zo'n oordeel van praktische wijsheid kan niet worden gefundeerd op een logische redenering. Het vloeit voort uit een afweging van meerdere elementen: ethische en maatschappelijke normen, professionele vuistregels en de bijzonderheden van de situatie. Die benadering is terug te vinden in de casusorganisatie en veel moderne beleidsstrategieën.

Interactief beleid
Het idee om praktische ervaringen en wisselwerking tussen betrokken partijen te gebruiken als creatieve bron voor beleid is het vertrekpunt geworden voor een bloeiende ontwikkeling van interactieve beleidsprocessen, zowel in de theorie als in de praktijk (Torfing e.a., 2012, p. 10). Interactieve beleidsprocessen bieden een oplossing voor het informatietekort dat optreedt in het rationele model. Uitwisseling leidt ertoe dat kennis uit verschillende bronnen wordt gebruikt. Bovendien, als er werkelijk een open beraadslaging ontstaat, raken actoren op elkaar betrokken en ontstaat gaandeweg toenadering. Dat kan leiden tot overeenstemming over de doelen van het beleid of tenminste over de concreet voorliggende beleidsopties.

In open processen kan zo zinvolle gezamenlijke 'betekenisgeving' ontstaan over de publieke waarden. Een belangrijk aandachtspunt in de moderne bestuurskunde is dan ook hoe dit soort processen verlopen en hoe ze kunnen worden ondersteund. Uit de sociale psychologie weten we dat collectieve oordeelsvorming mede op basis van groepsnormen ontstaat. Die gezamenlijke betekenissen worden op hun beurt weer bevestigd of aangepast op grond van concreet gevonden oordelen (Weick, 1979; 1995; Ansell, 2011, p. 12).
Dit betekent niet dat 'iets in de groep gooien' per definitie leidt tot goede uitkomsten. Het sociaal-constructivisme wijst op het risico van groepsdenken en fixatie van eenzijdige denkbeelden (Luhmann, 1982; In 't Veld e.a., 1991). Bekend is ook het risico van oververtegenwoordiging van bepaalde groepen of belangen. Interactieve beleidsvorming kan ontaarden in een belangenstrijd of verkapte onderhandeling (Baccaro, 2006, p. 202).
Daarom is de vraag opgekomen hoe dit soort processen optimaal kunnen verlopen. Voor de theorie van interactieve processen is vooral Habermas belangrijk geweest. Hij stelde dat het in de 'leef-

wereld' moet gaan om intersubjectieve afstemming, waarin het naast doel-middeldenken ook gaat om intermenselijk respect en waardigheid. Mensen zijn bereid om hun belangen en hun handelen onderling af te stemmen. Maar om die afstemming evenwichtig te laten verlopen is een open 'machtsvrije' dialoog nodig (Habermas, 1981). Dat beginsel is nog steeds leidraad voor de inrichting van interactieve beleidstrajecten (Torfing e.a., 2012, p. 122). In theorie en praktijk is de laatste jaren veel aandacht voor het ontwerp van 'deliberatieve processen': de kunst om in zulke processen een werkelijke dialoog te bereiken, waarin diverse relevante perspectieven op een evenwichtige manier doorwerken (Goodin & Dryzek, 2006).

Torgerson wijst erop dat er onafhankelijke en wetenschappelijke kritiek nodig is op het verloop en de uitkomsten van het interactieve debat. Anders ontstaat het risico dat pragmatisme en incrementalisme ontaarden in het aanvaarden van elke willekeurige interactie-uitkomst. Dan misken je mogelijke belangentegenstellingen, machtsverschillen en strategische dominanties.
Overheden voeren regie in interactieve beleidsprocessen om te voorkomen dat de uitwisseling verloopt volgens het 'vrije maatschappelijke krachtenspel'. Overheden bevorderen dat uiteenlopende geluiden gehoord worden in een evenwichtig deliberatief proces. Overheden leveren ook eigen bijdragen aan het debat, met name door het inbrengen van publieke belangen als die vanuit andere partijen onvoldoende worden ingebracht, bijvoorbeeld omdat ze pas op langere termijn spelen of vooral relevant zijn voor andere gebieden of groepen die niet participeren.
Praktisch betekent dit dat ambtelijke en politieke vertegenwoordigers in interactieve processen niet aan de zijlijn mogen blijven staan. Het is nodig dat in de interactie de heersende opvattingen van de sociale omgeving en van participanten in het proces ter discussie kunnen worden gesteld. Als aan alle participanten een soort absoluut hermeneutisch recht wordt verleend op onweersproken opinies (op sociale media, in protestacties of interactieve processen), dan ontaardt interactief pragmatisme in overrelativisme. Ik zal dit punt betrekken bij de uitwerking van de sturingsmomenten opdracht, input, acceptatie en verantwoording in hoofdstuk 5. Op deze plek

gaat het erom dat interactief beleid een zorgvuldige vormgeving nodig heeft, maar onder die voorwaarde geldt als wezenlijk onderdeel van de moderne beleidsvoering.

Horizontalisering en de netwerksamenleving

Dat interactieve beleidsvoering inmiddels een geaccepteerde standaard is geworden hangt ook samen met de ontwikkeling van ons beeld van de samenleving. Belangrijke factoren daarbij zijn de toegenomen complexiteit en horizontalisering van de samenleving (Rob, 1999, p. 26). De overheid ziet zichzelf niet meer als het beslissende centrum, maar als een van de betrokken partijen. De socioloog Castells stelde dat niet alleen de overheid, maar alle organisaties in een 'netwerksamenleving' terecht zijn gekomen (Castells, 1996). Voor overheden is 'netwerksturing' het parool geworden. Het gaat niet meer alleen om 'government' als besturing van de samenleving door de overheid, maar om 'governance' als aanduiding voor het proces van wisselwerking waarin publieke waarden zowel door publieke als door private actoren worden gerealiseerd. Deze gedachte is door een reeks van auteurs uitgewerkt in een stroming die wordt aangeduid als 'New Public Governance' (Pierre & Peters, 2000; Kooiman, 2003; Osborne, 2010).

De netwerktheorie gaat uit van een situatie waarin actoren wederzijds afhankelijk zijn in hun doelbereiking, maar onafhankelijk in hun strategiebepaling. Met andere woorden: je hebt elkaar nodig, maar je kunt elkaar niet bindend sturen (De Baas, 1995, p. 224).

Het accepteren van de autonomie en de legitimiteit van andere actoren is de kern van de netwerkbenadering. Dat andere spelers autonoom zijn in hun gedragsbepaling betekent niet dat er geen beïnvloeding mogelijk is. Er is een baaierd aan theorievorming ontstaan over het sturen in netwerken. Naast auteurs als Hanf en Scharpf (1978, beleidsvervlechting), Ostrom (1985, polycentrisch sturen) en Agranoff (2006, netwerken) draagt ook de Nederlandse bestuurskunde hier op internationaal niveau aan bij (met werk van onder meer Klijn e.a., 1995; Koppenjan e.a., 1993 en 2004; In 't Veld, 1995; Teisman, 1992). De grote bijdrage van Nederlanders is misschien mede te verklaren uit onze poldertraditie. Het netwerken zit ons in de genen.

Aan het feit dat maatschappelijke partijen een gelegitimeerde autonomie hebben, kun je verbinden dat zij een maatschappelijke verantwoordelijkheid hebben. Partijen die een zekere handelingsvrijheid hebben, kun je aanspreken op de manier waarop zij daarvan gebruik maken. Vanuit die gedachte wordt de interactieve procesaanpak vaak gecombineerd met een appel op een gemeenschappelijke verantwoordelijkheid voor maatschappelijke vraagstukken. Etzioni noemde dit nieuw burgerschap of nieuwe gemeenschapszin. Hij werkte dit 'communitarisme' uit als een tussenweg tussen enerzijds de pamperende verzorgingsstaat van Rawls' rechtvaardigheid en anderzijds het ik-tijdperk van Hayeks nieuw liberalisme (Etzioni, 1993; 1996). Etzioni was daarmee een inspiratiebron voor de zogenaamde 'Derde Weg' van Blair en Clinton en de maatschappijvisie van de kabinetten-Balkenende en -Rutte I.

Interactie als nieuw bestuurskundig paradigma
Met deze ingrediënten is een nieuw bestuurskundig paradigma ontstaan waarin interactieprocessen centraal staan. Hierin worden de beperkingen van het rationele model, zoals aangetoond in de golf van kritische relativering, als vertrekpunt genomen. Naast de rechtmatige en presterende overheid is een netwerkende en responsieve overheid tot ontwikkeling gekomen (Van der Steen e.a., 2015). Beleidsontwikkeling wordt aangevuld met terugkoppeling uit praktische ervaring, in een immer voortgaand proces van beleidsaanpassingen (Sabel & Simon, 2011, p. 78). Interactie tussen partijen wordt ingezet omdat er meerdere actoren nodig zijn om maatschappelijke problemen op te lossen. Die interactie leidt tot onderlinge afstemming over de definitie van problemen, de waarden en uitgangspunten die gehanteerd worden, en vooral over de concrete oplossingen die in het veld van belanghebbenden aanvaardbaar zijn.

Het bovenstaande onderscheid in drie golven maakt inzichtelijk dat de actuele nadruk op interactie niet uit de lucht komt vallen. Er is in de bestuurskundige theorie een breed streven aan voorafgegaan om rationaliteit als maatstaf te nemen voor de inhoud en het proces van beleid. In die theorie is er echter ook een golf opgekomen van ontnuchterend empirisch en theoretisch onderzoek. In de bestuurspraktijk was er enerzijds een tomeloze groei van overheidszorg (grofweg tussen 1880-1980) en anderzijds een kentering waarin overheden zich op veel terreinen terughoudender gingen opstellen en zichzelf steeds meer gingen zien als een partij tussen andere partijen. Inmiddels lijkt er in theorie en praktijk een nieuwe route te zijn ontstaan, aangeduid met termen als *netwerksturing* of *public governance*. Die route bouwt voort op de bestuurskundige geschiedenis. In de ontmaskering van rationele sturing zaten tegelijk de kiemen voor een ontwikkeling die rekening houdt met de gebleken beperkingen. Veel auteurs uit de kritische relativeringsgolf kunnen ook worden gezien als grondleggers voor deze alternatieve benadering, gebaseerd op interactie, intersubjectieve overeenstemming, wederzijdse aanpassing en gedeelde verantwoordelijkheid.

Casusorganisatie
Er is een vloed aan literatuur over deze nieuwe benadering. Deze richt zich vooral op de verhouding tussen overheid en samenleving. De nieuwe interactiebenadering heeft echter ook ingrijpende consequenties voor de interne ambtelijke organisatie. De overheid kan niet acteren in netwerken als zij haar eigen functioneren op voorhand vasttimmert in algemene regels. Coproductie van oplossingen kan alleen in concrete situaties ontstaan. Daarin moet ook de overheid kunnen handelen op basis van situationele 'praktische wijsheid' ('phronèsis'). Substantiële handelingsruimte voor bestuurders en professionals is daarbij onmisbaar. Dat vraagt een wezenlijke verandering van de aard van de overheidsorganisatie. Er is een omkering nodig van de bureaucratietheorie. Een overgang van regelorganisatie naar casusorganisatie. In het volgende hoofdstuk duid ik die overgang heel concreet in een opsomming van tien omkeringen.

4 TIEN OMKERINGEN: CASUSORGANISEREN ALS OMKERING VAN BUREAUCRATIE

In de vorige hoofdstukken heb ik een beschrijving gegeven van de basiskenmerken van de casusorganisatie, in contrast met de negen kenmerken van het weberiaanse ideaaltype. Ik heb aangegeven welke maatschappelijke en theoretische ontwikkelingen de achtergrond vormen voor de opkomst van de casusorganisatie. Daarnaast heb ik beschreven hoe de casusorganisatie voortbouwt op een diversiteit van eerdere organisatorische trends. In dit hoofdstuk geef ik een nadere beschrijving van de verschijningsvormen van de casusorganisatie in de praktijk. Het gaat in dit hoofdstuk om veranderingen in de organisatorische en managerial context die horen bij de overgang van een regelgestuurde naar een casusgerichte werkwijze. Welke kenmerken maken de casusorganisatie zichtbaar verschillend van de klassieke bureaucratie? Hoe kunnen we de casusorganisatie in de praktijk onderscheiden van de klassieke bureaucratie?

Deze beschrijving maakt het mogelijk om empirisch onderzoek te doen naar de ontwikkeling van overheidsorganisaties. Welke kenmerken komen het meest voor? Welke trends zijn daarin te onderscheiden? Zijn er contextfactoren te vinden die hierop van invloed zijn?
Deze omschrijving maakt het ook mogelijk voor onderzoekers, managers, bestuurders en medewerkers om de ontwikkelingsfase van een individuele organisatie te analyseren. In welke mate is er sprake van een interne consistentie van kenmerken? Waar zijn (nog) aspecten van de klassiek bureaucratische cultuur zichtbaar en waar vertoont de organisatie kenmerken van de casusorganisatie?

Zo'n analyse biedt ten slotte ook aanknopingspunten voor organisatieontwikkeling, gericht op interne consistentie en/of een zorgvuldig evenwicht van kenmerken, passend bij de organisatiewaarden waar een organisatie voor kiest.

In de onderstaande beschrijving contrasteer ik de casusorganisatie door middel van tien omkeringen met het klassiek bureaucratische organisatiemodel. Op elk van de tien punten beschrijf ik eerst de gang van zaken zoals die past bij casusorganiseren. De beschrijvingen zijn geredigeerd in een feitelijke vorm: 'zo gaat het toe ... in een organisatie die werkt volgens de principes van de casusorganisatie'. De werkelijke praktijk is uiteraard weerbarstig en ambivalent. De stelligheid van de beschrijving is niet bedoeld om dat te ontkennen, maar om in de beschrijving van het casusmodel steeds de essentie van elk kenmerk weer te geven, in contrast met het bureaucratische ideaaltype.

Net als de kenmerken van Webers ideaaltype is de onderstaande beschrijving bedoeld als een uitgezuiverde typering van een organisatievorm, die in de praktijk in verschillende variaties voorkomt. Zoals eerder gezegd, ben ik ervan overtuigd dat de casusorganisatie empirisch steeds meer voorkomt en in ieder geval voor gemeentelijke en provinciale organisaties geleidelijk aan meer maatgevend is geworden dan het bureaucratische model. Waar Weber ervan overtuigd was dat de bureaucratische organisatievorm belangrijke voordelen bood voor de rationalisering die in zijn tijd werd nagestreefd, ben ik ervan overtuigd dat de casusorganisatie belangrijke voordelen heeft voor de interactieve en incrementele benadering die nodig is in de moderne netwerksamenleving. Maar net als voor Webers ideaaltype geldt voor de onderstaande beschrijving dat die niet bedoeld is om de empirische of normatieve waarde van de casusorganisatie aan te tonen. Het model van de casusorganisatie, zoals ik dat hier presenteer, heeft als belangrijkste functie dat het gebruikt kan worden om feitelijk bestaande organisaties te rubriceren en te spiegelen.

In de redactie van de beschrijvingen richt ik me primair op de organisatie bij de lagere overheden, gemeenten, provincies en waterschappen. Maar de principes zijn uiteraard algemeen toepasbaar. Voor de eenvoud spreek ik alleen over 'afdelingen', waarvoor elke lijnorganisatie-eenheid kan worden gelezen (team, bureau, directie, dienst, departement, enzovoort).

Na de beschrijving van de kenmerken van de casusorganisatie contrasteer ik deze steeds nog even kort met de gebruiken in een klassiek bureaucratische organisatie.

De navolgende beschrijvingen zijn primair gebaseerd op dertig jaar participerende observatie in de praktijk van gemeentelijke en provinciale organisaties. De beschreven ontwikkelingen zijn echter ook in de literatuur niet onopgemerkt gebleven. Achter bijna elke zin zou literatuur kunnen worden vermeld waarin dat aspect aan de orde komt. In dit hoofdstuk gaat het er echter om de individuele aspecten te plaatsen in het grotere verband van de casusorganisatie. Over de veranderende rol van de overheid is ontzettend veel geschreven. Maar aan de consequenties voor de interne organisatie wordt in de literatuur over 'governance' weinig aandacht besteed (zoals ook anderen constateerden: Pollitt & Bouckaert, 2011, p. 210; Ansell, 2011, p. 63). In die leemte probeer ik hier te voorzien.

De beschrijvingen in dit hoofdstuk zullen practitioners vaak vertrouwd voorkomen, zowel de beschrijvingen van de bureaucratische werkwijzen als de beschrijvingen van het casuswerkproces. Vrijwel iedere practitioner zal in de eigen praktijk elementen uit beide modellen herkennen. Het systematisch verzamelen van deze punten brengt aan het licht dat de meeste organisaties vandaag de dag sommige elementen van het model van casusorganiseren in praktijk brengen, maar andere elementen niet.
Helder wordt ook dat in het model van de casusorganisatie op elk van de tien punten sprake is van een omkering van de oude gebruiken. Die constrastering helpt bij het doorgronden en detailleren van de nieuwe praktijk. Die constrastering toont ook aan dat er sprake is van een fundamenteel ander organisatietype, niet alleen op het niveau van de negen kenmerken van Webers ideaaltype, maar ook op het niveau van de concrete dagelijkse uitwerking.
De tien omkeringen zijn ingedeeld naar de hoofdonderwerpen: behandelaar/casist, werkproces, structuur, management en sturing. Het onderwerp sturing diep ik nog verder uit in het volgende hoofdstuk.

Behandelaar/casist
1. Beoordelingsruimte wordt bevorderd, in plaats van bestreden.
2. De behandelaar heeft afwegingsmandaat, in plaats van vetorecht bij de lijnafdelingen.

Werkproces
3. Toeleveringen worden op maat gevraagd, in plaats van voorgeschreven door de taakverdeling.
4. Uitvoering stuurt beleid, in plaats van beleid stuurt uitvoering.

Structuur
5. Werken buiten de structuur, in plaats van het werk wordt toegedeeld aan afdelingen.
6. Competenties bepalen taakverdeling, in plaats van de werkverdeling ligt vast in functiebeschrijvingen.
7. Structuur volgt de inhoud ... niet meer, in plaats van structuur bepaalt de werkprocessen.

Management
8. Management definieert de vragen (programmeren), in plaats van management stuurt de antwoorden.
9. Management levert inhoudelijke bijdragen, in plaats van management is een sluis in de procedure.

Sturing
10. Sturen rond het werkproces, in plaats van sturen als onderdeel van het werkproces.

Behandelaar/casist

1. Beoordelingsruimte bevorderen
(in plaats van beoordelingsvrijheid in de uitvoering zo veel mogelijk beperken door middel van regels)

In de casusorganisatie is maatwerk het uitgangspunt. Doel van het handelen is niet het uitvoeren van regels, maar het vinden van goede, billijke, rechtvaardige en wenselijke uitkomsten. 'Uitvoering' is eigenlijk niet meer het juiste woord (Groenleer, 2016, p. 11). Het gaat om oordeelsvorming over keuzes die gemaakt moeten worden om de beste oplossing te vinden.

Bij het zoeken naar de beste oplossing zijn we de laatste decennia steeds inclusiever gaan denken. We zijn steeds meer aspecten in onze afwegingen gaan betrekken, mede geïnspireerd door de 'duurzaamheidsformule' van de commissie-Brundtland en de rechtvaardigheidstheorie van Rawls. In zo'n integraal en verfijnd afwegingsproces schieten regulering en lijnsturing principieel tekort. Het vinden van de alzijdig meest juiste beslissing vraagt flexibiliteit, creativiteit en een intelligentie, die alleen bereikbaar is via professionele oordeelsvorming.

Er is maatwerk nodig in de afweging van belangen, omdat de formele regels en procedures niet per definitie een juiste en gewenste oplossing opleveren. Er is maatwerk nodig in de mix waarin verschillende actoren bijdragen, omdat voor de beste oplossing vaak ook de inzet van andere partijen nodig is.

Om deze redenen wordt in casusorganiseren beoordelingsruimte op uitvoerend niveau positief beoordeeld. De casusorganisatie is erop gericht om de behandelend ambtenaar mandaat te geven om naar eigen professioneel inzicht afwegingen te maken.

Dat mandaat is niet vrijblijvend. Het is een serieuze verantwoordelijkheid. De casist beoordeelt welke keuze het beste recht doet aan de situatie, rekening houdend met omstandigheden, input van toeleveraars, belangen van derden, doelen van het bestuur, relevante regels en beroepsnormen (zie ook omkering 2). Hij of zij richt zich daarbij op de opdracht en de daarin meegegeven kaders. De casusorganisatie geeft het vertrouwen om dat te doen, omdat er wordt uitgegaan van het 'stewardship' van professionele ambtenaren (Davis e.a., 1997). De stewardship-benadering stelt dat professionals doorgaans een sterke inhoudelijke motivatie hebben. Professionals streven naar optimale invulling van hun beroep en hun professionele waarden. Ze hebben een inhoudelijke roeping voor de kwaliteit van hun werk en het helpen van anderen met hun deskundigheid. De professional werkt dus niet alleen om zo gemakkelijk mogelijk een loon te verdienen. Er is geen strenge hiërarchie nodig om hem of haar aan het werk te houden. Het werk is voor de professional ook een doel in zichzelf, omdat het arbeidsvreugde oplevert, waardering en de kans om te groeien in bekwaamheid. Daarmee is het wat Aristoteles noemt een 'praxis': een activiteit die niet alleen een middel is, maar ook een doel in zichzelf.

Dit betekent ook dat professionals intrinsiek gemotiveerd zijn om in hun werk professionele en organisatiewaarden tot uitdrukking te brengen. De casusorganisatie gaat daarom niet uit van het beeld van de professional/uitvoerend ambtenaar als een 'agent' met eigen doelen, die mogelijk afwijken van die van het bestuur. Dit in tegenstelling tot auteurs als Downs en Crozier, die ambtenaren verdenken van het najagen van eigenbelang (zie paragraaf 2.2). Of de principaal-agenttheorie van het New Public Management, die ervan uitgaat dat uitvoerders hun opdrachtgevers met zo min mogelijk inspanning tevreden proberen te houden. Casusorganiseren gaat uit van een principieel ander mensbeeld.

Dit aspect komt ook terug in de 'public value'-benadering van Moore en anderen. Daarbij is het uitgangspunt dat overheidsdiensten proberen om een maximale hoeveelheid 'publieke waarde' te realiseren. Wat van publieke waarde is, wordt daarbij niet alleen afgemeten aan de tevredenheid van de ontvanger en de opdrachtgevende autoriteit, maar ook aan de waardering in een bredere maatschappelijke context (Moore, 1995; Turbitt e.a., 2010). Een goede beoordeling van je handelen kan niet zonder uitdrukkelijke bijdrage van degenen die jouw prestaties afnemen of ondergaan (Schillemans, 2008, 140 en 146).

De casusorganisatie moet echter niet worden opgevat als blind vertrouwen in het oordeel van 'de professional'. Het uitgangspunt is inderdaad dat een professionele functionaris beter in staat is om tot een passend oordeel te komen dan regels of computerprogramma's dat kunnen. Daarom wordt niet meer geprobeerd om de menselijke factor uit te schakelen. Maar natuurlijk kunnen professionals ook fouten maken. Sterker nog, in de aard van professionele oordeelsvorming zitten sommige vertekeningen ingebakken. De Bruijn stelt dat professionals soms geneigd zijn om vast te houden aan vertrouwde diagnoses en dat ze onder invloed staan van groepsdenken binnen een eigen informele hiërarchie. Ook professionals hebben dus checks-and-balances nodig (De Bruijn, 2011, p. 27-30).

De casusorganisatie laat het daarom niet bij alleen de eigen beoordeling van een individuele zelfstandige professional. Er is een professionele omgeving nodig met een sterk kritisch vermogen. Sommige eenvoudige zaken kunnen door een ervaren behandelend ambtenaar zelfstandig worden afgedaan, op bestendig gebruikelijke wijze en met de impliciet verworven kennis. In de meeste gevallen echter, baseert de casist zijn oordeel mede op input vanuit verschillende vakdisciplines, binnen en/of buiten de eigen organisatie.
De kern van het werkproces is dus niet de geïsoleerde beoordeling door een individuele professional, maar het combineren van kennis uit verschillende bronnen met de specifieke omstandigheden in de casus en de regels, belangen en gebruiken van de organisatie. Met andere woorden het verzamelen en afwegen van relevante input.

Daarom worden ook de toeleveraars aangesproken op hun professionele verantwoordelijkheid. Het produceren van een gevraagde toelevering is soms een kleine opdracht op zichzelf, waarvoor de toeleveraar als behandelaar optreedt (en mogelijk weer anderen inschakelt). Een goede toelevering vraagt een professionele afweging en de adviesvaardigheid om die inhoud effectief over te brengen.
Het kan zijn dat de behandelaar bepaalde input niet overneemt, bijvoorbeeld vanwege strijdigheid met input van anderen. Daar hoort dan wel een terugmelding bij. In voorkomend geval kan dat vragen om een hernieuwde bespreking (van dat onderdeel), eventueel door het bijeenbrengen van verschillende toeleveraars.

Een ander aspect van checks-and-balances is dat het afdoenings-mandaat, behalve voor de meest eenvoudige beslissingen, doorgaans niet bij de casist zelf ligt, maar op een hoger niveau in de organisatie. Soms op politiek-bestuurlijk niveau, of anders bij een leidinggevende/ambtelijk opdrachtgever of programmamanager. De casist legt zijn conclusie dan voor aan de mandaathouder, die vanuit een soort vier-ogenprincipe de afweging mede beoordeelt en de formele beslissing neemt. De casist is dus niet alleen, maar functioneert in een professionele omgeving en binnen een opdrachtdriehoek met een ambtelijk opdrachtgever en een bestuurlijk opdrachtgever. Daar legt de casist (achteraf) verantwoording af over het gebruik van de beoordelingsvrijheid die hij of zij heeft meegekregen.

Dit staat tegenover de klassiek bureaucratische opvatting dat beleidsvrijheid op de werkvloer een bedreiging is voor de rechtsgelijkheid van burgers en het beslissingsprimaat van de (politieke) top. Bureaucratische organisaties zijn erop gericht om bestaande kennis en bestaande opvattingen vast te leggen in formele regels, die efficiënt en onpersoonlijk kunnen worden toegepast, in eindeloze herhalingen. De bureaucratie is niet ingericht op creatieve probleemoplossing of het vinden van een juist maatwerkoordeel in een specifieke casus (Ansell, 2011, p. 16).

Tal van implementatiestudies (Lipsky, 1980) hebben aangetoond dat *street-level*-ambtenaren altijd al een zekere handelingsvrijheid hadden. Dat is dus geen nieuwe ontdekking, maar een verschijnsel dat ook in de klassieke bureaucratie al bestond. Het principiële verschil is dat dit in het bureaucratische denkmodel als een zonde en een tekortkoming werd beschouwd. Maatwerk werd gezien als een afwijking van de regelstelling en daarmee per definitie gezien als willekeur. Individuele beoordeling in een concrete context leidt tot ongelijke behandeling. En ongelijke behandeling van gelijke gevallen is een groot bezwaar in het bureaucratisch denken. In casusorganiseren is er meer aandacht voor de uniciteit van individuele gevallen, waardoor eerder gesproken wordt over ongelijke behandeling van ongelijke gevallen.

In de klassiek bureaucratische organisatie werden maatwerk-afwegingen door uitvoerend professionals gezien als een aantasting van de zeggenschap van het regelstellende niveau. Het werd gezien als een bedreiging van het primaat van de politiek en de hiërarchie. Daarom vind je in een klassieke bureaucratie speciale escalatie-procedures die ervoor zorgden dat, als er al noodzaak zou zijn om af te wijken van centraal vastgestelde regels, de zeggenschap van dat hiërarchisch niveau werd hersteld. De lange weg die daarvoor nodig is, werkte uiteraard ontmoedigend. Uitvoerders kozen daarom liever voor formalistisch conformeren aan de regels of informeel en onge-zien afwijken daarvan. Het eerste frustreerde de goede oplossingen, het tweede frustreerde een goede en transparante verantwoording.

2. Casist weegt input af
(in plaats van de toeleveraar dicteert aanpassingen en dwingt die af via zijn vetorecht)

In de casusorganisatie ligt de verantwoordelijkheid om af te wegen wat in een bepaald geval de meest verantwoorde uitkomst is bij de casist. De opdracht is om een professionele afweging te maken, reke-ning houdend met de specifieke concrete omstandigheden, de input vanuit andere vakinhoudelijke disciplines en het maatschappelijk veld, de belangen en mogelijkheden van diverse betrokkenen, de doelen van het eigen bestuursorgaan en de relevante regels en pro-fessionele beroepsnormen. Het professionele oordeel is een creatieve vertaling van de bestaande normen, de gebruiken in de organisa-tie ('habits') en state-of-the-art kennis (Dewey, 1924; Schön, 1983; Wenger, 1998).

Omdat het casusoordeel altijd specifiek is per geval, kan het niet in algemene regels worden vervat. Omdat iedere casus individueel beoordeeld moet worden, is het niet haalbaar om alle beslissin-gen voor te leggen aan de top van de organisatie. Daarom heeft de behandelaar in de casusorganisatie een centrale positie. In verge-lijking tot het bureaucratische model is die positie veranderd van ondergeschikte afhankelijkheid naar een bepalende verantwoorde-lijkheid.

Denkend vanuit invloedsverhoudingen of machtsverhoudingen kun je zeggen dat in de casusorganisatie de zeggenschap verschuift van de 'Kompetenz'-houdende toeleveraars naar de behandelend ambtenaren. Op managementniveau verschuift de zeggenschap vanuit de breedte van de hiërarchie naar de ene ambtelijk opdrachtgever die voor de betreffende casus is aangewezen. Deze verschuiving doorbreekt ook de grondslagen voor bureaupolitiek: als de organisatie-eenheid geen reële actor meer is in het werkproces, is er ook minder reden en minder gelegenheid voor bureaupolitiek.

Beide verschuivingen komen ten goede aan de vraaggerichtheid, de snelheid en de integraliteit van handelen. Het kan anderzijds ten koste gaan van de disciplinaire zuiverheid en de doorwerking van tevoren bedachte beleidsregels. De overgang naar casusorganiseren is dus niet neutraal. Het is een strategische ontwikkeling met invloed op de prioriteiten en het karakter van het overheidshandelen.

Hierna schets ik nader hoe het afwegingsmandaat van de casist zich verhoudt tot de deel-verantwoordelijkheden elders in de organisatie; hoe zich dat vertaalt in de positie van de casist tijdens werkbijeenkomsten en managementbesprekingen; en hoe er inhoudelijk toezicht wordt gehouden.

De casist legt verantwoording af aan de ambtelijk opdrachtgever en de bestuurlijk opdrachtgever, die beiden ook voor die specifieke casus zijn aangewezen. De ambtelijk opdrachtgever hoeft dus niet de eigen chef te zijn. De ambtelijk opdrachtgever treedt op namens de gehele lijnorganisatie en is zodoende de enige leidinggevende met bevoegdheid over het handelen van de casist. De manier waarop de opdrachtgevers en ook de lijnchefs hun sturende verantwoordelijkheid kunnen waarmaken, komt aan de orde bij omkering 8, 9 en 10 en wordt in hoofdstuk 5 verder uitgewerkt.

Het basisprincipe is echter dat de casist vanaf de start van de opdracht tot en met de oplevering eigenaar is van het proces en de inhoud. In plaats van een hele hiërarchie van chefs en chefjes, die allemaal aanwijzingen kunnen geven, heeft de casist alleen te maken met één enkele sturingsdriehoek, met één ambtelijk opdrachtgever en één bestuurlijk opdrachtgever.

Dit is een enorme vereenvoudiging van de omgeving van de behandelaar, vooral naarmate een casus meerdere aspecten omvat, waarover vroeger allemaal verschillende afdelingen hun eigen bindende zeggenschap hadden. Het weghalen van die deelbevoegdheden is een bewuste keuze in de casusorganisatie. De invloed van de breed vertakte lijnorganisatie wordt weggenomen, met als doel om de ruimte te creëren waarin de casist een eigen afweging kan maken.

In feite wordt hiermee een van de basiskenmerken, die Weber voor ogen had, in ere hersteld. Weber zag een enkelvoudige verdeling van zeggenschap als een belangrijk efficiencyvoordeel. Zijn bureaucratische model kende een 'monocratische' verdeling van bevoegdheden. Over elke zaak was maar één ambtenaar bevoegd. In de praktijk sindsdien is dit uitgangspunt in zijn tegendeel komen te verkeren. Er was namelijk geen rekening mee gehouden dat we tegenwoordig voor veel onderwerpen een brede afweging vragen van meerdere aspecten. Omdat in de klassieke bureaucratie elk aspect een eigen zeggenschapslijn heeft, in een eigen beleidsdomein, ontstaat een stapeling van kruisende bevoegdheden. Dit werkt verlammend of ten minste vertragend.

Dit patroon wordt doorbroken door een overkoepelend mandaat te geven aan een sturingsdriehoek van één casist, één ambtelijk opdrachtgever en één bestuurlijk opdrachtgever. We hebben niet meer de illusie van honderd jaar geleden dat zaken eenvoudig binnen één domein kunnen worden beoordeeld, door het toepassen van een enkelvoudige regelset. Casusorganiseren gaat juist uit van een integrale en concrete afweging van alle aspecten. Desondanks wordt het efficiënte principe van 'monocratische' bevoegdheidsverdeling hersteld door dat brede afwegingsmandaat enkelvoudig te beleggen bij de casist en diens opdrachtgevers.

Het eenduidig toedelen van een dossier aan een individuele medewerker is in verschillende publieke organisaties heel normaal. Het werkt zo bij het Openbaar Ministerie, waar een zaak in handen wordt gelegd van een bepaalde officier van justitie, die als zaakofficier een eigenstandige verantwoordelijkheid en beslissingsbevoegdheid heeft. Het werkt ook zo in een ziekenhuis, waar een medicus zelfstandig verantwoordelijk is, ook als hij of zij in loondienst bij het ziekenhuis werkt en ook als er interdisciplinair collegiaal overleg plaatsvindt.

Ook bij lokale overheden kennen we zulke patronen, vooral bij uitvoeringsorganisaties met grote volumes aan dossiers, bijvoorbeeld een sociale dienst of een omgevingsdienst die vergunningen verleent en handhaaft. Ook bij loketdiensten wordt steeds vaker gewerkt met 'casemanagers'. Daarnaast kennen we natuurlijk in het projectmatig werken de project- of programmaleider, die een volwaardig mandaat meekrijgt.

Het is dus niet zo dat het eenduidig toedelen van mandaat aan een behandelend ambtenaar onbekend is. In de casusorganisatie wordt dit echter consequent en breed toegepast, ook in gevallen waarin allerlei disciplines betrokken zijn en ook in geval van beleidsontwikkeling of samenwerkingsarrangementen met externe partijen. In de casusorganisatie wordt principieel vastgehouden aan het procesmatige en inhoudelijke mandaat van de casist, ook als er veel collegiaal overleg nodig is om input te verzamelen.

De casist en de ambtelijk opdrachtgever hebben ergens in de organisatie hun thuisbasis. Hun mandaat is echter persoonsgebonden en heeft organisatiebrede gelding. De afdeling waar zij uit voortkomen, krijgt geen bijzondere betrokkenheid. De hiërarchische lijn boven de casist en/of ambtelijk opdrachtgever krijgt geen zeggenschap over de opdracht.

Opvattingen in een managementteam (MT), waar dan ook in de lijnorganisatie, hebben niet meer en niet minder status dan die van input, die door de casist wordt afgewogen. Als de casist zelf lid is van dat MT, dan treedt hij op als 'eigenaar van het agendapunt', zoals dat in moderne vergadermethoden gebruikelijk is (Van Vree, 2008). Maar ook als de behandelend ambtenaar geen lid is van het betreffende vergaderforum behoudt hij/ zij het eigenaarschap. De vraag aan een MT is daarom nooit meer 'instemmen met het voorstel' of 'de notitie vaststellen'. De vergadering neemt helemaal geen besluit meer over het onderwerp.

Natuurlijk worden er wel besluiten genomen, maar door de behandelend ambtenaar en niet door het collectief van de vergadering. Het is de casist die beslist of hij bepaalde input overneemt of niet.

In veel organisaties waar ik de laatste tien jaar heb gewerkt, worden door directies en managementteams geen besluiten meer genomen. Althans zo min mogelijk. Want als een directie of MT een besluit neemt, dan is dat onvermijdelijk een onteigening van de verantwoordelijkheid van de casist. Het is juist de bedoeling dat de behandelaar eigenaar van zijn onderwerp blijft, voor, tijdens en na de bespreking in een managementplatform.

Bij de provincie Zuid-Holland is sinds 2016 een zogenaamde 'Beleidstafel' ingericht als platform voor overleg tussen de afdelingshoofden/directeuren van de inhoudelijke afdelingen. De Beleidstafel beslist niet over de besproken onderwerpen. Het gaat erom dat de ambtelijk opdrachtgever en de behandelend ambtenaar input verzamelen van de collega's die andere afdelingen leiden en andere concernopgaven trekken.
Het verslag wordt niet geschreven door de (secretaris van de) tafel, maar door de casist zelf. Het is een terugmelding van wat de eigenaren van het onderwerp gaan doen met de opbrengst.

Aan de Beleidstafel wordt geen instemming gevraagd. Er worden geen besluiten voorgelegd, maar vragen en dilemma's. De timing is liefst gaandeweg het proces: 'Als het af is, ben ik niet meer geïnteresseerd.'
De besprekingen hebben wel effect op de koers van het onderwerp. Ze leiden ook tot beslissingen, maar die beslissingen worden niet genomen door het overleg, maar door de eigenaren van de opdracht (casist en opdrachtgever).

Een interessant neveneffect is dat het niet meer nodig is dat in de vergadering consensus bereikt wordt over de ingebrachte opmerkingen. Ook hoeft niet aan elke opmerking tegemoet te worden gekomen, zoals vaak gebruik was (met volledig vergrijsde notities als gevolg). Het vergt gewenning om de gewoonte los te laten dat er consensus bereikt moet worden. Het scheelt echter veel vergadertijd. Er zit ook minder spanning op besprekingen. Het is niet meer zo dat de behandelend ambtenaar een voorstel inbrengt en hoopvol afwacht of dat wordt overgenomen. De structuur van het gesprek is omgekeerd. De deelnemers brengen hun input en moeten afwachten wat de casist daarvan zal overnemen. De casist kan in voorkomende gevallen de meeste waarde hechten aan een gezichtspunt dat geen meerderheid heeft of dat strijdig is met de inbreng van sommige anderen.

Per saldo omvat de gespreksstructuur in de casusorganisatie de volgende vragen:
• Welke informatievraag heeft de behandelend ambtenaar?
• Welke dilemma's ervaart de behandelaar waarop hij graag reflectie wil?
• Welke overwegingen kunnen we aanreiken op die vragen of aanvullend daarop?

Na de uitwisseling van vragen en opmerken volgt de vraag aan de behandelaar:
• Ben je genoeg geïnformeerd? Kun je hiermee uit de voeten?

Met als slotvraag:
• Kun je aangeven wat van onze inbreng je al of niet wilt overnemen? Of horen we dat later? (in een terugmelding/verslaglegging door de behandelaar)

In de praktijk raakt die laatste vraag soms ondergesneeuwd. Dan kan het gebeuren dat de deelnemers aan de bijeenkomst hun bijdrage leveren, waarna een onbestemd moment lijkt te ontstaan. Zoals na een brainstorm wel eens wordt gezegd: 'We nemen alles mee.' Dan ontstaat de vraag: wie beslist hier nu eigenlijk? Of: wat is er nu besloten? Als de behandelaar daarover niet expliciet is, kunnen het draagvlak en vertrouwen worden geschaad.
Het komt ook nog wel eens voor dat een behandelaar zelf in het bureaucratische denkmodel blijft hangen. Dan zoekt hij of zij consensus of ten minste een meerderheid onder de deelnemers van een werkvorm. Dat werkt de verwarring tussen oude en nieuwe vormen alleen maar in de hand. Het principe van casusorganiseren is dat de casist na elke input zelf beslist wat hij of zij met die input doet.

De cirkel is rond als de toeleveraars zich de vraag stellen:
* Kunnen wij ons vinden in de verwerking van onze input zoals de behandelaar aangeeft?

Die vraag kan ter plekke worden gesteld aan het einde van het vergaderpunt. Soms kan het antwoord pas op een later moment worden gegeven. Na een bedenktijd of na het inwinnen van andere input. Een terugmelding over het verwerken van de input hoort wel te worden gegeven. Om deze reden bestaat het verslag van een vergadering niet uit een weergave van de besluiten die de vergadering heeft genomen, opgesteld door de secretaris van die vergadering. Het verslag bestaat uit een weergave van de input die de casist heeft meegekregen en een aanduiding van wat de casist daarmee gaat doen (en wanneer). Zo'n verslag kan dus alleen worden opgesteld door de behandelaar. Het wordt vervolgens wel besproken tijdens een volgende vergadering, zodat de deelnemers aan die vergadering kunnen zien wat de casist ermee gaat doen.

De hierboven gestelde finale vraag (is de verwerking van de input acceptabel?) zal in de casusorganisatie een marginale toetsing inhouden. Voorop staat het eigen oordeel van de casist, doorgaans in afstemming met diens ambtelijk opdrachtgever en bestuurlijk opdrachtgever en binnen de kaders van de gegeven opdracht.

Een aparte positie wordt hierbij ingenomen door de ambtelijk en bestuurlijk opdrachtgever. Zij kunnen het product van de casist al of niet accepteren. Daarmee hebben ze formeel en feitelijk een directe sturing op de opdracht. In relatie met hen heeft de casist een professionele autonomie gedurende het werkproces, maar de casist werkt binnen de kaders van hun opdracht en kan bij niet of niet-volledige acceptatie van het voorstel worden 'teruggestuurd' om het product aan te passen.
Dit vraagt een subtiel spel over en weer. De opdrachtgevers moeten rolvastheid aanleren en de casist moet de moed en het zelfvertrouwen opbouwen om zijn verantwoordelijkheid daadwerkelijk op te pakken.

Als het om concrete beschikkingen gaat, zoals subsidies of vergunningen, dan ligt het beslissingsmandaat vaak niet bij de behandelend ambtenaar maar op bestuurlijk niveau of bij een leidinggevende/ opdrachtgever. De casist neemt dan niet de eindbeslissing, maar beslist over het voorstel dat hij of zij voorlegt. De mandaathouder toetst vanuit een 'vier-ogenprincipe', wat een zinnige extra veiligheidsmarge oplevert. Als de beslissing bestuurlijk wordt genomen, komt daar een politiek-bestuurlijke afweging bij.

Natuurlijk is het mandaat van de casist geen vrijbrief voor willekeur. Het is een verantwoordelijkheid die zorgvuldig moet worden behartigd. Het is ook altijd mogelijk dat het mandaat wordt doorkruist door een inhoudelijke interventie of dienstopdracht. Er kunnen omstandigheden zijn waarin dat nodig is, bijvoorbeeld vanwege het primaat van de politieke verantwoordelijkheid of om ernstige nadelen te voorkomen. De leidinggevende en/of opdrachtgever houdt in die zin permanent toezicht over het handelen van de casist. Formeel blijft het altijd mogelijk dat de opdracht en het bijbehorende mandaat worden ingetrokken. Hiermee behoudt de organisatie een voorziening voor het risico op (bewust of onbewust) onjuist of onzorgvuldig handelen door de casist. Dit risico is in de casusorganisatie overigens niet groter geworden dan voorheen. Het is alleen verschoven, van het functioneren van de beleidsmaker en de vetoënde toeleveraars naar het functioneren van de casist in de driehoek.

Diens functioneren als behandelend ambtenaar wordt uiteraard beoordeeld, op de in de organisatie gebruikelijke wijze. De casist wordt daarop aangesproken en zo nodig bijgestuurd in zijn of haar functioneren. Kenmerkend is echter dat die beoordeling niet plaatsvindt door inhoudelijke bijsturing in het proces, maar in het kader van de beoordelingscyclus/ loopbaanbegeleiding. Daarmee is het geen onderdeel meer van het betreffende werkproces. Het aanspreken werkt wel door in de opstelling van betrokkene in vervolgsituaties. Het werkt ook normerend in de breedte van de organisatie.

De twee alinea's hierboven nuanceren het mandaat van de casist door diens positie te schetsen in de verantwoordelijke opdrachtdriehoek en in de organisatorische thuisbasis van waaruit hij of zij werkt. Die nuanceringen doen echter niet af aan de bijzondere positie van de behandelaar in de casusorganisatie.

Dit staat tegenover het klassiek bureaucratische beeld dat uitvoeringsbeslissingen voortvloeien uit geldende regels, die 'alleen maar' op een bepaalde concrete casus hoeven te worden toegepast. In de rechtstheorie is omstandig aangetoond dat dit nooit automatisch gaat. Het zorgvuldig toepassen van een regelset op een concrete casus vraagt altijd een actieve beoordeling (Van Gunsteren, 1972). De afweging op zichzelf is dus niet nieuw. In de casusorganisatie wordt dit afwegingsproces echter binnenstebuiten gekeerd. In de klassieke bureaucratie was de wilsbepaling van de top leidend. Niet alleen wat betreft regelgeving, kaderstelling en opdrachtverlening, maar voor alle aspecten en onderdelen van het werk. De organisatie werd uiteindelijk gezien als één monoliet, met één opvatting. Alle organisatieleden worden geacht te handelen vanuit die centrale wilsbepaling. Als er interpretatieruimte was, dan werd die bij voorkeur weer dichtgeregeld.

Discussies werden beslecht langs de lijn van de hiërarchie. Het oordeel van de hogergeplaatste functionaris had voorrang. Niet alleen als diens kennis of ervaring groter is. Of als diens taken en verantwoordelijkheden ertoe nopen om voor een bepaalde oplossing te kiezen. In een bureaucratie was die voorrang principieel, omdat de leidinggevende het oordeel van de organisatie vaststelt. De behandelaar had geen eigen oordeelspositie. Sterker nog, in het belang van een onpartijdige behandeling hoorde de behandelaar onpersoonlijk te zijn. Zie hiervoor hoofdstuk 6.

Werkproces

3. Toeleveringen op aanvraag
(in plaats van verplichte toeleveringen en vetorecht op grond van formele competentieverdeling)

In de casusorganisatie ontwerpt de casist zelf zijn werkproces: Welke informatie heb ik nodig? Welke betrokkenen en/of deskundigen betrek ik bij het proces? Op welk moment en op welke wijze?

In de praktijk hebben werkprocessen in de casusorganisatie een ite-ratief karakter, waarbij onderweg heen en weer geschakeld wordt tussen verschillende niveaus en actoren, maar ook tussen doelen en middelen, tussen opdracht en oplossing. Dat past bij het prag-matisch incrementele karakter van werkprocessen. Het werk wordt eerder gezien als creatieve probleemoplossing dan als besluit-vormingsproces.

In de periode van integraal werken was de standaardwerkvorm een werkgroep met vaste leden. Deze kwam doorgaans slechts periodiek bijeen, wat vertragend werkte. In de casusorganisatie zijn andere werkvormen in gebruik geraakt, zoals de oploop, het forum en het interview.

Een van de meest voorkomende werkvormen is de *oploop*, waarin input wordt ingewonnen door middel van allerlei gespreksvormen die gebaseerd zijn op brainstormtechnieken, zoals scrums, tijdlijn-sessies, mindmapping, enzovoort. Dit kan eenmalig gebeuren of herhaald worden, in verschillende fasen, met verschillende deel-nemers. Kenmerkend is juist dat input ook van buiten de eigen organisatie wordt gehaald en dat er tussen toeleveraars geen formele rangorde wordt aangebracht (vergelijk Bannink e.a., 2013).

Een typische werkvorm voor de casusorganisatie is ook het *forum*, dat gevraagd kan worden voor reflectie van buiten het werkpro-ces, eenmalig of herhaaldelijk. Voor de forumrol kunnen eventueel bestaande gremia worden benut, zoals managementteams, regie-groepen of vakberaden. Als het gaat om bestuurders of managers is het wel zaak om erop te letten dat zij niet in een klassiek besluit-vormende rol schieten.

Ook de *interview*-vorm is steeds gebruikelijker: iemand die een bepaalde input kan leveren, wordt bezocht en bevraagd op die input. Ook hier worden uiteenlopende creatieve werkvormen gebruikt, zoals betrokkenen elkaar laten interviewen of iemand vragen om een pitch te geven.

Een georganiseerde vorm van input verzamelen vond in 2008 in Almelo plaats in de vorm van een vijftal 'Beleidsateliers' met de gemeenteraad. De raad was gewend om jaarlijks een aantal speerpunten te benoemen, maar wilde niet meer afwachten of en hoe het college daar een voorstel voor zou ontwikkelen. In de Beleidsateliers werd in een korte periode van steeds zes weken input verzameld en direct debat georganiseerd met alle betrokkenen.

Bestaande nota's en gegevens werden ingebracht als 'tafelzilver'. Er werden teams op uit gestuurd om te onderzoeken of het 'gras' bij vergelijkbare gemeenten op een bepaald onderwerp misschien 'groener' was. De 'horizon' werd verkend door onderzoekers te bevragen op relevante trends. Deskundige experts werd gevraagd om als 'kritische vrienden' te reflecteren op de problematiek en de Almelose benadering. Er werd een 'krachtenveldanalyse' gedaan om kansen en belemmeringen in beeld te brengen. Raadsleden en collegeleden discussieerden mee over al dat materiaal.

Een frappant voorbeeld van de effectiviteit van zo'n aanpak was het Beleidsatelier over jeugdbeleid. Jeugd was een speerpunt voor de raad. Aanvankelijk was niet precies duidelijk waarom, maar bij doorvragen tijdens het atelier bleek dat veel raadsleden iets wilden doen om de trend te keren dat veel jongeren na de middelbare school Almelo verlaten. Men wilde de stad daarom aantrekkelijker maken voor de leeftijdsgroep tussen 20 en 30. Om die reden was bijvoorbeeld veel geld vrijgemaakt voor een poppodium.

Een expert liet met cijfers zien dat poppodia vooral publiek van middelbare leeftijd trekken. Nog belangrijker was de inbreng van een expert van een landelijk jeugdinstituut. Hij citeerde de uitspraak van Goethe, dat je kinderen 'wortels en vleugels' wilt geven: wortels in de zin van positieve binding aan je omgeving, zodat je zelfvertrouwen kunt opbouwen, vleugels in de zin dat een jongvolwassene de wereld wil verkennen.
Dat inzicht was de aanzet voor een omwenteling van het perspectief. Het beleidsdoel veranderde van het vasthouden van jeugd na hun twintigste in het streven naar 'een leuke jeugd in Almelo', zoals

de beleidsnota ging heten. De middelen van de stad werden verlegd van attracties voor twintigers naar bijdragen aan een fijne jeugd in de lagere- en middelbareschoolperiode: spelen, jeugdcultuur, sport, jongerenparticipatie en aandacht voor schoolverlaters en hangjongeren.

Het verzamelen van input leidt niet altijd tot zo'n omslag. Dat hoeft ook niet. Maar dit voorbeeld is wel een mooie illustratie van de meerwaarde van interactie. Als deelnemers bereid zijn tot 'deliberatie' in een open dialoog, dan leiden informatie, kennis en ervaringen uit andere bronnen tot nieuwe oplossingen en vaak ook tot nieuwe visies op het probleem zelf.

Een gemeenschappelijk kenmerk van deze werkvormen is dat toeleveraars op maat naar hun bijdrage wordt gevraagd. Zij worden dus niet belast met het 'meelopen' in overige aspecten van het vraagstuk en het werkproces wordt niet belast met het 'meenemen' van een reeks betrokkenen door het gehele proces. Omgekeerd krijgen de toeleveraars niet de gelegenheid om het verloop van het werkproces permanent te bewaken.

Het casuswerkproces vermijdt de lange communicatielijnen van de klassieke bureaucratie én de dubbelingen en samenloop van het integraal werken. Casusorganiseren kan hierdoor aanmerkelijk goedkoper, sneller en wendbaarder zijn dan voorheen gebruikelijke besluitvormingspraktijken.

In de casusorganisatie ontstaan ook geen ongewenste impasses meer als eenstemmigheid ontbreekt. De casist hoeft immers niet te wachten op consensus. Hij bepaalt zelf of hij voldoende zeker is over de te maken afweging, mede rekening houdend met de afgesproken oplevertermijn.

Dit uitgangspunt staat haaks op de gewoonten en machtsverhoudingen in de klassieke lijnorganisatie. De casusorganisatie houdt op dit punt een verschuiving in van het mandaat vanuit de lijnhiërarchie naar de casist en diens opdrachtgever. Die taakverdeling kan voelen als een machtsverdeling, vooral als verschillende invalshoeken van verschillende afdelingen tot verschillende beleidsvoorkeuren leiden. Dergelijke taakconflicten hoeven niet te worden vermeden. Ze kunnen juist bijdragen aan een goede afweging (Vermaak, 2009, p. 202). De casusorganisatie legt een heldere beslisregel onder de discussie tussen conflicterende invalshoeken: de casist kiest inhoud en moment van zijn of haar afweging.

Die beslisregel is gebaseerd op het hiervoor geschetste procesmatige voordeel: het is een methode die een veelvoud van input hanteerbaar maakt, zonder dat het proces vastloopt in participatiedwang en vetorechten. Die beslisregel heeft ook een inhoudelijke basis: uitgangspunt is dat specialistische inzichten, evenmin als algemene regels, bepalend mogen zijn voor het handelen van de overheid. Er is een meer generalistische benadering nodig om de vele ingrediënten met praktische wijsheid af te wegen. In het verleden werd die generalistische benadering soms vereenzelvigd met topposities (Raadschelders, 2003, 315), maar in de casusorganisatie wordt dit gevraagd van iedere behandelend ambtenaar.

Bij die bevoegdheid hoort wel een heldere uitleg van het procesontwerp en de plek die bepaalde werkvormen daarin hebben. Er hoort ook een transparante vastlegging bij van de input die is ingewonnen en een heldere beargumenteerde keuze van de casist om bepaalde input al of niet over te nemen in zijn conclusie, advies of product.

In Doetinchem introduceerde de eenheid Publiekszaken in 2003 het dienstverleningsconcept aan de hand van een vraag-antwoordmodel. Het basisidee was dat van een pijl tussen de vraag/opdracht en het antwoord/resultaat. De pijl symboliseerde het proces waar de casemanager of behandelaar de regie over had. Dit model heb ik geleidelijk uitgewerkt tot onderstaand plaatje van het werkprocesmodel van de casusorganisatie.

Casus werkproces

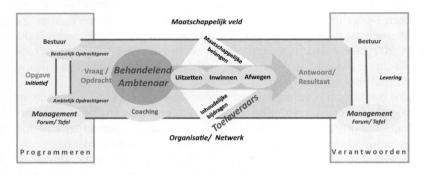

Dit schema ziet er modelmatig uit en maakt wel eens een abstracte en statische indruk. Bij de provincie Zuid-Holland is het daarom vertaald in een striptekening, waarin het werkproces wordt verbeeld als een avontuurlijke reis langs diverse interactiemomenten.

Casus werkproces

Tekening: Jeroen Meijer, JamVisualThinking.com i.s.m. provincie Zuid-Holland

118

In de tekening is tevens verbeeld dat het werk niet in de afdelingen gebeurt. In plaats daarvan gaan de medewerkers vanuit hun thuis-basis in het 'organisatiedorp' naar het werkproces toe. Hetzij door matching op de rol van opdrachtgever of behandelaar (linksom in de tekening), hetzij door toeleveren in de rol van expert/adviseur (rechtsom in de tekening).

Dit staat tegenover het klassiek bureaucratische werkproces dat als besluitvormingsprocedure is ingericht. Het dossier werd langs de formele lijn gevoerd, zoals op de lopende band in een autofabriek. Typisch was dat het eigenaarschap van de zaak mee-bewoog. Elk station voelde zich vrij om bepaalde aanpassingen te doen. De oorspronkelijke steller werd van station tot station steeds opnieuw feitelijk 'onteigend'. Elk station beschouwde zichzelf even als penvoerder en voelde zich vrij om interventies te doen, ook op details en redactie.

In de klassiek bureaucratische organisatie waren de stations dwin-gend voorgeschreven, omdat (beleids)onderwerpen als een exclu-sieve bevoegdheid aan bepaalde bureaus zijn toegedeeld. De betref-fende functionarissen hebben daarmee het exclusieve recht om uitspraken te doen over hun onderwerpen. Zij hebben de exclusieve competentie om de beleidsmatige kaders op dat terrein te bepalen. Zo zijn verkeerskundige aspecten pas ordentelijk meegewogen als de afdeling verkeer haar instemming heeft gegeven. Of waterkundige aspecten voldoende zijn meegewogen, mag alleen worden beoor-deeld door de afdeling water. Elk domein heeft daardoor feitelijk een vetorecht.
Vanwege dat 'Kompetenz'-veto was ook de volgorde in het proces dwingend. Het oordeel van een leidinggevende kon alleen worden 'overruled' door een hoger echelon c.q. meer omvattend niveau. Omgekeerd kon een hoger niveau pas een oordeel vellen over een stuk als dat op het onderliggende niveau was geaccordeerd. Die logica veroorzaakte traagheid, omdat een stuk pas een niveau ver-der kan worden besproken, als het op het vorige station 'af' is. Dit in tegenstelling tot de casusorganisatie waar de volgorde van input iteratief en naar bevind van zaken kan worden gekozen.

Het vetorecht leidde er ook vaak toe dat werkgroepen zeggenschap eisen over het product, zonder verantwoordelijkheid te nemen voor het realiseren van de opdracht. In zulke situaties stond een eenzame projectleider tegenover een 'werkgroep' van toeleveraars die individueel streden voor optimalisatie van hun aspect, met een vetorecht in de binnenzak.

In die context werden zij ook geen 'toeleveraar' genoemd. Integendeel, zij bepaalden juist of ze een bepaald voorstel van de behandelaar acceptabel wilden vinden. De 'bewijslast' lag dus bij de behandelaar. Op dit punt leidt casusorganiseren tot een volledige *omkering van de gespreksstructuur*. Omdat de afweging bij de casist ligt, hoeft de casist niet meer de toeleveraars te overtuigen. Het zijn juist de toeleveraars die de casist moeten overtuigen om hun input mee te nemen. Dit is een cruciale omkering van de zeggenschapsverhoudingen, die het werkproces een totaal ander karakter geeft.

4. Uitvoering stuurt beleid
(in plaats van beleid stuurt de uitvoering)

In de casusorganisatie gaat het maatwerkoordeel boven bestaande regels. Uitvoering is geen mechanische toepassing van regels of beleid. Er moet voortdurend worden ingespeeld op de concrete situatie die je aantreft. Dat betekent niet dat elke beslissing los van andere wordt genomen. De geldende regels en het vastgestelde beleid spelen daarin wel een rol, maar als één van de mogelijk relevante factoren (Hartman en Tops, 2005, 16). Uitvoeringspraktijken worden gebruikt als 'best practice'. Formele en informele regels ondersteunen de professionele oordeelsvorming.
Regels gelden als 'gerechtvaardigd verwachtingspatroon' (Taekema, 2012, p. 67). Ze wijzen de gebruikelijke weg en bieden efficiënte stereotypen die een snelle oriëntatie op de casus mogelijk maken (Lipsky, 1980). Ze worden echter niet beschouwd als bindend in situaties waarin afwijken van de regels tot een meer gewenst resultaat zou leiden (Dewey, 1924, p. 359).

De manier waarop regels worden benut bij het kiezen van maatwerk en de manier waarop elk maatwerkgeval weer bijdraagt aan het 'beleid' van de organisatie zijn in grote lijnen vergelijkbaar met de rol van jurisprudentie in het recht. Elke individuele beslissing draagt bij aan de ontwikkeling van een ervaringspraktijk, die volgende beoordelingen inkadert. Precies zoals rechterlijke jurisprudentie de volgende rechter niet bindt, maar wel beïnvloedt. Zo stuurt de uitvoering het beleid. Bestendig gebruikelijke gedragslijnen gaan gelden als beleidsregels. Formele beleidsdocumenten en wettelijke voorschriften zijn steeds vaker vooral codificatie van die uitvoeringspraktijk.

Dit betekent ook dat bestuur en management in de casusorganisatie kunnen sturen zonder algemeen geformuleerde (beleids)regels te hoeven stellen. Professionals maken keuzes op grond van professionele betekenisgeving. Die wordt vooral bepaald door vakkennis, ervaringspraktijk en informele expertisenetwerken. Maar oordelen van het bestuur of hoger management hebben daarbij ook een groot gewicht (Daft & Weick, 1984, p. 292). Bestuur en management kunnen zodoende effectief bijdragen aan sturing van de betekenisontwikkeling, eenvoudigweg door als opdrachtgever in voorkomende gevallen een bepaalde afweging te kiezen. Ook al betreffen zulke afwegingen een individueel geval, ze hebben een belangrijke signaalfunctie en werken door in de volgende afwegingen van casisten.

Besluitvorming via de lijn is in de casusorganisatie echter niet meer gebruikelijk. Het is ook niet nodig om als manager je rol en verantwoordelijkheid waar te maken. Goede input voor, tijdens of na het werkproces wordt in de casusorganisatie op een informele manier opgepikt door professionals die voortdurend streven naar verdere verfijning van hun beoordelingsvermogen. In voorkomende gevallen een weloverwogen concrete beslissing nemen kan een grote invloed hebben op de 'jurisprudentie' en dus de 'gebruiken' in de organisatie. In feite is de kans op doorwerking van een concrete beslissing in een concrete casus groter dan bij het uitvaardigen van weer een nieuwe dwingend te respecteren beleidsregel. Het eerste sluit aan bij het natuurlijke afwegingsproces van de professional en die neemt dat ook serieus. Het tweede staat er haaks op en roept alleen al daardoor weerstand op.

Zo beschreven lijkt het alsof de sturing vanuit de uitvoering vanzelf ontstaat, zodra de sturing vanuit het beleid vermindert. Deels is dat ook zo. Professionals oriënteren zich op de bestaande praktijk, zowel binnen hun professie als binnen hun organisatie. Het meenemen van nieuwe ontwikkelingen is daarbij een normaal onderdeel van hun professionele handelen. Hierdoor ontstaan in elke organisatie, ook zonder formele vastlegging, bepaalde 'gebruiken', of 'habits' zoals Dewey ze noemt (Dewey, 1922, p. 14; Ansell, 2011). De gebruiken functioneren als het collectief geheugen van de organisatie, die daarmee een institutioneel leervermogen heeft. Als bestendig gebruikelijk gedrag beïnvloeden deze 'habits' het gedrag van de organisatie en mensen daarbinnen. De 'habits' blijven zich echter ontwikkelen door nieuwe ervaringen en evaluatie van ervaringen. Formele beleidsontwikkeling op centraal niveau is vooral een verstoring van dit type leerprocessen. Leerprocessen die vanzelf opbloeien als er ruimte voor ontstaat.

Om het optimale leereffect te bereiken worden in de casusorganisatie het verantwoorden, evalueren en leren van praktische ervaringen bewust gestimuleerd. Dit kan door evaluatie van praktijkcasussen te agenderen in werkoverleggen, door het vormen van vakgenootschappen waarin professionals van elkaar leren, of door het stimuleren van constructieve verantwoordingsprocessen. De belangrijkste voorwaarde is hierbij dat verantwoording niet wordt opgevat in de klassiek bureaucratische zin van controleren of de uitvoerder wel juist heeft gehandeld, liefst conform de voorgegeven regels en beleidsuitgangspunten. Uitvoering gebruiken als bron voor beleidsontwikkeling betekent geïnteresseerd analyseren wat de bijzonderheden van bepaalde casussen zijn, welke oplossingen daarin gekozen zijn, hoe die uitwerken en wat we daarvan kunnen leren voor toekomstige casussen.

Een bijkomend effect van het verminderde belang van formele beleidsontwikkeling is dat de functie van 'beleidsmedewerker' aanmerkelijk in status is gedaald. Dit is in de praktijk van overheidsorganisaties goed zichtbaar. In reeksen bezuinigingsrondes is het aantal beleidsfuncties verminderd, onder motto's als 'uitvoering' en 'hand aan de schop'. Politici zien het produceren van een beleidsnota niet meer als eerste prioriteit. 'Beleidsmedewerker' was decennia-lang de hoogste rang onder het management, maar inmiddels zijn daar vrijwel overal functies als 'projectleider', 'regisseur' en 'pro-grammamanager' tussen gekomen. Functies die niet gericht zijn op beleid, maar op afwegingen en resultaten in casuïstiek.

In het eerder besproken Beleidsatelier Jeugd in Almelo in 2008 zat ook een treffende illustratie van de kloof tussen beleid en uitvoering. In het atelier probeerden we alle soorten input binnen te halen. Ook van de eigen collega's in de uitvoering. Zo was een medewerker van de buitendienst uitgenodigd, die het onderhoud van de speeltuinen verzorgde. Hij had grote schroom om aan zo'n discussiesessie deel te nemen en zich uit te spreken over zijn ervaringen. Maar toen hij daarover vertelde, kwam hij met een eenvoudige maar ontnuchte-rende constatering:

'Ik moet heel vaak wipkippen installeren. Maar ik begrijp niet waarom. Want ze worden nooit gebruikt. Soms zie ik wel eens een ouder of een oma een peuter op zo'n wipkip zetten. Maar ze willen er al heel snel weer af. Hoe vaak ik ook langs de speeltuintjes kom, er zit nooit een kindje op zo'n wipkip.'

Het bleek dat hij en zijn collega, de beleidsmedewerker Jeugd, al vele jaren bij dezelfde gemeente werkten, maar dat ze elkaar nog nooit hadden gezien of gesproken. Op het stadhuis waren ze gewend om speeltuintjes in te richten door te bladeren in de catalogus van de leverancier van speeltuinen, de laatste jaren vaak samen met omwonende ouders.
In die catalogus springt de wipkip er positief uit, als een grappig en vrolijk toestel voor een beperkt bedrag. Er was nooit aan gedacht om ervaringen uit de praktijk in die keuze te betrekken.
Het 'beleid voor het inrichten van speeltuintjes' is niet het grootste onderwerp in de gemeentelijke wereld. Maar dit voorbeeld is een treffende illustratie van hoe beleid vanachter het bureau, met de beste intenties, de plank mis kan slaan. En hoe inspraak aan de voorkant niet voldoende is om een optimaal resultaat te behalen.

Dit staat tegenover het klassiek bureaucratische regelmodel, waarin beleid ontstond uit de wilsbepaling van de (politieke) top en waarin het formele beleid gold als de enig gelegitimeerde interpretatie en handelwijze. Die praktijk maakte inspelen op steeds wisselende omstandigheden onmogelijk. Het leidde er ook toe dat organisaties veel energie staken in het eenduidig detailleren van beleidsregels. Er werd rustig maanden, soms zelfs jaren, uitgetrokken voor het produceren van beleidsnota's. Centraal vastgesteld, met een formele status als vastgestelde nota met liefst een (wettelijke) regelset. Er werd intern en extern strijd gevoerd over de formuleringen. Niet zelden met als uiteindelijk resultaat toch nog een min of meer vage compromistekst. In een bureaucratie werd veel gestuurd op regels en zelden gesproken over concrete gevallen.

De bindende werking van nota's en regels is echter relatief geworden. In juridische zin prevaleren beginselen van behoorlijk bestuur, niet alleen over beleidsregels met hun 'inherente afwijkingsbevoegdheid', maar ook over wettelijke regels. Zoals eerder beschreven, kiezen wetgevers bewust steeds meer voor 'vage normen' en 'open normen'. In de uitvoeringspraktijk is het argument 'zo zijn de regels' niet meer acceptabel, niet voor burgers en niet voor de overheid zelf. Beleidsmatige schuurpunten kunnen beter worden uitgewerkt in concrete, praktische voorbeeldprojecten dan in papieren discussies.

Structuur: taken, klussen en posities

5. *Werken buiten de structuur*
(in plaats van het werk gaat naar de afdelingen)

In de casusorganisatie fungeren afdelingen als 'thuisbasis' voor de medewerkers. Medewerkers werken in klussen en projecten, ook met mensen van buiten de eigen afdeling of organisatie.

Dit is begonnen met 'projectmatig werken', als uitzondering op de normale gang van zaken. In de casusorganisatie is het de kernwerkmethode geworden. Medewerkers werken per klus onder verantwoording van een ambtelijk opdrachtgever. De ambtelijk opdrachtgever kan de eigen lijnchef zijn, zoals bij regulier werk, maar ook iemand anders. De medewerkers werken soms letterlijk op een andere plek, waarvoor steeds meer organisaties een flexibele kantooromgeving hebben ingericht. Principiëler is dat medewerkers voor elke klus andere collega's hebben en dat bij elke klus iemand anders verantwoordelijk is voor hun werk, namelijk de betreffende behandelaar (projectleider) of opdrachtgever. Rondom de behandelend ambtenaar wordt soms een opgaveteam geformeerd. Dit team vervult met de behandelaar samen en onder diens verantwoordelijkheid de taak van behandelaar. De leden van dit team worden op basis van competenties geselecteerd (zie omkering 6).

In de casusorganisatie spelen ook toeleveraars een cruciale rol. Het zijn experts/adviseurs vanuit verschillende domeinen en disciplines, binnen en/of buiten de organisatie. Toeleveraars staan niet onder gezag van de behandelaar. Zij adviseren vanuit hun eigen professionele verantwoordelijkheid.

Toeleveraars worden gevraagd om hun kennis en expertise. Tot die kennis behoort dat zij op de hoogte zijn van relevante beleidskaders en relevante ervaringen binnen hun domein. Zij worden geacht dat in te brengen. Niet als kaderstellend of voorwaardelijk voor hun instemming (want om hun instemming wordt niet gevraagd), maar als relevante aspecten in de afweging van de casist.

Het kan een subtiel onderscheid lijken, dat ook een dwingendrechtelijke bepaling of een expliciet en onbeweeglijk politiek standpunt moet worden ingebracht als 'een relevante omstandigheid' en niet als een veto. Maar voor de verantwoordelijkheidsverdeling tussen de casist en de toeleveraar is dat verschil wezenlijk.

Nog principiëler gesteld: het 'standpunt' van een bepaalde afdeling was in de bureaucratische organisatie een wezenlijke factor omdat afdelingen al of niet hun fiat gaven. Het 'standpunt' van een afdeling is in de casusorganisatie geen relevant gegeven meer. Vanuit het domein van een afdeling worden inhoudelijke gezichtspunten en argumenten aangedragen, die al of niet overtuigend zijn voor de casist (en de beslissers in de acceptatieprocedure). Welke afdelingen of functionarissen zo'n argument ondersteunen, maakt niet uit. Het werkproces staat buiten de afdelingsstructuur.

In Dordrecht werd in 2011 gekozen voor het concept van de netwerkorganisatie, niet alleen samen met de buren in Drechtstedenverband, maar ook binnen de eigen Dordtse organisatie. Uitgangspunt was 'concernvorming', dat wil zeggen dat afdelingen werkten aan centrale opgaven.

De externe inhuur werd teruggedrongen ten gunste van interne flexibiliteit vanuit enkele pools en door organisatiebrede inzet van medewerkers, ondersteund door een flexibel kantoorconcept op basis van 'Het Nieuwe Werken'.

Het management richtte zich op opdrachtgeverschap en personele zorg. Met de slogan 'vertrouwen en verantwoordelijkheid' kwam er meer afwegingsruimte voor 'De Nieuwe Ambtenaar', die individuele gevallen behandelt op grond van een professionele afweging. 'De Nieuwe Ambtenaar neemt verantwoordelijkheid om een zaak af te handelen; gaat op zoek naar de vraag achter de vraag; zoekt concrete oplossingen en durft zijn professionele oordeel te geven. Niet alleen volgens vaste procedures, maar ook met originaliteit, scherpte en passie.'

Een ander aspect van het werken buiten afdelingsverband betreft het toedelen en prioriteren van werk. In de klassieke bureaucratie is dat het werk van de chef, die om die reden (letterlijk of figuurlijk) aan de in- en uitgang van de afdeling zit. Dat is in de casusorganisatie echter niet meer het geval. In de casusorganisatie is er geen sprake meer van de 'eenheid van leiding' zoals Taylor die bedoelde (Taylor, 1911). Medewerkers werken voor verschillende opdrachtgevers.

De lijnchef is dus niet meer in staat om de consequenties te overzien van prioriteiten in werk of verlof. Nog sterker: de lijnchef is ook niet meer bevoegd om daarover te beslissen, want het betreft een afweging tussen meerdere opdrachtgevers. De afweging van operationele prioriteiten komt in de praktijk primair bij de medewerkers zelf te liggen. Zij maken een professionele inschatting van het belang en de urgentie van de verschillende opdrachten die zij onderhanden hebben, rekening houdend met de belangen van hun opdrachtgevers.

Het is aan hen zelf om acceptatie te krijgen en te behouden voor hun prioriteitenkeuzes, zo nodig door overleg en onderhandeling met de verschillende opdrachtgevers voor wie ze werken. Als dat niet lukt, dan kunnen de opdrachtgevers elkaar opzoeken of de prioriteitsvraag escaleren naar een hoger niveau in de lijn.

Maar in de casusorganisatie is het vertrekpunt voor prioritering de eigen afweging van de professional. Een teken van die verschuiving was al het alom afschaffen van prikklokken en van voorafgaande toestemming bij verlof. Het gevleugelde gezegde is: 'verantwoordelijkheid laag in de organisatie'. Dit wordt wel eens gezien als een min of meer vanzelfsprekende emancipatie van de professionele medewerker. Maar het is een uiting van een onderliggende principiële verschuiving.

Dit staat tegenover de klassiek bureaucratische regelorganisatie, waarin de 'Kompetenz'-verdeling bepaalde welke afdeling bevoegd is om bepaald werk te doen. Het werk werd beschouwd als 'eigendom' van die afdeling. Er was een vaste domeinverdeling, inclusief bevoegdheidsverdeling. Die bevoegdheden waren 'onvervreemdbaar'. Alleen een formele reorganisatie kon de verdeling van werk en bevoegdheden wijzigen.

In een bureaucratie verliep de toedeling van werk volgens de bevoegdheidsverdeling. Dit kon in wezen door de postkamer worden gedaan. De prioritering van werkzaamheden stond van tevoren vast, in die zin dat de formatieve capaciteit van een bepaalde afdeling in de begroting was vastgelegd. Op die manier bepaalde de formatie van afdelingen hoeveel capaciteit voor een bepaalde werksoort beschikbaar was.

Als betrokkenheid van andere afdelingen nodig was, dan ging het voorstel op route langs de betreffende afdelingen. Als er, iets moderner, direct input werd gevraagd, dan ging het om input namens die afdeling en committeerde het die afdeling om akkoord te gaan.

Kwaliteitszorg verliep in de klassieke bureaucratie langs de weg van fiattering van producten door de leiding. Via functioneringsgesprekken werden afspraken gemaakt over training en opleiding. In de casusorganisatie blijft de zorg voor de professionele ontwikkeling van medewerkers bij de thuisbasis. De thuisafdeling is belast met het in stand houden van een disciplinair 'capaciteitsfonds' met de juiste expertise en vaardigheden. Hierin wordt geïnvesteerd op individueel niveau en collectief niveau (via 'bureaudagen', 'vakgenootschappen', enzovoort). De thuisbasis zorgt ook voor coaching, soms door de eigen leidinggevende, soms door collega-experts of specifieke trainers/facilitators.

6. Competenties in plaats van functies
(in plaats van in lijn geordende functiebeschrijvingen bepalen takenpakket en status)

In de casusorganisatie is de verdeling van taken over medewerkers in hoge mate variabel. Wie welk werk doet, is niet van tevoren vastgelegd en niemand heeft 'recht' op een bepaalde taak. Iedere medewerker heeft bepaalde kennis en vaardigheden die hem of haar geschikt maken om bepaalde taken te doen. Het gaat hier niet om 'Kompetenzen' in de zin van Weber (toegedeelde bevoegdheden), maar om persoonlijke 'competenties', oftewel 'vaardigheden' (Mulder, 2001).

Dat dit gedachtegoed inmiddels breed aanvaard is, wordt geïllustreerd door de nieuwe cao voor provincies (2017-2018). Daarin wordt expliciet en formeel het uitgangspunt verlaten dat medewerkers vaste taken hebben, die zijn vastgelegd in hun functiebeschrijving. Er worden 'generieke functies' gemaakt, maximaal drie per schaalniveau. Zulke generieke functies kunnen dus geen taakomschrijving meer bevatten, maar slechts een aanduiding van het soort functie: bijvoorbeeld ondersteuning, advies of leidinggeven, steeds op een bepaald schaalniveau. De cao gaat ervan uit dat medewerkers vanuit zo'n generieke functie 'kortere of langere tijd werken aan specifieke opdrachten. (...) Dit maakt het mogelijk om eenvoudiger tussen verschillende opdrachten en afdelingen binnen en buiten de organisatie te bewegen en naadloos over te gaan, zonder dat hiervoor een functiewijziging nodig is.'

Dat in de casusorganisatie persoonlijke competenties als uitgangspunt voor de werkverdeling worden genomen, houdt een erkenning in van het belang van professionaliteit. De kwaliteit van het werk kan niet vooraf worden verzekerd door regels en routines, maar is afhankelijk van de kwaliteit van de uitvoering door professionals. Net zoals de introductie van een ambtseed de erkenning inhoudt dat de organisatie afhankelijk is van het morele gedrag van medewerkers.

Die toegenomen aandacht voor professionaliteit en competenties weerspiegelt de overgang van regelorganisatie naar casusorganisatie.

Zoals besproken in paragraaf 2.5 gaat het moderne ambtelijk vakmanschap verder dan de klassieke 'pure' professionaliteit van het bijhouden van vakkennis, liefst exclusief voor de leden van de professie (Noordegraaf, 2007, p. 771). Voor de moderne overheid bestaat het realiseren van publieke waarde altijd uit het balanceren van inhoudelijke waarde, legitimatie en uitvoerbaarheid. Publieke waarde is niet vanuit inhoudelijke kennis alleen te bepalen (Moore, 1995, Benington, 2011). Het moderne vakmanschap vraagt dus een balans tussen inhoud, relatie en context ('t Hart, 2014). Noordegraaf spreekt hier over een 'hybride professionaliteit' (Noordegraaf, 2007). In de praktijk zie je dan ook bij veel behandelend ambtenaren een gemengd competentieprofiel. Inhoudelijk een T-vormige competentie (gespecialiseerd op een bepaald terrein, maar voldoende kennis op aanpalende terreinen), aangevuld door communicatieve en managerial kwaliteiten. Bij het aanwijzen van een casist wordt gezocht naar een balans van die competenties, aansluitend bij de aard van die casusopdracht. Verlaten is het klassiek bureaucratische mechanisme, volgens welke het trekkerschap thuishoort bij de afdeling die verantwoordelijk is voor het onderwerp of tenminste het zwaarste aspect van de casus.

De casusorganisatie kent een expliciet proces van 'matching', waarin klussen en medewerkers aan elkaar worden gekoppeld. De aard en omvang van een klus bepalen het karakter van het matchproces. Voor eenvoudige klussen is het eerste uitgangspunt dat deze direct worden afgedaan door de medewerker die de vraag binnenkrijgt, bijvoorbeeld aan het loket of de telefoon (zie het dienstverlenings-concept 'Antwoord' van de Vereniging Nederlandse Gemeenten, VNG).

Voor klussen die niet direct kunnen worden afgedaan, geldt een 'intake'-proces. Dit type 'intake' was klassiek voorbehouden aan de lijnchef, maar wordt steeds vaker als zelfstandige taak uitgeoefend. Dat kan met behulp van een intakegesprek (bijvoorbeeld bij een zorgvraag) of in een werkoverleg waar ingekomen aanvragen worden besproken (bijvoorbeeld bij vergunningaanvragen).

Voor grotere opdrachten is een opdrachtformulering nodig (zie omkering 8), op basis waarvan een behandelaar wordt gezocht en eventueel een behandelend team. In de casusorganisatie is dat een tweezijdig proces, waarin medewerkers uit de breedte van de organisatie belangstelling kenbaar kunnen maken en (een vertegenwoordiging van) het management de beste match zoekt. Een dergelijke werkwijze was enkele decennia geleden al bekend uit het domein van fysieke projecten, die zonder vaste formatie bemenst werden, ten laste van projectbudgetten.

In de casusorganisatie is matching een algemeen principe geworden, behalve voor kleinere reguliere klussen die binnen een afdeling kunnen worden gedaan. Voor grotere, meer integrale klussen is matchen is een specifieke taak voor het gezamenlijk management, juist omdat er breder dan de eigen afdeling wordt gezocht. Het management kan deze taak overdragen aan een daarvoor aangewezen groep (managers).

Bij matching wordt niet gezocht naar een afspiegeling van betrokkenen afdelingen, maar naar de competenties die benodigd zijn voor de taak. Het is niet meer relevant van welke afdeling iemand komt. De behandelaar vertegenwoordigt niet een bepaald deelbelang, maar zoekt de beste uitkomst binnen de kaders van de opdracht.

In de Drechtsteden werden in 2012 proeftuinen georganiseerd waarin medewerkers op basis van competenties werden gematcht met klussen in andere gemeenten.

De Drechtsteden is een intensief intergemeentelijk samenwerkingsverband van zes (inmiddels zeven) gemeenten rond Dordrecht. De samenwerking is op bestuurlijk niveau vernieuwend omdat raadsleden van alle gemeenten een Drechtraad vormen, waar met gewogen stemmen gezamenlijke beslissingen worden genomen. Op ambtelijk niveau is er sinds 2007 een grote gemeenschappelijke dienst voor onder meer de gezamenlijke bedrijfsvoering en de sociale dienst. Daarnaast is er een brede netwerksamenwerking ingericht. Managers van de gemeenten brachten klussen in op het terrein van beleidsontwikkeling, dienstverlening en beheer openbare ruimte.

Per klus werd bekeken welke medewerker het meest geschikt was, ongeacht uit welke gemeente die medewerker kwam. De medewerkers werden niet gedetacheerd en er vond geen kostenvergoeding plaats. Uitgangspunt was dat de uitwisseling per saldo redelijk evenwichtig zou zijn.

Zo gebeurde het dat medewerkers van gemeente A een beleidsnotitie toelichtten voor de raadscommissie in gemeente B. Soms leidde het tot vragen over de loyaliteit van die medewerkers, maar al snel vertrouwde men op de inhoudelijke professionaliteit. Vaak merkte men het niet eens meer.

Een kenmerkend uitgangspunt in het matchingsproces is dat de medewerker zelf partij is in de taaktoedeling. Begrijpelijk, omdat gemotiveerde medewerkers de beste prestatie leveren, zeker in creatief professioneel werk. In de casusorganisatie zit daar echter ook een diepere reden onder, namelijk dat de professionele medewerker primair zelf verantwoordelijk is voor de planning en organisatie van zijn eigen werk. Het principe is dat iedere medewerker zelf zijn klussen aanneemt en plant, qua volgorde en mate van tijdsinzet.

Ook hier is de gespreksstructuur volledig omgedraaid. De medewerker vraagt niet meer aan de leiding om de prioriteiten aan te geven. De medewerker kan zelf goed inschatten welke klus welke spoed heeft. Het is aan de medewerker om de verschillende opdrachtgevers en zijn lijnchef in die afweging mee te nemen. Voor grote klussen doen programma- of projectmanagers dit via opdrachtformuleringen. Voor dagelijkse klussen op de werkvloer maakt de uitvoerend medewerker zelf die inschatting. Hoewel dit principe soms nog onwennig voelt, is dit in de actuele praktijk niets bijzonders. Het zelf regelen van werktijden, thuiswerken en verlof is in de meeste organisaties al vele jaren gebruikelijk.

Ook in de in de 2017 afgesloten cao voor provincies is het principe terug te vinden dat de verantwoordelijkheid voor het toedelen en prioriteren van klussen wordt gedeeld door medewerkers.
Het gesprek over prioritering is tweezijdig, waarbij de opdrachtgevers en eventueel lijnchefs het belang en de tijdsdruk van hun klussen inbrengen, tegen de achtergrond van in tijd concurrerende klussen. Zolang chefs zich alleen verantwoordelijk voelden voor hun eigen sectorale productie kon hierover geen zinvolle dialoog ontstaan. Zodra zij zich committeren als medeverantwoordelijk lid van de totale organisatie, ontstaat er een gezamenlijke afweging van de voor- en nadelen van de keuze die de casist overweegt. Als daaruit geen overtuigende conclusie ontstaat, zal de casist de verschillende overwegingen dienen voor te leggen bij zijn opdrachtgevers, zo nodig escalerend in de lijn van programmering op organisatieniveau (zie omkering 8).

Kenmerk van het matchingsproces is dat de werktoedeling niet volgt uit de functiebeschrijving. In de casusorganisatie is de arbeidsrelatie niet gebaseerd op taken maar op competenties. De medewerker heeft niet meer het alleenrecht op de taken zoals die zijn benoemd in de functiebeschrijving en personeelsadvertentie. De medewerker is ook niet meer beperkt tot die taken. Hij of zij kan afhankelijk van zijn of haar competenties worden gematcht op andere taken en klussen. Dat hoeft niet te leiden tot een nieuwe functiebeschrijving. Voor zover de functiebeschrijving bepaalde taken benoemt, zijn die open geformuleerd, zodat een brede flexibiliteit binnen de functie past. Als een medewerker zich ontwikkelt qua competentieniveau, ook blijkend uit het uitvoeren van bepaalde klussen, dan kan plaatsing op een ander functieniveau aan de orde komen in het gesprek met de lijnchef. Het gaat dan dus niet om 'functiewaardering', maar om loopbaanontwikkeling.

Dit staat tegenover de automatische werktoedeling in de klassieke bureaucratie, die was opgebouwd als een structurele verdeling van taken en bevoegdheden ('Kompetenzen'). In de bureaucratie was de toedeling van een bepaald type onderwerp al vastgelegd voordat een klus zich überhaupt aandiende. Vaak was de taakverdeling binnen een afdeling tot op individueel niveau vastgelegd in functiebeschrijvingen.

Geleidelijk aan zijn de gehanteerde functiebeschrijvingen wel algemener geworden. In plaats van honderden beschrijvingen met gedetailleerde afbakeningen ('huisvesting basisscholen' of 'handhaving sloop met asbest') zijn categorieën in gebruik gekomen (beleid, dienstverlening, projecten) met enkele niveaus. Modernere beschrijvingen zijn eerder een dan tien A4'tjes. Die ontwikkeling gaat in de richting van de casusorganisatie.
In de bureaucratische regelorganisatie was er echter geen georganiseerd matchingsproces. Het werk werd toegedeeld door de chef. De bureaucratische methode gaf individuele medewerkers een recht op bepaalde taken. In een bureaucratie hoefden medewerkers niet intern te werven voor hun werkaanbod. Verandering van taken of leidinggevende kon alleen door reorganisatie of verandering van functie. Voor het tijdelijk verrichten van taken voor een andere afdeling moest een detacheringsovereenkomst worden opgesteld.

Een keerzijde van die medaille is dat de bureaucratische organisatie meer zekerheid geeft aan medewerkers. Vergaande flexibilisering is bekritiseerd omdat zij de verhoudingen los en zakelijk kan maken. Als banen worden vervangen door tijdelijke klussen, ontstaat een vluchtigheid, met het risico dat organisatiewaarden als trouw, betrokkenheid en vertrouwen verloren gaan (Sennett, 1998, p. 23). Dit debat raakt echter meer aan flexwerk op basis van tijdelijke of uitzendcontracten. Het werk in de casusorganisatie doet een beroep op de individuele kwaliteiten en is daarom minder vervreemdend dan in de bureaucratie. Bovendien, voor medewerkers die meerjarig voor één overheidsorganisatie werken, is er, ondanks wisselende opdrachten, wel gelegenheid om binding aan te gaan. Vooral als zij binnen die organisatie een vaste thuisbasis hebben. Dat is dan ook een belangrijk aandachtspunt in casusorganisaties.

7. Structuur volgt de inhoud ... niet meer
(Structuur als thuisbasis in plaats van de lijnstructuur als koker voor de werkprocessen)

In de casusorganisatie is de functie van afdelingsverbanden sterk veranderend. De casusorganisatie kent steeds variërende werkprocessen, die zich niet storen aan de grenzen tussen afdelingen. Een dossier gaat niet meer van afdeling naar afdeling. Het organogram van de organisatie is dus niet meer een gestolde afdruk van het werkproces.

Grotere organisaties behouden doorgaans wel een structuur met 'afdelingen' (met allerlei benamingen), maar die afdelingen dienen primair als thuisbasis voor het onderhouden van de competenties die de organisatie nodig heeft. Het ligt daarom voor de hand om een indeling te kiezen op basis van expertisevelden. Sommige organisaties kiezen voor een grote reorganisatie om relevante expertises bijeen te brengen. Soms sluiten organisaties daarvoor aan bij de indeling in traditionele beleidsvelden, die vaak al bestaat en die voor een groot deel samenvalt met een indeling in vakdisciplines.

In de casusorganisatie gaat het niet om de structuur maar om de eerder beschreven rolverdeling tussen behandelaar, ambtelijk opdrachtgever, bestuurlijk opdrachtgever en toeleveraars. Die rolverdeling geldt in de casusorganisatie voor al het werk. Het is misleidend om op dit punt een principieel onderscheid te maken tussen enerzijds regulier werk, dat min of meer bureaucratisch zou kunnen worden uitgevoerd, en anderzijds de grote maatschappelijke opgaven, die wel casuïstisch worden georganiseerd.

Bij 'regulier werk' wordt vaak gedacht aan bedrijfsprocessen en enkelvoudige vergunningsprocessen, uitkeringen of subsidies, klantcontacten of het onderhoud van publieke domeinen (wegen, gebouwen, natuur, enzovoort). In hoofdstuk 1 heb ik betoogd dat ook dit soort taken steeds minder routinematig wordt afgedaan. In die zin geldt het belang van casusorganiseren voor alle taken en staat het los van de organisatiestructuur.

Een relevant verschil is wel dat in meer eenvoudige of gestandaardiseerde werkprocessen relatief minder interactie plaatsvindt, minder interpretatieruimte gebruikt wordt en de personele samenstelling minder vaak wisselt. Om die reden wordt in veel organisaties wel een onderscheid gemaakt tussen primair reguliere werkprocessen en meer projectmatige, geprofessionaliseerde en/of interactieve processen. Verhoudingsgewijs komen de kenmerken van de casusorganisatie in de laatste typen werkprocessen sterker naar voren.

In de casusorganisatie is de organisatiestructuur niet meer bepalend voor de werkverdeling. De structuur is daardoor ook niet meer maatgevend voor de prioritering van middelen in de organisatie. Als een bepaalde afdeling een bepaalde formatieve omvang heeft, dan betekent dat niet meer automatisch dat er dus die hoeveelheid ambtelijke capaciteit in dat onderwerp wordt gestoken. Dit feit betekent dat er de mogelijkheid is, en tegelijk de noodzaak, om het werk te programmeren (zie omkering 8): als de organisatiestructuur niet meer bepaalt hoe het werk wordt verdeeld en hoeveel capaciteit daarvoor beschikbaar is, zal er een ander mechanisme moeten zijn om dat te bepalen (zie ook Van Lier, 2001).

In de tayloriaanse denkwereld zou dat programmeren een taak zijn voor een centraal planningsbureau, als staforgaan direct onder de top. In de praktijk van de casusorganisatie is de programmeertaak vaak belegd bij het gezamenlijke lijnmanagement, inhoudelijk ondersteund vanuit diverse expertises. Als de lijnmanagers zelf organisatiebreed programmeren, dan kunnen en moeten zij de spanningen hanteren die onvermijdelijk samenhangen met prioritering en koersbepaling.

Afdelingsoverstijgende opdrachten worden geprogrammeerd in onderlinge afstemming tussen managers op concernniveau, als een collectieve verantwoordelijkheid. In die gevallen is het lijnmanagement de bron waaruit opdrachten ontstaan. Als een opdracht is afgerond, landt de verantwoordelijkheid voor het resultaat ook weer in een bepaalde afdeling, die op die manier zorg draagt voor continuïteit in de organisatie.

Er zijn ook organisaties die proberen zo veel mogelijk werk onder te brengen in 'programma's', die losstaan van de afdelingsstructuur. De aansturing van die programma's ligt dan bij een centrale directie of in een meer collectief programmeringsproces. Soms wordt dit gecombineerd met een streven om zo veel mogelijk capaciteit in een centrale 'pool' onder te brengen en zodoende de lijnstructuur als het ware op te heffen.

De meeste organisaties houden echter een groot deel van het 'reguliere werk' binnen het verband van afdelingen. Het gaat dan vooral om van jaar tot jaar relatief constante taken, die weinig afdelingsoverstijgende of externe afstemming vragen. Door dat deel van het werk binnen afdelingen te organiseren wordt vermeden dat er een centralisatie ontstaat van de sturing op relatief eenvoudige taken. Een andere reden is dat er een vraagstuk van continuïteit en kennismanagement ontstaat als je alleen maar tijdelijke programma's hebt.

Juist in casusorganisaties is het onderhoud van kennis, ervaring en professionaliteit belangrijk. Die kennis wordt immers niet geformaliseerd in regels en instructies. Uitgangspunt is dat regels, procedures en (geautomatiseerde) informatiesystemen niet in staat zijn om de professionaliteit te ontsluiten die zo belangrijk is voor de kwaliteit van de oordeelsvorming. Het collectief geheugen van organisaties zit in de leerervaringen van professionals en de routines van de organisatie. Sommigen zien organisaties zelfs in de eerste plaats als een bundeling van kennis, vaardigheden en normen, opgebouwd uit gemeenschappelijke ervaring in het verleden (Dewey, 1922, p. 21; Ansell, 2011, p. 17).

Vanuit zulke overwegingen besteden veel flexibiliserende organisaties extra aandacht aan het onderhouden van de 'thuisbasis', waar medewerkers hun inhoudelijke kennis delen. Vaak kiest men dan bewust voor het combineren van regulier en flexibel werk binnen afdelingen. In zo'n geïntegreerde structuur wordt de flexibel inzetbare capaciteit niet afgezonderd in een aparte pool. Alle medewerkers worden beschouwd als lid van een organisatiebrede pool van overal inzetbare medewerkers. De 'aanstelling in algemene dienst' wordt gematerialiseerd doordat iedereen aan tijdelijke klussen in de gehele organisatie kan werken. Zo'n geïntegreerde structuur maakt het mogelijk vlot met capaciteit te schuiven tussen regulier werk en flexibele opdrachten.

Anderzijds vraagt het van de managers een combinatie van denken op afdelingsniveau en op concernniveau. Dat vraagt gewenning, zeker als managers voortkomen uit een organisatie met sectorafdelingen. Uiteindelijk vraagt het ook een hoog rolbewustzijn en een hoge rolvaardigheid van die managers. Ze moeten (net als de casisten) meervoudige afwegingen kunnen maken. Zij moeten kunnen schakelen tussen verschillende rollen en daarbij bureaupolitieke belangen ontstijgen ten gunste van het denken op concernniveau.

Bureaupolitiek bestaat vaak uit het inbrengen van een inhoudelijk argument met de bedoeling om een institutioneel eigenbelang te verdedigen, zoals budgetten, autonomie, status of andere voorrechten voor de eigen organisatie/afdeling. Bureaupolitiek is dus gebaseerd op een wij-gevoel van een bepaalde eenheid tegenover andere spelers.

Dat dit afhangt van welke organisatie-eenheden in het proces vertegenwoordigd zijn, werd mooi geïllustreerd tijdens een onderzoek naar een mogelijke herindeling van de gemeenten Westervoort, Duiven, Zevenaar en Rijnwaarden, dat ik in 2014 mocht begeleiden.

Op momenten dat sommige deelnemers wel erg vanuit het belang van de eigen gemeenten leken te redeneren, vroeg ik wel eens plagerig: 'Wat zou dit eigenlijk betekenen voor het belang van Angerlo?' Dan ontstond enige verwarring. Angerlo was twaalf jaar eerder heringedeeld met de gemeente Zevenaar. In dat proces werd toen voortdurend de vraag ingebracht: 'Wat betekent dit voor Angerlo?' In het nieuwe fusieproces zaten geen actoren meer namens Angerlo, maar alleen actoren namens de in 2004 samengevoegde gemeente Zevenaar. Daardoor werd er door niemand meer de vraag gesteld: 'Wat betekent dit voor Angerlo?'

Die observatie opende de vraag: stel dat het tot een herindeling komt, zouden de vragen die we nu zo belangrijk vinden, zoals: 'Wat betekent dit voor Rijnwaarden/Westervoort?', over tien jaar nog zo relevant zijn? In heringedeelde gebieden liggen uiteraard nog steeds maatschappelijke belangen. Als ze niet meer samenvallen met een institutionele speler, dan worden die belangen echter niet meer in een bureaupolitieke vorm ingebracht.

Dat besef maakt duidelijk dat het verdwijnen van institutionele rollen in het casuswerkproces ook de mate van bureaupolitiek terugdringt.

(Na de gemeenteraadsverkiezingen van 2015 werd het herindelingsinitiatief met een groot gebaar van tafel geveegd. Later dat jaar werd toch een fusieproces gestart tussen de gemeenten Rijnwaarden en Zevenaar. In 2016 namen Westervoort en Duiven het initiatief tot een ambtelijke fusie. Beide zijn per januari 2018 gerealiseerd.)

Zowel het splitsen van opdrachtgeverschap van lijnmanagement als het geïntegreerde model hebben voor- en nadelen; zoals gezegd ligt de essentie van casusorganiseren echter niet in een bepaalde structuur. Het gaat erom dat het werk georganiseerd wordt in opdrachten waarvoor een behandelend ambtenaar de verantwoordelijkheid draagt, met toelevering van collega's en externen en in afstemming met een ambtelijk en bestuurlijk opdrachtgever.

In de casusorganisatie is er ook voor reguliere taken een sturingsdriehoek. Als de eigen lijnchef de rol van ambtelijk opdrachtgever heeft, dan lijkt die driehoek optisch misschien op een rechte lijn van medewerker via chef naar portefeuillehouder. Pas als de ambtelijk opdrachtgever niet de eigen lijnchef is, wordt de driehoek optisch zichtbaar. Maar de rol van de ambtelijk opdrachtgever is in alle gevallen anders dan die van de klassieke lijnchef, die de verantwoordelijkheid voor het werk overnam.

Als de rol van ambtelijk opdrachtgever bij een ander ligt dan de eigen lijnchef, dan wordt zichtbaar dat het klassieke beginsel van 'eenheid van leiding' wordt doorbroken. Uit de periode van het projectmatig werken kennen we al het onderscheid tussen operationeel leidinggeven, functioneel leidinggeven en personeel leidinggeven. De eerste rol ligt bij de opdrachtgever. De tweede rol kan deels bij de opdrachtgever liggen en deels bij de chef van de thuisbasis. De derde rol ligt altijd in de thuisbasis.

Sommige organisaties splitsen de taak van personeel leidinggevende af van die van inhoudelijk leidinggevende/opdrachtgever. Dit heeft als voordeel dat de personeel leidinggevende zich kan concentreren op de HRM-aspecten, die zo niet ondersneeuwen onder inhoudelijk werk. Een nadeel is dat de coaching beperkt wordt door het ontbreken van een inhoudelijke relatie. Als de thuisbasis louter een capaciteitspool is, dan beperkt het personele leidinggeven zich tot algemene loopbaanaspecten. Het afsplitsen van de personele taak kan verzekeren dat hiervoor voldoende aandacht is. De spanning tussen medewerkersbelang en organisatiebelang wordt daarmee echter niet opgelost. Uiteindelijk gaat het niet om het splitsen, maar om het verenigen van uiteenlopende invalshoeken. Een inhoudelijke relatie is er wel als de thuisbasis functioneert als expertisecentrum. Op die basis kan de lijnchef functioneel leidinggeven combineren met personeel leidinggeven.

In alle gevallen is de personele begeleiding in de casusorganisatie belangrijker dan in de klassieke bureaucratie. De klassiek bureaucratische chef beperkte zich tot inhoudelijke supervisie, in het gunstige geval opgewerkt tot een leermeester-gezelverhouding. In de casusorganisatie moeten medewerkers in positie worden gebracht om inzetbaar te zijn op diverse klussen. Dat vraagt een permanente professionele ontwikkeling.

Primair is dat een eigen verantwoordelijkheid van de professional, maar de direct leidinggevende heeft hierin een coachende en faciliterende rol. Normaliter wisselt een medewerker op gezette tijden van opdracht en dus van inhoudelijk opdrachtgever. De positionering in de thuisbasis blijft normaal gesproken langer constant, inclusief de relatie met de personele chef.

We zien dus variatie in de mate waarin de vrij inzetbare capaciteit binnen de structuur al of niet wordt geconcentreerd. De kern van casusorganiseren ligt echter niet bij die ontwerpvraag. Het gaat erom dat het flexibel formeren van opgaveteams over afdelingsgrenzen heen geen uitzondering is, maar het vaste patroon. Zodat de structuur niet meer het reguliere werkproces fixeert en dus ook niet meer hoeft te worden aangepast aan veranderende processen of prioriteiten.

Dit staat tegenover de klassieke bureaucratische regelorganisatie, die gekenmerkt werd door een vaste toedeling van 'Kompetenzen' (Weber, 1920/2009, p. 11). Daarin waren taken en bevoegdheden het 'eigendom' van een bepaalde afdeling. De taken mochten alleen door die afdeling worden uitgevoerd.

De structuur was daarmee ook een uitdrukking van inhoudelijke verbanden. Inhoudelijke stellingnames vielen onder het gezag van de leiding van de afdeling. Er werd gesproken over 'het standpunt van afdeling A' en gevraagd: 'Is afdeling B al gekend in dit voorstel?' Medewerkers werden geacht zich uit te spreken in de lijn van het afdelingsstandpunt, dat uiteindelijk door het afdelingshoofd wordt bepaald. Zodoende kon er ook sprake zijn van 'een meningsverschil tussen afdelingen C en D'.

In die context leidde een verandering in de organisatiestructuur automatisch tot andere beleidsinhoudelijke accenten. Het bijeenbrengen van de beleidsvelden mobiliteit en milieu in één afdeling (of één ministerie) betekent dan nauwere afstemming tussen juist die twee beleidsvelden. Dit zorgt ervoor dat de organisatie-indeling een politiek relevant vraagstuk was.
In de klassieke bureaucratie lag ook de prioritering vast in de structuur. Elke afdeling had namelijk een in de begroting vastgelegde formatieomvang. Met de werklast werd in principe niet geschoven tussen afdelingen. Er werd uitgegaan van een objectieve bepaling van de werklast en de bijbehorende formatieomvang. Net als in het bedrijfsleven, waar de term 'reorganisatie' doorgaans een eufemisme is voor bezuinigingen, ziet de klassieke bureaucratie het veranderen

van de formatieomvang als een inhoudelijke reorganisatie, inclusief adviesplicht voor de ondernemingsraad.

Met andere woorden: prioriteiten werden niet gesteld door het programmeren van opdrachten, maar door verschuivingen in de inputsturing: welk beleidsveld krijgt hoeveel capaciteit? Dat ook dit tot politiek-inhoudelijke vragen leidt, werd recent nog geïllustreerd door de publiciteit over de reorganisatie bij het ministerie van Binnenlandse Zaken en Koninkrijksrelaties: volgens die berichten werden nieuwe prioriteiten gesteld door afdelingen te verkleinen of samen te voegen (*Binnenlands Bestuur*, 24 maart 2016).

Over de effecten van de indeling van de lijnstructuur zijn bibliotheken vol geschreven. Kernprincipe is dat afstemming *binnen* afdelingen sneller en intensiever is dan *tussen* afdelingen (Mintzberg, 1979). Zo bevordert een functionele indeling vakinhoudelijke specialisatie. Dat gaat ten koste van de vraaggerichtheid. Een klant- of gebiedsgerichte indeling bevordert juist de afstemming op de specifieke doelgroep. Ditmaal ten koste van de beleidsmatige uniformiteit.

Dit mechanisme leidt tot een permanente strategische zoektocht. Als omstandigheden veranderden, koos men voor een aanpassing van de lijnstructuur, om voorrang te kunnen geven aan een nieuw geprioriteerde samenhang. Vandaar de uitdrukking 'Structure follows strategy' (Chandler, 1962): verandering van inhoud vraagt een aanpassing van de organisatiestructuur.

Het gevolg was dat er in de loop der tijd een reeks structuurtrends ontstond: van het secretarie-dienstenmodel tot het concern-/afdelingenmodel en het gekantelde klantgerichte 'burgerlogica'-model (Hiemstra & Boelens, 2002).

In Doetinchem werd in 2002 gekozen voor een 'kanteling' van de structuur, van een sectoraal ingedeelde organisatie naar een gekantelde indeling op basis van klantprocessen: Publiekszaken, Wijkzaken en Stadszaken (stedelijk beleid). In navolging van pionierssteden als Tilburg en Zaanstad ging deze beweging het eerste decennium van de 21ste eeuw als een golf door gemeentelijk Nederland.

Dit type kanteling rustte op het idee van de vraaggerichte organisatie, een concept dat via klantgerichtheid wortels had in de bedrijfsmatige benadering van het New Public Management. Als nieuw benoemde gemeentesecretaris was mijn opdracht deze kanteling te implementeren. In de gemeenteraad heerste de mening 'dat je hier niet tegen kon zijn'. Dat kon natuurlijk wel, sterker nog, het principe van vraaggerichtheid staat dwars op het bureaucratische model. Maar vraaggerichtheid klinkt prettig en kennelijk gold het in die periode als vanzelfsprekend.

Inmiddels wordt in casusorganisaties gesproken over 'opgavegericht' in plaats van 'vraaggericht'. Beide termen hebben gemeen dat ze staan tegenover de regelgerichtheid van de klassieke bureaucratie en de resultaat- of doelgerichtheid van de 'presterende overheid'. Die laatste benaderingen kijken vanuit de overheid als besliscentrum naar de te besturen omgeving. Met termen als vraaggericht, probleemgericht en opgavegericht kijk je juist vanuit de omgeving naar de overheid. De term 'opgavegericht' wordt vaak gekozen omdat deze insluit dat een 'opgave' moet worden gedefinieerd, in een wederkerigheid tussen overheid en omgeving. Hierdoor neem je afstand van een associatie die vaak opkomt bij het begrip 'vraaggericht', namelijk dat de klant koning zou zijn.

De kantelingen naar een vraaggerichte structuur waren vooralsnog de laatste trendmatige poging om de werkprocessen te vangen in de organisatiestructuur. In de moderne casusorganisatie zijn publiekszaken echter dagelijks verbonden met wijkzaken en zijn uitvoering en beleid niet meer te scheiden. In Doetinchem leidde dit al binnen enkele jaren tot het opheffen van de eenheid Stadszaken. Een beweging die in veel organisaties met een gekanteld model is terug te zien.

De omgeving van organisaties is tegenwoordig zo complex en de snelheid van strategieaanpassingen zo hoog dat dit met logge processen van structuurverandering niet is bij te benen. Het passende antwoord hierop is de vloeiende inzet van capaciteit over vlot te programmeren tijdelijke opgaven. De structuur van de casusorganisatie weerspiegelt niet de werkprocessen maar de aanwezige competenties. Casusorganisaties hoeven dus niet te reorganiseren om inhoud of prioriteiten aan te passen. 'Structure follows strategy' is een achterhaalde uitdrukking geworden. De actuele stelling is: 'De structuur volgt de inhoud ... niet meer!'

Management

8. *Programmeren als centrale managementtaak*
(in plaats van management als meewerkend voorman en belangen-
behartiger)

In de casusorganisatie is 'programmeren' de kerntaak van het management. Het werk is georganiseerd in opdrachten. Sturing van de organisatie is in de eerste plaats het formuleren van de strekking ('scope'), de prioriteit en de randvoorwaarden van opdrachten. Hierin wordt tevens een relatie gelegd met andere werkzaamheden: Wat heeft voorrang? In welke volgorde worden klussen opgepakt, en wat wordt al of niet met elkaar in verband gebracht?
Programmeren is een strategische activiteit. Het bepaalt waar de organisatie mee bezig is. De afbakening van de scope heeft grote inhoudelijke betekenis. Als een vraagstuk, bijvoorbeeld bodemdaling, wordt opgepakt in het kader van het thema waterveiligheid, dan ontstaat er een andere benadering, een ander veld van betrokkenen, en dus een andere uitkomst dan wanneer het onderwerp bodemdaling onderdeel uitmaakt van natuurbeleid, van verstedelijking of van herstructurering van de landbouw.

Een goede scope bevat een aantal ingrediënten: een omschrijving van het maatschappelijk vraagstuk (de opgave), een formulering van de ambitie/het belang van de eigen organisatie c.q. het eigen bestuur, een aanduiding van de inhoudelijke relaties met aanpalende vraagstukken en duiding van relevante te betrekken actoren.
In een opdrachtformulering wordt daar vaak een aanduiding aan toegevoegd van de benodigde capaciteit, overige middelen en het beoogde tijdpad (Kor & Wijnen, 2005).

Bij de provincie Zuid-Holland is in 2016 door de betrokken managers gezamenlijk een veertiental 'concernopgaven' geprogrammeerd. Dat waren opgaven met een zodanig strategisch en afdelingsoverstijgend karakter dat ze zijn aangemerkt als een gezamenlijke verantwoordelijkheid. Het ging om zeven inhoudelijke opgaven, zoals Energietransitie en Verstedelijking, vijf procesopgaven, zoals Gebiedsgericht werken, en twee intern organisatorische opgaven, namelijk Kwaliteitsverbetering en Informatiegebruik ('Public Intelligence'). Voor deze opgaven zijn vanuit deze managementgroep ambtelijk opdrachtgevers benoemd. Via een open proces zijn behandelend ambtenaren gematcht en teams samengesteld. De matching is gedaan op basis van competenties, zonder te letten op wat de afdeling van herkomst ('thuisbasis') van betrokkenen was. De capaciteit is door alle afdelingen zonder vergoeding ter beschikking gesteld, als een prioriteit in ieders afdelingsplan.

Voor de concernopgaven zijn opdrachten opgesteld met een integrale scope, die besproken is in het college van Gedeputeerde Staten. De concernopgaven zijn regelmatig inhoudelijk besproken aan de Beleidstafel en in de collegevergaderingen.

In totaal omvatten deze concernopgaven ongeveer 10 procent van de capaciteit van de betrokken afdelingen. Sommige afdelingen hadden beduidend meer capaciteit geleverd dan andere, maar de betrokken managers vonden een verrekening of compensatie niet nodig, gezien het concept van 'concernopgaven'.

Naast de concernopgaven zijn de overige werkzaamheden geprogrammeerd door de afdelings-MT's, inclusief de afdelingsoverstijgende aspecten. De grens tussen gezamenlijk programmeren en programmeren vanuit de afdelingen wordt in verschillende organisaties verschillend gelegd en ontwikkelt zich ook in de loop van de tijd. Bij de provincie Zuid-Holland wordt een uitbreiding naar ongeveer 25% van de arbeidscapaciteit overwogen.

Programmeren gaat vooraf aan de werktoedeling en matching van capaciteit. Het is een organisatiebrede activiteit. Het is dus een taak voor een forum van het verzamelde management, met ondersteuning door inhoudelijk experts. Zo'n forum van programmerende managers wijst voor elke opdracht een opdrachtgever aan, die namens het collectief zorg draagt voor de uitvoering van de opdracht, vanuit commitment aan de gezamenlijk bepaalde scope. Dit betekent ook dat een opdrachtgeverschap wordt uitgeoefend namens het geheel van de organisatie.

Wat er kan gebeuren als managers niet vanuit een gedeelde verantwoordelijkheid denken, zag ik in 2009 bij de provincie Utrecht. Provinciale Staten hadden een miljoenenbedrag vrijgemaakt voor een programma over klimaatadaptatie. Omdat er geen organisatiebreed matchingsmechanisme was, moest de programmaleider capaciteit zien los te weken bij de verschillende beleidssectoren.

Sommige afdelingshoofden hielden vol dat hun werkplan niet voorzag in capaciteit voor dit onderwerp, ondanks de politieke urgentie en de overduidelijke inhoudelijke relatie (bijvoorbeeld water of ruimtelijke ordening). De nieuwe vraag werd (ook om bureaupolitieke redenen) niet geprioriteerd in de bestaande formatie. Er werd op gespeculeerd dat de programmaleider geen andere mogelijkheid zou zien dan de benodigde capaciteit en expertise 'in te huren' bij die afdelingen. Dat gebeurde ook.

Het nettogevolg hiervan was dat middelen die de politiek prioritair had bestemd voor klimaatadaptatie werden besteed aan compensatie voor inzet van eigen personeel. Die middelen werden dus in feite gebruikt om eigen (reguliere) taken te bemensen. Taken die niet geprioriteerd waren en in principe al gefinancierd in de staande begroting.

In de casusorganisatie hoort een concernbreed mechanisme waarin het management op basis van politieke signalen prioriteiten stelt en daarvoor dan ook capaciteit beschikbaar stelt.

In vrijwel alle gemeentelijke en provinciale organisaties zijn MT's en directies formeel slechts overlegorganen. Ze hebben in de formele organisatieregelingen doorgaans geen eigenstandige bevoegdheden. Ze functioneren onder het gezag van de (algemeen) directeur die het overleg voorzit. Maar in de praktijk kregen zij wekelijks tal van besluiten voorgelegd, zoals het 'vaststellen' van een notitie, het 'verlenen' van een opdracht, of het 'toekennen' van middelen. In de beleving zijn dat besluiten van het orgaan als zodanig. Het wordt gezien als collectieve besluiten, doorgaans op basis van consensus, waarbij eenieder wel aanvoelt dat de leden zich aanpassen aan elkaar, niet in de laatste plaats aan het gezag van de voorzitter, die hiërarchisch eindverantwoordelijk is.

In de casusorganisatie wordt juist gewerkt vanuit de individuele verantwoordelijkheid van de leden van een directie of managementteam. Zij leveren hun bevoegdheden als ambtelijk opdrachtgever of verantwoordelijke voor bepaalde lijnafdelingen niet in bij het overleg, maar gebruiken die juist in de afstemming.

Het programmeren van klussen is hierop een uitzondering. De verdeling van lijnverantwoordelijkheden staat immers niet meer op voorhand vast. Een ambtelijk opdrachtgever en behandelend ambtenaar ontstaan pas nadat er een opdracht is geformuleerd. De keuze van die opdrachten en het formuleren van de scope zijn bij uitstek een collectieve verantwoordelijkheid. Dat geldt meestal ook voor de Planning & Control-producten (begroting, voorjaarsnota, rekening, concernjaarplan, enzovoort). Die worden doorgaans op ambtelijk niveau vastgesteld door een directieteam en vanuit dat collectief aangeboden aan het college.

In de casusorganisatie zijn opdrachtgeverschappen vaak meer bepalend voor het gewicht van een managementrol dan iemands lijnverantwoordelijkheden. De casusorganisatie kent dan ook een duale loopbaanoriëntatie. Naast een managerial loopbaan is er ook een loopbaanpad op basis van projectmatige kwaliteiten en/ of inhoudelijke expertise. Voorbij is de praktijk dat je begon in de uitvoering, kon 'promoveren' naar beleid als je goed was en naar management als je heel goed was (Hartman en Tops, 2005, 19). Het is niet meer zo dat hogere salarisschalen zijn voorbehouden aan lijnmanagementfuncties. Beleidsfuncties hebben niet meer aanzien dan projectfuncties. Het opdrachtgeverschap of trekkerschap van bepaalde projecten wordt niet minder gewaardeerd dan lijnfuncties. Leidinggeven in lijn of project-context kan ook met elkaar worden afgewisseld.

Een goede opdrachtverlening strekt zich ook uit tot een verantwoording en evaluatie. De beste gelegenheid om te leren en conclusies te trekken voor volgende zaken is na afronding van de opdracht. De casusorganisatie ontwikkelt haar strategie en beleid immers al doende aan de hand van concrete ervaringen. In de casusorganisatie besteedt het management de meeste tijd dus niet gaandeweg de opdrachten, maar voordat ze van start gaan en nadat ze zijn afgerond.

Dit staat tegenover de klassiek bureaucratische regelorganisatie, waarin inhoudelijke 'Kompetenzen' in de lijnstructuur waren ingebouwd. Een bureaucratie deelt een complexe zaak op in deelcompetenties. Klassiek moest een bedrijf of burger dan ook zelf meerdere vergunningen aanvragen, bij meerdere loketten, met meerdere formulieren. De taaktoedeling daalde af langs het hiërarchische trappetje en het resultaat werd keurig via het hiërarchische trappetje opgeleverd. Er vond nauwelijks expliciete prioritering plaats, maar belangrijker nog: er werden in principe geen richtingen of randvoorwaarden aan de klus meegegeven. Uitgangspunt was dat de doelen en belangen van de organisatie waren verwoord in de geldende regelgeving. Bovendien was er nauwelijks beleidsvrijheid. Om die redenen was er dus ook geen aanleiding om in een opdracht inhoudelijke kaders mee te geven. In een bureaucratie was het bepalen van de scope van opdrachten geen expliciete activiteit. De laatste decennia werden er onder invloed van het projectmatig werken wel geregeld opdrachtformuleringen opgesteld. Maar dat gebeurde typisch nadat de werktoedeling al had plaatsgevonden. De opdrachtformulering was dan eerder een aanzet tot een plan van aanpak dan een wezenlijke programmeringsvraag. Waar geen beleidsvrijheid is, heeft inhoudelijke programmering weinig zin. Als de werktoedeling vastligt in de 'Kompetenzen'-structuur en de aanpak in procedures is voorgeschreven, dan is het aannemen van werk een formaliteit.

Een typerend gevolg hiervan was wel dat werkvoorraden ongelimiteerd konden oplopen. Als er geen dwingende termijnbepalingen waren, stond er in de cultuur van de bureaucratie niets in de weg om maanden of zelfs jaren te doen over de afhandeling van een aanvraag. Op dit moment zien we dat nog terug bij rechterlijke procedures, maar in de bestuurlijke kolom wordt dat in termen van dienstverlening niet meer aanvaardbaar geacht.

Vanaf de jaren tachtig is er wel veel energie gestoken in de Planning en Control-cyclus van overheidsorganisaties. De bron daarvan was niet de klassieke bureaucratie, maar het bedrijfsmatig denken, vooral onder invloed van het New Public Management (zie paragraaf 3.3). Heel inhoudelijk zijn die processen zelden geworden. In de praktijk gaat het vooral om het verdelen van extra middelen of bezuinigingen over bestaande afdelingen en soms om expliciet benoemde politieke prioriteiten.

9. Management als toeleveraar
(in plaats van management als sluis in besluitvormingsprocedures)

In het casuswerkproces heeft het management, na het verstrekken van de opdracht, in de eerste plaats de positie van toeleveraar. Het komt immers voor dat leidinggevenden ook tijdens de uitvoering van een klus nog bijdragen kunnen leveren. Leidinggevenden hebben doorgaans veel kennis en ervaring. Bovendien horen en zien zij, juist vanuit hun positie, allerlei dingen die relevant kunnen zijn voor de opdracht. Leidinggevenden hebben ook toegevoegde waarde omdat ze vanuit een ander perspectief kijken, namelijk dat van de hele afdeling of directie.

Het casuswerkproces houdt in dat na het verstrekken van de opdracht de behandelaar verantwoordelijk is. Het houdt niet in dat er lopende de klus geen contact zou zijn met het management. Managers kunnen waardevolle bijdragen leveren door suggesties, tips en waarschuwingen op basis van hun kennis, ervaring en overzicht. Slimme medewerkers vragen daar actief naar, net zoals zij de mening van betrokken bestuurders inwinnen.

Managers hebben een eigen specifiek perspectief, van waaruit zij een gezaghebbende bijdrage kunnen leveren aan elk dossier. Managers specialiseren zich op de bredere strategische doelen en de waarden van de organisatie. Heen en weer schakelen tussen dat perspectief en de omstandigheden van een concrete casus helpt bij het vinden van oplossingen en passende oordelen. Directe communicatie tussen het management en de *street-level*-casisten kan in dit opzicht grote toegevoegde waarde hebben (Ansell, 2011, p. 17). Follett sprak in dit verband al voor de Tweede Wereldoorlog over het 'gezag van expertise' en 'wederkerig relationeel gezag' binnen hiërarchische verhoudingen (Follett, 1927).

Managers kunnen dus vanuit meerdere kwaliteiten zinvolle bijdragen leveren. Waar het in de casusorganisatie om gaat, is dat managers zich bewust blijven van hun eigen positie en hun eigen toegevoegde waarde. In de casusorganisatie nemen managers niet de rol en positie van de behandelaar over, ook niet in gedachten.

In de casusorganisatie zijn de inhoudelijke bijdragen van bestuurders en leidinggevenden tijdens het proces slechts *een* bijdrage, naast allerlei andere bijdragen. De verantwoordelijkheid om die uiteenlopende soorten input goed af te wegen ligt bij de behandelend ambtenaar, in afstemming met zijn ambtelijk en bestuurlijk opdrachtgever.

Ooit schreef een medewerker van mijn afdeling onder zijn voorstel: 'Het afdelingshoofd heeft een afwijkend standpunt, namelijk ...' Hij deed dat in haast, omdat de deadline hem geen tijd meer liet om het stuk aan te passen aan de inbreng die ik hem geleverd had.

Op dat moment (1999) werd ik daar boos over en zei tegen hem: 'Mijn standpunt is het afdelingsstandpunt en dus per definitie geen afwijkend standpunt.'
Veel lijnchefs zouden het vandaag de dag nog met die uitspraak eens zijn.
Maar tegenwoordig denk ik juist het tegenovergestelde. Ik laat een behandelaar altijd de ruimte om zelf mijn inbreng af te wegen, zeker als ik niet de opdrachtgever ben.
Als casist breng je niet het standpunt in van je afdeling of je werkgroep, maar je eigen persoonlijk professionele advies. Als er in het

proces andere overwegingen zijn ingebracht, dan verwoord je die in je advies. Het gaat dan om de overweging zelf en niet zozeer om wie welk standpunt had. Je motiveert waarom je die overweging niet volgt.

Uiteraard is het motief 'Ik had geen tijd meer om het aan te passen' dan niet altijd een overtuigend argument ...

Het gewicht dat de behandelaar aan de input hecht, zal wel mede afhangen van wat de positie is van degene die iets inbrengt. Het is logisch dat het verschil uitmaakt of een opmerking komt van een bestuurder, van de opdrachtgever, van een andere leidinggevende of van een collega van een andere afdeling die misschien specifieke kennis heeft. Net zoals je tijdens een gebiedsproces meeweegt of een uitspraak gedaan wordt door een bewoner, een actiegroep of een wethouder. Als de eigenaar van een stuk grond bezwaren heeft tegen een nieuwe ontwikkeling, dan heeft dat een andere impact dan wanneer een buur diezelfde bezwaren uit. Vanuit dit gezichtspunt zal iedere casist de input van managers en bestuurders voldoende gewicht geven. In het bijzonder de input van de ambtelijk en bestuurlijk opdrachtgever, die in een volgende fase beslissen over de acceptatie van het resultaat.

Dat is niet een kwestie van strategisch machtsdenken: Waar kan ik betrokkene later nog tegenkomen? Is het slim om diegene tegen de haren in te strijken? Het is een logisch onderdeel van de inhoudelijke afweging. Elke input komt vanuit een bepaalde positie, kennis en verantwoordelijkheid. De opvatting van een bestuurlijke portefeuillehouder is extra van belang omdat hij of zij degene is die een beslissing publiekelijk zal moeten verdedigen, maar ook omdat de portefeuillehouder extra inzicht heeft in de relevante politieke omstandigheden.

Bijdragen moeten dus inhoudelijk worden afgewogen, rekening houdend met de positie van waaruit ze zijn ingebracht. Dit principe wordt ook in het bestuursrecht gehanteerd, bijvoorbeeld door onderscheid te maken tussen 'belanghebbenden' en overige personen. In juridische zin heeft de opvatting van een belanghebbende ook weer een andere status in de afweging dan het oordeel van een onafhankelijk deskundige. Een goede behandelaar weegt dat mee. Een goede behandelaar durft echter ook een andere conclusie te trekken dan zijn of haar opdrachtgevers op voorhand in gedachten hadden. Het gaat immers niet om standpunten, maar om achterliggende belangen, die op verschillende manieren kunnen worden gediend. De casist ontdekt in zijn of haar proces ook andere omstandigheden en factoren, die maken dat een andere dan de op voorhand verwachte oplossing gekozen zou moeten worden.

Overigens is ook binnen de casusorganisatie het toepassen van beslis- en afwegingsruimte gebaseerd op een mandaatverhouding. Bestuursrechtelijk blijft de eindverantwoordelijkheid altijd bij het bestuur liggen. Het bestuur kan een mandaat intrekken of overrulen. Dat kan ook worden gedaan door functionarissen in de hiërarchische lijn waarin het mandaat is doorgegeven, uiteindelijk in de aanwijzing van de casist en het aan hem of haar verlenen van het bijbehorende mandaat.

Dat is echter alleen in uitzonderingssituaties nodig. De casusorganisatie is, net als elke andere organisatie, afhankelijk van de taakvolwassenheid van haar medewerkers, managers en bestuurders. Daarvoor blijft uiteraard een zorgplicht bestaan bij de leidinggevende/opdrachtgever, die verantwoordelijk is voor de kwaliteit van het werk. In de casusorganisatie wordt die verantwoordelijkheid echter niet ingevuld door in het werkproces van station naar station controle op controle in te bouwen. In de casusorganisatie wordt die verantwoordelijkheid ingevuld op de sturingsmomenten die in het werkproces zijn ingebouwd: de opdrachtverlening, de input tijdens het proces, de acceptatie van het resultaat en de verantwoording achteraf (zie hoofdstuk 5 over sturing).

Als dat onvoldoende lijkt te zijn, komt als eerste de vraag aan de orde of de opdracht goed is geformuleerd en als tweede de vraag of de matching van de casist goed is geweest. Indien nodig blijft het altijd mogelijk om de opdracht aan te passen of in te trekken. Die veiligheidsklep blijft ook in de casusorganisatie aanwezig. Al treedt de opdrachtgever daarmee wel buiten de oevers van het normale casuswerkproces.

Normaal gesproken is de input van managers en bestuurders altijd van aanmerkelijk belang, maar is die nooit doorslaggevend alleen omdat de afzender manager of bestuurder is. Bij de casusorganisatie hoort dat de toeleveraars vertrouwen op het vermogen van de behandelaar om hun input het juiste gewicht te geven. Dit principe is eens te meer van belang sinds de opkomst van integraal werken.

Door de veelheid van betrokken belangen loopt de behandelaar vast als elke opmerking van iedere leidinggevende moet worden opgevat als een dienstorder of ten minste als een beleefdheidshalve niet te negeren aanwijzing. In de casusorganisatie blijft de casist zelfstandig verantwoordelijk voor de inhoud, samenhang en logica van zijn voorstel. De behandelaar heeft het recht en zelfs de plicht om uiteenlopende en mogelijk tegenstrijdige input af te wegen. In de relatie met de hiërarchie geldt dus hetzelfde principe als in de horizontale relatie met andere toeleveraars (zie omkering 3). Scherper gesteld: ook de input vanuit de hiërarchie is een horizontale toelevering. Horizontaal in die zin dat er in de fase tussen opdrachtverlening en acceptatie geen verplichtend karakter aan deze input is verbonden.

Dit staat tegenover de praktijk in de klassieke regelbureaucratie, waarin de mening van een hogergeplaatste per definitie voorrang had boven de mening van de behandelaar. Een voorstel werd langs de stations in de lijn gevoerd. Elk station in die lijn voelde zich vrij om dat voorstel aan te passen naar eigen voorkeur. Sterker nog: elk station voelde het als een ambtsplicht om het voorstel om te buigen naar eigen overtuiging. In een bureaucratie werden verschillen van inzicht gezien als interpretatievragen en beslecht door escalatie in de hiërarchie. In plaats van 'managers' werd gesproken over 'leidinggevenden' of 'chefs'. Deze hadden het inhoudelijk primaat op hun domein.

In een klassieke bureaucratie ging het niet om het bespreken van een voorstel van een ander. Het ging principieel om het overnemen van de verantwoordelijkheid. Wat begon als een voorstel van een medewerker, moest een voorstel van de afdeling worden, daarna een voorstel van de directie en ten slotte een voorstel van 'de ambtelijke organisatie'. Het idee om respect te betonen aan het oordeel van de casist was in het klassiek bureaucratische systeem in het geheel niet aan de orde.

In bureaucratische verhoudingen paste het daarom ook niet dat een behandelaar opmerkingen uit het managementteam van zijn afdeling naast zich neer zou leggen. De praktijk was dat elke opmerking van hogergeplaatsten verwerkt werd in het stuk. De meeste behandelaars werden heel behendig in het verwerken van allerlei soorten opmerkingen in hun teksten. Met als directe kostprijs dat ambtelijke stukken langer werden en vaag of ambigu, om zo uiteenlopende opvattingen te accommoderen. De meer principiële kostprijs was dat de behandelend ambtenaar werd onteigend. De casist was geen eigenaar meer van zijn voorstel, maar een soort verslaglegger die de inbreng van diverse gremia en diverse functionarissen optekent en verwerkt in zijn notitie. In de casusorganisatie ligt dit anders. De behandelaar blijft gedurende het gehele proces eigenaar van het onderwerp en dus ook zelf verantwoordelijk voor het voorstel.

Sturing en verantwoording

10. Sturen rond het werkproces
(in plaats van sturen in het werkproces)

In het casuswerkproces ligt de regie bij de casist. De casist is een professional die mandaat heeft gekregen. Het kan een vakinhoudelijke professional zijn, die de inhoud van de casus goed kan overzien en op basis daarvan zijn of haar afweging maakt. In de meeste casussen zijn er echter meerdere inhoudelijke vakdisciplines aan de orde en beschikt de casist niet zelf over alle relevante kennis. Toch is de casist een professional, in die zin dat hij of zij de afweging maakt vanuit de inhoud van de opgave die aan de orde is. De term 'professional' betekent hier dat diegene handelt vanuit de inhoud van de casus en niet vanuit politiek-maatschappelijke of organisatorische overwegingen.

De Bruijn stelt dat er altijd een spanning zal zijn tussen professionals en managers. Ze vertegenwoordigen verschillende denkwerelden en zijn daarin elkaars 'countervailing power' (De Bruijn, 2011, p. 3). In de premoderne tijd werd het meeste werk verricht als zelfstandig ambacht. Met de opkomst van de moderne organisatie werd de vrijheid van die ambtsuitoefening steeds meer ingeperkt door regels en toezicht. Een van de redenen daarvoor was dat er ook andere dan professionele belangen tot uitdrukking moeten worden gebracht. Politiek-maatschappelijke en organisatorische overwegingen kunnen vragen om andere keuzes dan de professional uit zichzelf zou maken. Zodra een ambacht onderdeel wordt van een (politieke) organisatie is er een noodzaak om de uitoefening van het ambacht af en toe bij te sturen.

De Bruijn laat zien dat de inperking van professionele vrijheid daarnaast ook berust op een tragische miscommunicatie: als niet-professionals overzien managers niet wat het werk van de professionals bepaalt. Zij weten niet welke impliciete kennis en ervaring dat werk sturen. Managers streven naar explicitering van die professionele kennis, omdat zij daarmee hun managementverantwoordelijkheid waar kunnen maken. Omdat ze de inhoudelijk substantiële principes van het vak niet onder de knie hebben, grijpen ze daarbij vaak terug op procedures en expliciete criteria. De professional ervaart het expliciteren van procedures en criteria echter niet als een kwaliteitsverbetering. Elk protocol is per definitie een versimpeling van de kennis en de ervaring die de professionals toepassen. De 'regels van de kunst' zijn voor de professionals zelf al moeilijk te expliciteren. Stradivarius was niet in staat om zijn vaardigheid over te dragen aan zijn medewerkers (Sennett, 2008, p. 74). De 'kneepjes van het vak' laten zich zeker niet reduceren tot een setje meetbare voorschriften. Voorschriften die vervolgens door managers kunnen worden opgenomen in protocollen en waarover gestandaardiseerde verantwoording kan worden afgelegd. Protocollering en rapportering missen altijd de essentie en het kost bovendien veel tijd, die afgaat van de tijd voor het eigenlijke werk (De Bruijn, 2011, p. 11). Professionals ontwikkelen daarom strategieën om de druk van managementcontrol te ondervangen (Noordegraaf & Steijn, 2013).

In de casusorganisatie wordt de integriteit van het eigenlijke werkproces weer zo veel mogelijk hersteld. Er is wel sturing van politiek en organisatie, maar die sturing is niet gericht op het doorgronden, systematiseren en protocolleren van het professionele werk. De sturing is gericht op het inbrengen van de relevante politieke en organisatorische belangen als ingrediënt in de professionele afweging. Management en bestuur richten zich niet op het sturen van het werk zelf, maar op het toevoegen van extra ingrediënten, die in de afweging meegaan met alle andere omstandigheden in de casus.

Het benoemen van politieke en managerial sturing als 'een ingrediënt' in de afweging betekent niet dat politieke en managerial sturing geen zwaarwegende invloed zou hebben. Zo kan een motie waarin is bepaald dat subsidieontvangers bepaalde duurzaamheidsaspecten in acht moeten nemen of geen salarissen boven de 'balkenendenorm' mogen betalen, een ingrediënt van politieke sturing zijn. De casist zal meewegen dat zo'n motie, zeker als die recent is en breed gedragen, de kans op een daarvan afwijkend subsidiebesluit minimaal maakt. Of, in een ander voorbeeld: als het management voor een bepaalde opgave een beperkte tijdsinzet beschikbaar stelt, dan kan dat een dominante invloed hebben op de afweging in de casus. In beide voorbeelden is het niet zo dat de (be)stuurders de beslissing overnemen. De professional behoudt het mandaat en de verantwoordelijkheid om de beste oplossing te zoeken, maar hij of zij houdt daarbij rekening met de politieke en managerial ingrediënten, net zo goed als met andere feitelijke omstandigheden in de casus.

In praktische zin betekent dit dat de casist altijd de mogelijkheid heeft om een voorstel voor te leggen dat afwijkt van de politieke of managerial sturingsinput. Het principiële punt is dat de politieke en managerial sturing niet in het werkproces plaatsvinden, maar 'ernaast'. Letterlijk betekent dit dat de sturing vooraf plaatsvindt, via de opdrachtverlening, achteraf, via de verantwoording, en als zijinput, uit de omgeving van het werkproces. In al die gevallen is sturing een contingente factor uit de omgeving van het werkproces. Een factor waar de casist (terdege) rekening mee houdt, maar die voor de casist 'van buiten' komt.

In het volgende hoofdstuk ga ik uitgebreider in op de sturingsmomenten in het casuswerkproces, zowel binnen als buiten de organisatie.

Om het karakter van deze omkering van de sturing te verhelderen wijs ik hier nog op het doorlopende, incrementele karakter van politieke en managerial sturing (Dewey, 1927; Lindblom, 1959; Ansell, 2011). Het sturen van een professionele organisatie is ook, misschien zelfs in de eerste plaats, het bijsturen van de professionele normen die in het werk worden gehanteerd.

Die professionele normen kunnen ook buiten het onmiddellijke werkproces aan de orde worden gesteld, bijvoorbeeld door professionele intervisie te organiseren of tijdens discussiemomenten met externe input. In de casusorganisatie zijn professionele normen het hoofdonderwerp van organisatieontwikkeling. Daarbij worden de missie en de beginselen van de organisatie ontwikkeld, die van invloed zijn op de waardeset waarmee professionals aan een opdracht beginnen. Daarin ligt ook de sturende waarde van evaluatie en verantwoording.

Dat lukt het best na afloop van een werkproces, als het gaat over reeds voldongen acties of besluiten. Tijdens het werkproces is er vaak spanning opgebouwd, vooral in de laatste fase van het werkproces vlak voor de besluitvorming. Betrokkenen hebben geïnvesteerd in een proces van afstemming en afweging. Zij willen daar doorgaans liever niet op terugkomen.

Ik ontdekte dit effect toen ik in 2006 aantrad als directeur Strategie bij de provincie Overijssel. Het was een directiemodel, zoals in die periode veel organisaties dat kenden (zie ROB, 2009, Aardema & Korsten; Van Lier, 2007). Er was een driehoofdige directie en een groep van twaalf afdelingshoofden (hoofden van eenheid), die rechtstreeks onder de provinciesecretaris vielen. Ik noemde het een 'vrij-zwevende' directie, omdat de directeuren geen directe hiërarchische lijn hadden met de afdelingen, maar werkten op basis van een portefeuilleverdeling.

Zo'n portefeuille-insteek kan prima werken, maar het wordt wel moeilijk als het een brede portefeuille 'strategie' betreft. Het is heel moeilijk om in de breedte van in principe alle dossiers een inhoudelijk strategische meerwaarde te leveren. Als je die meerwaarde niet levert, dan vervaagt je positie. Als je wel zulke meerwaarde levert, dan is dat ook niet altijd welkom.

Iedere manager en iedere bestuurder voelt zich graag zelf verantwoordelijk voor 'strategie'. In de fase van het portefeuilleoverleg, waar de directeur Strategie aanzat, zitten bestuurders niet altijd te wachten op nog een aanvullende opmerking. Misschien is die input zo intelligent dat je hem niet kunt negeren, maar dan zorgt dat voor vertraging. Op dat moment in het proces wil de bestuurder misschien liever afronden, besluiten en het resultaat gaan halen.

De inhoudelijk verantwoordelijke managers voelden zich soms ook ongemakkelijk, om dezelfde reden, of omdat ze zichzelf verweten: Had ik daar niet aan moeten denken? Schiet ik nu tekort (in de ogen van mijn bestuurder)? Ze zagen er soms tegen op dat er mogelijk weer een heel goede opmerking zou komen ...

Ik heb het daarom toen over een andere boeg gegooid. Dossiers in de eindfase heb ik met rust gelaten (behalve als ik iets echt dringends zag). In plaats daarvan ben ik voor een paar dossiers ambtelijk opdrachtgever geworden, wat een erkende en voor iedereen goed plaatsbare rol is. Daarnaast ben ik het gesprek aangegaan over dossiers in de beginfase of onderwerpen die nog niet waren opgepakt.

Ik ontdekte dat in die fase iedereen nog openstaat voor allerlei soorten bijdragen. Ik zag ook gebeuren dat een bijdrage in die fase inhoudelijk een veel grotere invloed kon hebben op het dossier, zonder dat het enige spanning opriep.

De doorwerking van input tijdens het proces is mede afhankelijk van het moment. Vroeg in het proces is input meestal een welkome bijdrage. Laat in het proces wordt input al gauw ervaren als een inbreuk op de eigen verantwoordelijkheid.

Hoe dichter bij het einde van het werkproces, hoe ontoegankelijker de meningsvorming. Dat is het minst geschikte moment voor een professionele dialoog. Laat staan als het gaat om sturing, die geen dialoog is, maar een onteigening door een hoger niveau, dat op eigen gezag een afwijkende beslissing neemt. De kans dat zo'n beslissing als 'jurisprudentie' invloed krijgt in de professionele normen voor volgende gevallen is veel kleiner dan wanneer professionals zelf de gelegenheid hebben om hun afweging te evalueren. Zo'n gezamenlijke evaluatie heeft meer impact op de 'geldende gebruiken' dan het corrigeren van beslissingen.

Dit staat tegenover de klassiek bureaucratische regelorganisatie, waarin het werkproces de vorm had van een 'lopende band' waarin managerial en politieke stations waren opgenomen. Op die momenten bewerkten het management en/of het bestuur zelf het halfproduct dat passeerde. Op sommige ministeries gebeurt het tot op de dag van vandaag dat de secretaris-generaal en de minister, de een met een groene en de ander met een rode pen, wijzigingen aanbrengen in voorgestelde teksten. In het digitale tijdperk hanteren veel managers voor het doorvoeren van correcties liever de functie 'wijzigingen bijhouden' in hun tekstverwerker. Los van de vorm en de kleur is het essentiële verschil dat in de casusorganisatie sturing niet gericht is op het overdoen of verbeteren van het werk zelf, maar op het toevoegen van politieke of managerial ingrediënten aan de afweging. Terwijl in de klassiek bureaucratische organisatie de verantwoordelijkheid met het halfproduct meereisde en elk station zichzelf op dat moment beschouwde als de bevoegde en verantwoordelijke eigenaar van het product. Zie hiervoor ook omkering 3.

Conclusie
Bovenstaande uitwerking van de tien omkeringen laat zien hoe de casusorganisatie in organisatorisch, personeel en managerial opzicht afwijkt van de klassieke bureaucratie. De tien omkeringen laten een nieuw organisatiemodel zien, dat niet gericht is op perfecte regelgeving die beoordelingsvrijheid in de uitvoering uitsluit. De casusorganisatie accepteert die vrijheid. Het model van de casusorganisatie richt zich op het scheppen van de organisatorische en managerial condities voor creatieve, waardegerichte én zorgvuldige interactie tussen regels en praktijk en tussen overheden en relevante belanghebbenden. De ethos van de casist die in elke situatie de optimale publieke waarde wil realiseren, kan alleen tot bloei komen in een organisatorische omgeving die is doordacht en ingericht vanuit diezelfde principes.

Het hier geschetste model van de casusorganisatie is een 'ideaaltype' in de zin zoals ook Webers bureaucratiebeschrijving dat was: het is een wat geabstraheerde uitgezuiverde schets van de principes achter de casusorganisatie, zoals die zich in theorie en praktijk aan het ontwikkelen is. Het is dus geen empirische beschrijving van enige nu werkelijk bestaande organisatie. In de actuele praktijk zijn in de meeste moderne overheidsorganisaties beide polen van deze omkeringen nog herkenbaar. Ik zie in de organisaties waarin ik werk en de organisaties daaromheen een consistente toename van de nieuwe elementen. Wat in deze context oud is of nieuw, is voor de meeste practitioners gevoelsmatig herkenbaar. Ik hoop dat bovenstaande beschrijving helderder maakt waar en hoe beide polen onderdeel zijn van wezenlijk verschillende paradigma's, zodat practitioners beter onderbouwde keuzes kunnen maken.

Op dit moment bestaan in de meeste organisaties elementen van het bureaucratische model en het casusmodel nog naast elkaar. Het naast elkaar bestaan van elementen van beide praktijken is een risico. In het gunstige geval leidt het tot een productief evenwicht in de realisatie van publieke waarde, met de zorgvuldigheid en legitimatie die wij daarbij willen behouden. In minder gunstige gevallen leidt het tot inconsistenties, verwarring en spanningen in het intern functioneren van die organisaties. Dat gebeurt juist waar een scherp zicht op de verschillen ontbreekt.

Het expliciteren van de 'Verwandlung' van bureaucratie tot casusorganisatie maakt het mogelijk om de verdere ontwikkeling bewuster vorm te geven. Organisaties die kiezen voor een interactieve bestuursstijl kunnen ervoor kiezen om hun ontwikkeling bewust te enten op de nieuwe principes van de casusorganisatie. Dat kan leiden tot meer samenhang in het interne ontwerp van die organisaties. Een dergelijke samenhang, passend bij de taak en de omgeving, draagt bij aan de bloei van organisaties (Lawrence & Lorsch, 1967).

5 STURING BIJ CASUSORGANISEREN

5.1 Politieke en managerial sturing

Bij casusorganiseren verloopt de sturing door management en politiek anders dan in het bureaucratische model. Het bureaucratische uitgangspunt is dat beslissingen formeel én materieel door de top worden genomen. Dat kan door de beslissingen gecentraliseerd te nemen of door als top regels vast te stellen die geen beleidsvrijheid laten aan de uitvoeringspraktijk. Beide technieken zijn in casusorganiseren onbruikbaar, omdat ze de ruimte wegnemen om in te spelen op concrete omstandigheden.

In het werkproces van de casusorganisatie zitten vier alternatieve aangrijpingspunten voor sturing door het management en het politiek bestuur. Deze momenten zijn: kaderstelling vooraf, het leveren van input tijdens het proces, de acceptatie van resultaten en de verantwoording achteraf. Ik zal alle vier kort aanduiden. Aansluitend duid ik hoe dit type sturing ook relevant is in interactieve processen met externe partijen.

Kaderstelling

Het woord 'kaderstelling' klinkt ons vertrouwd in de oren, zeker sinds de dualisering van het gemeente- en provinciebestuur, in 2002 en 2003. Toen werden drie hoofdtaken van de raad/staten benoemd: de kaderstellende rol, de volksvertegenwoordigende rol en de controlerende rol. De term 'kaderstelling' werd daarbij bewust gebruikt om de sturing door de raad/staten te ontvlechten van de dagelijkse sturing door de colleges van burgemeester en wethouders/Gedeputeerde Staten. In de monistische praktijk voordien was de sturing vanuit die twee posities nauwelijks uit elkaar te houden. De dualisering beoogde het politieke debat in raden/staten weer zichtbaar te maken en tegelijkertijd de colleges meer handelingsruimte te geven in het dagelijks besturen (Elzinga, 1999, p. 437). Met deze gedachte werd dus afstand genomen van de klassiek bureaucratische doctrine, die het scheppen van handelingsruimte juist wil tegengaan.

Inmiddels zijn we gewend aan het dualisme, maar de praktijk van kaderstellen wringt nog steeds. Een van de redenen is de metafoor 'kaderstellen' zelf. Die metafoor suggereert namelijk enerzijds dat er afwegingsruimte wordt geboden aan de uitvoering, maar anderzijds dat er een afgebakend domein is van 'goede oplossingen'. Het suggereert dat de kadersteller van tevoren dwingend bepaalt wat de grenzen zijn waarbinnen de oplossing moet vallen. In dat opzicht is de metafoor strijdig met casusorganiseren.

Sabel pleit voor een 'experimentele democratie', waarin sociale leerprocessen centraal staan. Daarin is de politieke kaderstelling niet precies en gedetailleerd, maar een brede overkoepelende doelformulering. Het is vervolgens aan het bestuur om voorwaarden te scheppen voor het professionele handelen in de praktijk en het uitwisselen van ervaringen als collectief leerproces. De vertegenwoordigende democratie toetst uiteindelijk de uitkomsten aan het geformuleerde hogere doel (Sabel, 2004, p. 192). In deze redenering ontstaat binnen het proces van (incrementele) beleidsontwikkeling een helder onderscheid tussen de rollen van politiek, bestuur en professionals.

Het tevoren afgrenzen van een 'geoorloofde oplossingsruimte' is daarbij niet mogelijk en niet wenselijk. Zeker niet vooraf, op een moment dat de interactie nog niet heeft plaatsgevonden, en zeker niet vanuit het perspectief van slechts een van de partijen.
Bij de invoering van de dualisering heeft de wetgever dat goed aangevoeld. De wetgever hanteert namelijk een ruimere interpretatie van het concept 'kaderstelling'. In de memorie van toelichting is onderscheid gemaakt tussen twee soorten kaderstelling: juridisch dwingende kaderstelling, zoals in verordeningen en het budgetrecht in de begroting, en politiek-bestuurlijke kaderstelling, die voortvloeit uit de verantwoordingsplicht. Dat laatste soort 'kaderstelling' ontstaat op elk moment dat de raad/staten richtinggevende uitspraken doen. Dat kan in debatten naar aanleiding van het informatierecht. Het kan bij het bespreken van beleidsnota's. Het

kan in verantwoordingsdebatten. Er zijn verschillende instrumenten beschikbaar, van interpellaties en moties tot een debat over de vertrouwensvraag. In alle gevallen is de kern van het mechanisme dat colleges gedegen rekening houden met opvattingen in de raad/staten, omdat zij anders het risico lopen om het vertrouwen te verliezen. Zo opgevat is kaderstelling niet het plaatsen van een hek rondom een speelveld. Kaderstelling is een breed pallet van meer of minder subtiele verschijningsvormen voor wat de memorie van toelichting noemt: '(politieke) bijsturing' (MvT, *Kamerstukken II* 2000/01, 27751, 3, p. 49).

Met die formulering getuigt de wetgever van een onbureaucratische benadering. Sturing kan via formele verordeningen of uitspraken in moties, beleidsnota's, startnota's of bestuursopdrachten. Maar het kan ook op minder formele wijze, door uitspraken van raads-/statenleden waarin gevoelens, opvattingen en belangen naar voren worden gebracht. Dat kan in (commissie)vergaderingen, maar in principe ook daarbuiten, bijvoorbeeld in de pers of andere publieke uitingen, desnoods via Twitter.

Ook verantwoordingsprocessen hebben een kaderstellende werking, doordat daar gemaakte opmerkingen worden meegenomen naar volgende praktijksituaties. Dat sturing vooraf moet plaatsvinden, is een klassiek bureaucratische overtuiging. In de actuele bestuurspraktijk is het onderscheid tussen sturing vooraf en sturing achteraf echter vervaagd.

Deze ruimere interpretatie geeft dus vrijheid in de verschijningsvormen van kaderstelling. Sturing bestaat uit het gezaghebbend kenbaar maken van inhoudelijke belangen die moeten worden meegewogen. Het zal vaak gaan om belangen die samenhangen met de functie of rol die betrokkenen bekleden. Denk aan financiële of organisatorische belangen, inhoudelijke afstemming op ander beleid of eerdere bestendige handelwijzen, of vakmatig professionele overwegingen (uit andere disciplines). Voor bestuurders komen daar politiek relevante belangen bij, zoals: de impact op bepaalde doelgroepen, de relatie met partijpolitieke uitgangspunten of eerder gemaakte politieke afspraken/toezeggingen.

Een belangrijk principe is hierbij om niet vaststaande standpunten te benoemen, of randvoorwaarden, maar achterliggende inhoudelijke belangen. Dat principe is bekend uit de onderhandelingstheorie, onder de term 'principieel onderhandelen', ook bekend als 'mutual gains approach'. Het gaat erom geen 'standpunten' in te brengen, hoe iets precies zou moeten, maar 'belangen': wat voor jou de achterliggende motieven zijn. Die achterliggende motieven kunnen meestal op meerdere manieren worden gediend. Met creativiteit kunnen opties worden ontwikkeld die passen bij de belangen van meerdere partijen (Fisher, Ury en Patton, 1981/ 1991).

De parallel met de overgang van bureaucratie naar een casusbenadering is overduidelijk.

Hetzelfde principe geldt dus bij kaderstelling in casusorganiseren, zowel voor het management, als voor bestuurders, colleges en raad/ staten. Kaderstellen is richting geven aan afwegingen in de uitvoering. Het vindt plaats op elk moment dat het management of bestuur zich uitspreekt over een onderwerp. Natuurlijk hangt de doorwerkingskracht mede af van het gezag en de overtuiging waarmee uitspraken worden gedaan. Een doorleefde, goed beargumenteerde en/ of breed gedeelde uitspraak werkt sterker door. Maar de doorwerkingskracht hangt vooral samen met de ernst waarmee het verantwoordingsproces wordt ingevuld. De doorwerking hoeft in ieder geval niet minder krachtig te zijn dan die van formeel bindende regels.

Waar klassiek bureaucratische managers en politici zekerheid zochten in formele regels en besluiten, ziet de casusorganisatie de waarde van een scherp en vasthoudend verantwoordingsproces. Er kan altijd reden zijn om af te wijken van vooraf bedachte regels, maar er is nooit reden om belangen ingebracht door je ambtelijke of politieke superieuren onvoldoende mee te wegen. De casist legt daarover verantwoording af. Zoals de memorie van toelichting op de Gemeentewet al stelde: de waaier aan instrumenten voor (politieke) sturing 'vloeit voort uit de verantwoordingsplicht'.

In 2009 koos Hengelo voor een doorontwikkeling van zijn orga-
nisatieprogramma 'SwingHengelo'. Er was één concern gevormd,
met één concerndirectie en het doorbreken van de oude sectorale
bolwerken. De nadruk lag op samenwerking, binnen en buiten.

De analyse was dat de cultuur in de organisatie sterk mens-
gericht was en eigenlijk te zacht. Het was onvoldoende duidelijk wie
stuurde in de organisatie en vanuit welke koers. Het management
had veel vrijheid gekregen, maar er was onvoldoende control, met
budgetoverschrijdingen tot gevolg.

In de doorontwikkeling, waar ik als directeur Strategie aan mocht
bijdragen, hebben we toen gekozen voor het verduidelijken van rollen en verantwoordelijkheden: een kleinere concerntop die expli-
cieter programmeerde, een nieuwe formulering van de strategie
van Hengelo, en 'eerherstel voor de behandelend ambtenaar', dat
wil zeggen één persoon heeft de 'lead' in het proces en de afweging
van factoren. De behandelaar zoekt actief naar inbreng, binnen en
buiten, maar laat zijn eigen professionele verantwoordelijkheid niet
ondersneeuwen. (Het was, acht jaar eerder, al een formulering van
de kerngedachten van dit boek.)

Deze werkwijze doorbrak de verkokering en bood de ruimte voor
externe samenwerking, in maatschappelijke allianties en frontlijnsturing en in de intergemeentelijke Twentse samenwerking, waarin
buurgemeenten voor elkaar werk kunnen verrichten.

Input

Een tweede sturingsmoment in het model van de casusorganisatie
is het leveren van input gaandeweg het zoekproces van de casist. Bij
de tien omkeringen heb ik al beschreven hoe de casist actief input
verzamelt, ook bij de hiërarchie recht of schuin omhoog en bij het
politiek bestuur. Daar kunnen kennis en ervaring worden toegele-
verd en nadere informatie over relevante belangen.

Die belangen zijn mogelijk al ingebracht in de kaderstelling, maar
door ze te confronteren met praktische omstandigheden in de casus
kunnen ze worden geconcretiseerd. Voor de behandelaar is het
dus zinvol om gedurende het proces input in te winnen bij andere

managers en politieke bestuurders dan alleen de eigen ambtelijk en bestuurlijk opdrachtgever.

Managers en bestuurders hebben in deze fase (ongeacht hun rang of titel) de status van toeleveraar. Dat is geen miskenning van hun positie, maar een principiële invulling van de manier waarop de relatie met de casist wordt vormgegeven. Zoals eerder gezegd, wordt de casist geacht mee te wegen welke actor vanuit welke verantwoordelijkheden een bepaalde input levert. Iemands positie kan bepaalde input extra waarde geven. Zoals besproken bij de negende omkering is de input van een grondeigenaar bijzonder als het gaat om diens grond, en is de input van een werkgroep van omwonenden bijzonder als zij een bepaalde verantwoordelijkheid voor het onderwerp heeft genomen. In de weging van input zijn rollen en posities dus van belang. Maar per saldo hebben alle bijdragen dezelfde status, die van input die door de casist in een bredere afweging wordt meegenomen.

Voor leidinggevenden is het belangrijk om dit te laten doorklinken in de manier waarop je spreekt en in de taal die je gebruikt. Dat kan door in een gesprek of mail nog even de rollen te markeren ('Ik spreek nu even niet als opdrachtgever'). Maar het zit ook simpelweg in de zinsbouw tijdens gesprekken. Het gaat erom geen concluderende formuleringen te gebruiken, zoals 'Dat werkt niet', 'Het moet zo' of 'Dat wil ik niet.'

Het karakter van een horizontale bijdrage komt tot uitdrukking in zinnen als 'Ik vraag me af of dat werkt', 'Vanuit mijn belang zou het fijn zijn als het zo of zo kon' of 'Volgens mij heeft dat een aantal nadelen.'
Ook vanuit een positie als manager of bestuurder is het goed mogelijk om zulke formuleringen te gebruiken.

Voor het stimuleren van de eigen verantwoordelijkheid van de behandelaar is het uiteraard nog effectiever om een exploratieve gespreksstijl te hanteren, zoals 'Heb je gecheckt of dat kan werken?'

of 'Als je het benadert vanuit mijn belang/mijn positie, hoe zou je het dan beoordelen?'

Op een vergelijkbare manier kan ook de behandelaar zelf een gesprek met eenvoudige formuleringen ombuigen van een hiërarchische context naar een horizontale toelevering. Vanuit hiërarchische verhoudingen is het gebruikelijk om een leidinggevende of bestuurder direct in een beslispositie te brengen: 'Wat voor resultaat wilt u?' of 'Kiest u voor A of voor B?'
De kunst is juist om letterlijk een bijdrage te vragen. Zoals: 'Ik moet diverse omstandigheden en invalshoeken in mijn voorstel verwerken en daarom hoor ik graag ook uw insteek: wat zijn voor u waardevolle aspecten aan dit onderwerp?' Zo formuleer je een vraag naar belangen op een niet-concluderende manier.
Ook een vraag naar expertise kan open worden ingestoken: 'Heeft u nog kennis of ervaringen die ik in mijn afweging zou kunnen meenemen?'

Vanuit hiërarchische verhoudingen hebben leidinggevenden en politici het nog wel eens moeilijk met deze rolverdeling. Vooraf kaders stellen en achteraf voorstellen accepteren sluiten gemakkelijker aan bij een hiërarchisch positiebesef. Het leveren van input aan een behandelend casist, die deze input zelf mag afwegen, voelt voor sommige 'superieuren' niet prettig. In casusorganiseren heeft het echter een wezenlijke meerwaarde om deze schroom achter je te laten en ook in deze fase zo goed mogelijk bij te dragen. De inbreng van managers en bestuurders kan juist vrijmoediger zijn omdat die niet beslissend is.

Voor opdrachtgevers of leidinggevenden kan het een dilemma vormen als ze vrezen dat een behandelaar bepaalde aspecten niet doorziet of niet het juiste gewicht geeft. De verleiding ontstaat dan om tussentijds dwingend bij te sturen. Dat vermindert echter de kans op een goed advies, waarin ook elementen zijn afgewogen die de bestuurlijk of ambtelijk opdrachtgever nog niet kende of onvoldoende op waarde kon schatten.

Als het in het onderling overleg spannend wordt, ligt er in de sturingsdriehoek een bijzondere taak voor de ambtelijk opdrachtgever. Tot diens taken behoort van oudsher de zorg voor de kwaliteit van de rolinvulling en voor de condities voor een goed verloop van de opdracht. Daarbij hoort zeker ook het waar nodig begeleiden van een constructieve gedachtewisseling tussen casist en bestuurder of casist en andere belanghebbenden.

Per saldo is de behoefte om onderweg dwingend bij te sturen een signaal dat er een onderliggende kwestie aan de orde is. De eerste vraag die een manager of bestuurder zich moet stellen, is of de opdracht wel duidelijk genoeg was over kaders en randvoorwaarden. Als de essentiële randvoorwaarden in de opdracht zijn meegegeven, dan valt er weinig te vrezen en kun je de resterende variatie ook overlaten aan de behandelaar, met medeneming van de input die je eventueel nog hebt meegegeven. De tweede vraag is, zoals eerder gezegd, of de condities voor het vervullen van de opdracht wel goed zijn ingevuld, inclusief de matching van personen met de juiste competenties om tot een prudente professionele beoordeling te komen.

Acceptatie
Hoe interactief beleidsprocessen ook worden vormgegeven en hoe multischalig of multipartite een beleidsarrangement ook is, er komen momenten van besluitvorming. In één of meer rondes (Teisman, 1992, p. 120) komen er voorstellen waarin van partijen een inzet wordt gevraagd. Daarover moet een besluit worden genomen. In eenvoudige casussen kan de bevoegdheid voor zo'n besluit (een opdracht, een subsidie, een vergunning) binnen het mandaat van de behandelend ambtenaar liggen. Bij zwaarwegender beslissingen ligt het mandaat hoger in de organisatie (vaak bij de ambtelijk opdrachtgever) of is besluitvorming nodig op bestuurlijk niveau (college/minister) of politiek niveau (raad of staten). In die gevallen ontstaat er een sturingsmoment: wordt de uitkomst van de afweging door de casist geaccepteerd of niet?

Voor die beslissing is een aantal criteria te hanteren. In de klassieke hiërarchie was het criterium: ben ik het eens met de voorgestelde beslissing? Of anders gezegd: zou ik zelf dezelfde afweging hebben gemaakt? Zo'n criterium is klassiek bureaucratisch omdat de hogergeplaatste functionaris de verantwoordelijkheid overneemt. De behandelend ambtenaar wordt dus onteigend. Het gaat ervan uit dat de beslissing door de lijn wordt voortgestuwd en dat elk station hierover zijn eigen beslissing kan, mag en moet nemen. Een variant hiervan is dat beslissers de uitkomst toetsen aan het kader dat zij vooraf hebben meegegeven. Een voorstel dat 'binnen de kaders' past, wordt geaccepteerd. Een voorstel 'buiten de kaders' wordt afgewezen. Zo'n opstelling heeft de charme van de eenvoud, maar dwingt ertoe om kaders te formuleren in termen van grenzen die niet mogen worden overschreden.

Een ander uiterste, dat geregeld voorkomt, is dat beslissers geneigd zijn om zich zo veel mogelijk buiten de afweging te houden. Ze menen dat hen, uit respect voor het gelopen proces en/of de verantwoordelijkheid van de casist, geen eigen oordeel meer toekomt. Zo'n opstelling maakt de positie van de beslisser echter zinledig. Zij miskent de rol van de beslisser om de organisatie of het bestuur te committeren aan het voorstel van de casist. Die stap is echter wel nodig. Juist het onderscheid tussen voorstel en beslissing geeft de behandelaar de vrije ruimte om een eigen professionele afweging te maken. De structuur van het casuswerkproces houdt in dat de casist de oplossing voorlegt die alles afwegende zijns inziens de beste oplossing is, en dat de betrokken partijen de ruimte hebben daar al of niet mee in te stemmen. Als die laatste beslissing ook bij de behandelend ambtenaar ligt, dan krijgt die een extra verantwoordelijkheid, wat diens afweging minder neutraal maakt.
Het ideaal is dus dat de casist een eigen evenwichtige afweging maakt van alle belangen en omstandigheden. De belangen van zijn of haar eigen organisatie wegen daarin natuurlijk mee, maar niet zwaarder dan andere relevante belangen. In principe zou het niet mogen uitmaken uit welke organisatie de casist komt. De acceptatie van diens voorstel is echter een eigen beslissing van die organisatie en van elke andere partij die in het voorstel betrokken is. De acceptatiebeslissing vraagt dus een eigen oordeel op grond van een zelfstandig criterium.

De gulden middenweg is hier dat de beslisser beziet of het voorstel een redelijke uitkomst lijkt van de professionele afweging in het interactieve proces zoals dat heeft plaatsgevonden. Het gaat niet om de vraag of je zelf dezelfde uitkomst had gewild. De acceptatiebeslissing is eerder vergelijkbaar met hoe na een onderhandelingsproces de deelnemers voor zichzelf wegen of de uitkomst aanvaardbaar is. Het is ook vergelijkbaar met hoe een rechter een overheidsbeslissing onderwerpt aan een redelijkheidstoetsing: heeft deze beslisser in deze situatie in redelijkheid tot deze beslissing kunnen komen?

Het is dus zeker niet zo dat een uitkomst zou moeten worden geaccepteerd omdat deze 'uit het proces komt', of omdat 'er consensus over is'. De acceptatie is een zelfstandig beslismoment. Het voorstel wordt afgezet tegen de vooraf door de beslisser en diens organisatie ingebrachte belangen, maar ook tegen de andere relevante belangen en de concrete omstandigheden die zijn gebleken. Het komt vaak voor dat de confrontatie met de inzet van andere partijen en/of de (on)mogelijkheden van het specifieke geval ertoe leiden dat je een uitkomst accepteert die je vooraf niet had bedacht of acceptabel zou hebben gevonden. Lindblom beschreef al in 1959 dat een bevredigend resultaat niet hoeft te voldoen aan de doelen die je je vooraf had gesteld. Tijdens het proces ontdek je wat – in de samenwerking met anderen – haalbaar is. In dat proces worden doelen en middelen op elkaar afgestemd tot een concreet voorstel. Lindblom noemde dat 'mutual adjustment' (Lindblom, 1959, p. 83; zie par. 3.4). In casusorganiseren gaat het erom ruimte te laten voor dat proces en bij de acceptatie te bepalen of je voldoende tevreden bent met de uitkomsten.

Moore verbreedt deze gedachte met de stelling dat in een netwerkbenadering geen sprake is van eenzijdige besluitvorming, maar van een collectieve 'authorizing environment' (Moore, 1995, p. 130). Als er meerdere partijen en meerdere belangen betrokken zijn, dan is er niet één centrum dat zichzelf als gelegitimeerde beslisinstantie kan beschouwen. Ook de democratisch gelegitimeerde overheidsbesturen moeten niet alleen naar hun eigen voorkeuren kijken, maar een bredere afweging maken over de publieke waarde van voorstellen, de uitvoeringskracht in het samenwerkingsarrangement en de steun vanuit verschillende relevante partijen.

Verantwoording

Het vierde en laatste aangrijpingspunt voor management en politieke organen is het moment van verantwoording. Verantwoording is het onmisbare complement bij het afwegingsmandaat. Professionele oordeelsvorming is onmisbaar om in concrete situaties de juiste oplossing te vinden. Maar het is geen volstrekte autonomie. De professional vervult een rol in de organisatie en verhoudt zich tot de interne en externe belangen. De professional legt verantwoording af, niet alleen naar professionele collega's, maar ook naar de leiding, het bestuur van de organisatie en de externe belanghebbenden (Sabel, 2004, p. 190). Uiteindelijk is er uiteraard ook nog de juridische toetsing door de onafhankelijke rechter.

Een essentieel verschil bij verantwoording in casusorganiseren is dat het niet gaat over het vergelijken van het handelen met de vooraf gegeven doelen of regels, maar over 'reason giving' (Sabel, 2004, p. 183): uitleggen hoe de autonome handelingsruimte is gebruikt, om de in die situatie juiste uitkomst te bereiken. Het gaat niet om regels, maar om redenen. Het gaat niet om het oordeel vooraf, maar om het oordeel achteraf.

Klassieke besluitvormingsprocessen zijn gefixeerd op het voorgegeven besluit als eindpunt. Het casuswerkproces gaat uit van een voortgaande ontwikkeling als professioneel leerproces. Een besluit hoeft niet in het vooraf gestelde kader te passen, het kan ook een nieuw kader scheppen. Een besluit is geen eindpunt. Het is een toevoeging aan de 'jurisprudentie', die een professionele praktijk bevestigt of vernieuwt. Dit betekent dat het achteraf analyseren en interpreteren van een besluit minstens zo waardevol is als het vooraf voorbereiden van een besluit.

Dit inzicht biedt interessante mogelijkheden in de verhouding tussen professionele autonomie en politiek en managerial toezicht. Door middel van verantwoording achteraf kan een dialoog worden aangegaan over de kwaliteit van het afwegingsproces en de aard van de wegingsfactoren die zijn gebruikt. Lessen die daaruit worden getrokken, kunnen door de professionals worden meegenomen in volgende beslissingstrajecten. In de ontwikkeling van een professie is dit eigenlijk de normale route (Weick, 1979; Ruijters, 2015). Inzicht achteraf komt natuurlijk te laat voor een reeds genomen beslissing. Grote, onherroepelijke besluiten zou je hier dus niet van afhankelijk willen maken. Maar in de overheidspraktijk zijn veel beslissingen repeterend, of het nu gaat om het verstrekken van uitkeringen of subsidies, het verlenen van vergunningen of de werkstijl in communicatie of procesarchitectuur. Beslissingen in het ene geval vormen jurisprudentie die wordt betrokken bij andere gevallen. Lessen uit individuele casussen ontwikkelen de beroepspraktijk, die weer wordt toegepast in volgende casussen.

Op die manier kunnen concepten als 'jurisprudentie' en 'lessons learned' qua sturende werking minstens zo effectief zijn als de oude vertrouwde (beleids)regels. Met als extra voordeel dat door verantwoording achteraf kan worden geleerd van afwegingen in concrete omstandigheden. Dat sluit aan bij het basisinzicht dat wenselijke uitkomsten afhankelijk zijn van de concrete omstandigheden in individuele gevallen. In dat perspectief is het effectiever om je te richten op afwegingen die al gemaakt zijn in concrete casussen, dan op in abstracto bedachte regelstelling.

Effectieve politieke en managerial sturing kan dus ook achteraf. Je kunt na de besluitvorming met elkaar terugblikken en daardoor uitgangspunten en bestendige beleidslijnen herijken. Als de meest wezenlijke functie van verantwoordingsprocessen is dit bepaald niet nieuw (Bovens, 1990, p. 313). In de praktijk raakt deze functie helaas vaak ondergesneeuwd. Er is een neiging om 'af te rekenen' met degenen die een 'verkeerde beslissing' hebben genomen. In het publieke domein wordt verantwoording soms ingezet als voer voor publiciteit of als middel om een tegenstander te beschadigen (Bovens & 't Hart, 2005). Soms staat ook een klassieke interpretatie van besluitvorming in de weg. Managementteams, colleges en raden/staten besteden dan veel tijd aan kaderstelling en naar zichzelf toe gehaalde besluitvorming en weinig tijd aan verantwoording en leerprocessen. Zo'n tijdsverdeling duidt op een onderschatting van de kracht waarmee oordeelsvorming achteraf doorwerkt in het handelen in toekomstige gevallen. Bij casusorganiseren hoort het actief benutten van verantwoording als een creatief proces van betekenisgeving voor de toekomst.

5.2 Sturing in meerpartijenperspectief

De casusorganisatie speelt in op de interactiepatronen waar moderne overheden zich in begeven. De overheid is steeds bredere maatschappelijke doelen gaan nastreven. Overheden zijn zich steeds meer bewust geworden dat zij andere partijen nodig hebben om die overheidsdoelen te realiseren. Er wordt samengewerkt in netwerken van partijen. De overheidsbijdrage in zo'n coproductie kan bestaan uit legitimering, expertise, capaciteit, subsidie, of een beleidsaanpassing, een vergunning, enzovoort. Andere partijen leveren ook hun kennis, inzet (professioneel of vrijwillig) en financiën, al dan niet als zakelijke investering. Maatschappelijke partijen brengen ook eigendomsrechten in, in de vorm van grond, gebouwen of het werk van private organisaties. Dit soort netwerksituaties kenmerkt zich door een wederzijdse *afhankelijkheid* in doelbereiking en een wederzijdse *onafhankelijkheid* in gedragsbepaling (De Baas, 1995, p. 224). De optimale uitkomst kan alleen worden bereikt als alle partijen bijdragen. Als een van de partijen niet bijdraagt, een overheid of een andere partner, dan kan het gezamenlijke plan niet worden uitgevoerd, althans niet op dezelfde manier of niet op dezelfde plaats. Er is dus wederzijdse afhankelijkheid. Anderzijds is het zo dat elke partij zelf beslist over de eigen inzet in het plan. Geen van de partijen kan een ander dwingen een bepaalde beslissing te nemen. In die zin is er dus wederzijdse onafhankelijkheid.

Dit maakt dat de sturing in netwerksituaties heel anders verloopt dan in de klassieke bureaucratie. Het belangrijkste verschil is dat er niet één besliscentrum is. De overheid is niet in staat om de medewerking van andere partijen af te dwingen. Of is daar niet toe bereid, bijvoorbeeld omdat politieke eensgezindheid ontbreekt of handhaving te moeizaam zou zijn.

Per saldo ontstaat een wederkerige sturing. Overheidspartijen proberen andere spelers te beïnvloeden, ten gunste van overheidsdoelen. Maatschappelijke partijen beïnvloeden elkaar én de overheidspartijen, in het belang van hun eigen doelen. Iedereen stuurt iedereen. Als je het netwerkkarakter van de situatie serieus neemt, dan is dat ook legitiem. Het netwerkkarakter houdt erkenning in van de legitimiteit van autonome partners om hun eigen afweging te maken, hun eigen doelen na te streven en op hun beurt de overheid en andere partijen te beïnvloeden (De Baas, 2016; Schulz e.a., 2017). Legitimiteit is in een netwerkomgeving dan ook een gedeeld vraagstuk. Werkelijke legitimiteit ontstaat pas als er inhoudelijk meerdere invalshoeken bij worden betrokken en in het proces meerdere partijen een medelegitimerende rol wordt gegund (Moore, 1995, p. 134).

Dit besef past moeizaam in de klassiek bureaucratische traditie. Die traditie gaat uit van eenzijdige sturing van de uitvoering door de top, maar eigenlijk ook van een eenzijdige sturing van de samenleving door de overheid. Dat beeld hing in de begintijd van de bureaucratietheorie samen met een veel beperktere taakopvatting van de overheid. De overheid stuurde op veel minder doelen en liet veel meer over aan de samenleving. Maar waar de overheid optrad, daar stuurde zij juridisch dwingend. Los van die historische omstandigheden is het idee van eenzijdige sturing onlosmakelijk verbonden met het principe van regelsturing. Als de uitvoering moet bestaan uit automatische toepassing van regels, dan kun je niet werken met onderling tegenstrijdige regels. In een netwerksituatie is dat echter de normale toestand.

Netwerkpartners beslissen zelf over hun aandeel in de coproductie en hebben daarvoor hun eigen besluitvormingsprocedures. Bedrijven, instellingen en verenigingen hebben hun eigen bestuursorganen. Burgerinitiatieven kennen vaak informele besluitvorming, maar ook zij bepalen met hun achterban zelf hun koers, hun inzet en hun participatie. In al die verschillende eigen *governance*-structuren wordt door al die partijen niet alleen achteraf een uitkomst beoordeeld, maar ook vooraf kaders gesteld. De normale situatie is dus dat naast de kaders die één of meer overheden aan het proces stellen, ook andere spelers vooraf kaders stellen (De Baas, 2016).

Die kaders zullen inhoudelijk verschillen. Als ze in 'regels' worden gegoten, dan zijn dat dus tegenstrijdige regels. Besluitvorming door regeltoepassing is dan niet mogelijk. De sturingsmechanismen van de casusorganisatie zijn juist wel goed toepasbaar in netwerksituaties.

Kaderstelling

Kaderstelling is wezenlijk in interactieve processen, juist omdat rekening gehouden moet worden met verschillende gezichtspunten. In de hiervoor genoemde ruimere interpretatie zijn richtinggevende uitspraken vanuit alle deelnemende partijen onderdeel van de kaderstelling. Dat de doelen van partijen niet synchroon lopen, is geen wezenlijk bezwaar. Althans niet als de casist het mandaat heeft om – rekening houdend met alle belangen en omstandigheden – de beste oplossing voor te stellen. Diens werk wordt belangrijk vereenvoudigd als partijen hun kaderstelling niet formuleren in termen van (ononderhandelbare) standpunten maar in termen van de onderliggende belangen. Het creatief vervlechten van die uiteenlopende belangen tot win-winoplossingen is het hart van onze interactieve traditie (Susskind & Cruikshank, 1987).

In januari 2016 voerde de Regio Twente een nieuwe gemeenschappelijke regeling in. Tot dat moment was Twente in de Wet gemeenschappelijke regelingen (Wgr) een zogenaamde 'Plus-regio', dat wil zeggen dat de Regio Twente net als zes andere grootstedelijke regio's een aantal budgetten en bevoegdheden rechtstreeks vanuit het Rijk toegekend had gekregen. Inmiddels is de Plus uit deze wet geschrapt. Sommige regio's stopten (zoals Utrecht) of gingen fuseren (zoals Rotterdam-Den Haag). Twente wilde in hetzelfde verband verder.

In 2014-2015 mocht ik daarbij helpen als adviseur en penvoerder van de Commissie Robben, die met een vijftal burgemeesters een voorstel voor een nieuwe regeling opstelden onder de titel 'Samenwerken doen we zelf'. Die titel drukt de ervaring uit dat de traditionele gemeenschappelijke regeling, met een eigen algemeen en dagelijks bestuur dat verplichte uitgaven kan opleggen, in de beleving vaak verzelfstandigt, alsof het een eigen regionaal bestuur is. De commissie Robben wilde die trend keren en de regio inrichten als een netwerk van zelfstandige gemeenten. De gemeenschappelijke regeling is dan slechts een faciliterend kader voor zelfstandige, maar samenwerkende raden, samenwerkende colleges en samenwerkende ambtelijke organisaties.

Dit riep de vraag op hoe gemeenteraden met elkaar in debat kunnen en hoe zij betekenisvolle invloed kunnen hebben, op een netwerk-achtige manier, zonder overdracht van bevoegdheden. Een bekend dilemma overigens, in vrijwel alle intergemeentelijke samenwerking. De concepten 'kaderstellen' en 'toeleveren van input' zijn hierbij bruikbaar, ook op politiek-bestuurlijk niveau.

In Twente is daarvoor een Twenteberaad ingesteld, waar alle raadsleden van alle 14 gemeenten welkom zijn. Dit beraad (later genoemd Twenteraad) vindt 3 of 4 maal per jaar plaats en wordt bezocht door zo'n honderd tot honderdvijftig raadsleden. De Twenteraad heeft geen bevoegdheden (die liggen bij het algemeen bestuur), maar in artikel 18 van de regeling is bepaald dat de besturen 'bij de uitoefening van hun taken en bevoegdheden rekening houden met de inbreng van de Twenteraad'. In datzelfde artikel staat ook: 'De Twenteraad kan bij meerderheid van stemmen een resolutie aannemen aangaande het takenpakket, het werkprogramma en de bestuursopdrachten van Regio Twente. Een aangenomen resolutie geldt als zwaarwegend advies'.

Afgelopen jaren is in de Twenteraad-bijeenkomsten gesproken over het regionale programma en een aantal inhoudelijke onderwerpen. Er zijn nog geen resoluties ingediend, maar de discussies in het beraad zijn wel richtinggevend gebleken.

Input

Input inwinnen van diverse toeleveraars vanuit meerdere partijen past bij uitstek in het casusmodel. De aanstelling van een behandelend ambtenaar is bedoeld om hem of haar te bevrijden uit de vaste communicatielijnen van de eigen organisatie. De casist ontwerpt zelf het werkproces en is vrij om toeleveringen te vragen aan iedere expert of belanghebbende die een bijdrage kan leveren. Dat geldt ook buiten de eigen organisatie. In tegenstelling tot de klassieke bureaucratie is het contact tussen organisaties dus niet voorbehouden aan directies of besturen. In netwerken zien we soms wel de hiervoor beschreven schroom terug om vrijelijk input te leveren. Er is soms terughoudendheid omdat men 'het proces de ruimte wil geven'.

Zo werd door Provinciale Staten van Overijssel in 2004 aangegeven dat de uitkomsten van processen van gebiedsgericht werken vooral moesten worden getoetst aan de vraag of er 'consensus in het gebied' was bereikt.

Hooggeplaatste personen willen de behandelaar niet voor de voeten lopen met hun opvattingen. Die terughoudendheid valt soms samen met het idee dat men eigenlijk gehouden is om de uitkomsten van het proces te accepteren, als men er eenmaal aan is begonnen. Dat roept soms een rolconflict op met de bestaande verantwoordelijkheid om de eigen doelen na te streven.
Dit type verlegenheid is goed beschouwd echter een (onbewuste) vorm van arrogantie. De gedachte dat je – als overheid – terughoudend zou moeten zijn, stoelt op de gedachte dat de uitkomsten uiteindelijk door jou worden beoordeeld. Je mengt je niet in het proces, omdat je je scheidsrechter voelt. Die terughoudendheid is dus gefundeerd in het klassieke superioriteitsgevoel van een overheid die het uiteindelijk voor het zeggen heeft.
Als je echte gelijkwaardigheid van partijen accepteert, dan heeft elke partij het recht om andere deelnemers te benutten voor eigen doelen, om hen aan te spreken op hun gedrag en om hen te beoordelen als partner in de samenwerking. In een gelijkwaardige samenwerking kan elke partij de anderen toelaten in haar overwegingen en belangen. Als je het mandaat van de casist serieus neemt, om in dat geheel de beste optie te ontwikkelen, dan is er ook geen reden om terughoudend te zijn in het verwoorden van je eigen ideeën en belangen (De Baas, 2016).

Acceptatie

Acceptatie van de uitkomst is een wederzijds proces. Er is geen sprake van één besluit. Elke partij beslist over het inzetten van de eigen bijdrage die in het voorstel van de casist wordt gevraagd. Er zijn dus minstens zoveel besluiten als betrokken partijen. Geen partij beslist over de acceptatie door andere partijen. Er is geen algemeen overkoepelende besluitvorming. Tegenstrijdige besluitvorming is niet per definitie een probleem. Als één of meer partijen beslissen om de gevraagde inzet niet te leveren, dan moet het plan misschien worden aangepast. Misschien is er minder doelbereiking mogelijk. Soms zal zelfs de basis onder het plan vervallen. Maar uiteenlopende besluitvorming is in termen van het casusmodel geen principieel probleem. Het model is er juist op gericht om de behandelaar ruimte te geven om rekening te houden met de belangen van verschillende participanten. De kunst van zijn of haar professionele afweging is om op dat risico te anticiperen en een voorstel te doen dat de meeste kans maakt om een vitale coalitie te verzamelen die het voorstel tot uitvoering kan brengen.

Verantwoording

Verantwoording achteraf is ook bijzonder geschikt als sturingsmiddel in netwerksituaties. Een evaluatieve terugblik vindt plaats voorbij de hitte van het moment van besluitvorming. Dat moment is, zeker in netwerksituaties, vaak een fase van duwen en trekken in wederzijdse beïnvloeding. Er vindt dan wel sturing plaats, maar niet met het karakter van een leerproces. Juist dat maakt het nuttig om op een later moment terug te blikken op wat er goed ging en minder goed ging in de inhoud of het proces. Partijen worden dan geconfronteerd met hun eigen sturend optreden, waaronder de kaders die ze hebben meegegeven en die het vinden van een oplossing mogelijk hebben bemoeilijkt. Hieruit kan ieder voor zich lering trekken.

Het draagt ook bij aan het herstel of onderhoud van de onderliggende relaties. In veel situaties is dat extra belangrijk omdat partijen elkaar op meerdere dossiers geregeld tegenkomen. Onderlinge ervaringen zijn dan heel bepalend voor de verdere samenwerking. Evaluatie door een goed verantwoordingsproces kan daarbij helpen.

Zoals eerder gezegd, stelt het ontwerp van een goed verantwoordingsproces wel een aantal eisen (Bovens & Schillemans, 2009). Zo is er een evenwicht nodig in informatiepositie en een cultuur gericht op leren, zodat degenen die verantwoording geven zich ook open durven opstellen. In het kader van de casusorganisatie is het belangrijk om te beseffen dat het principe van sturing door verantwoording achteraf heel klein en eenvoudig kan beginnen. Het kan gaan om het terugblikken op een bespreking, om de viering van een projectresultaat aan te grijpen voor een inhoudelijke terugblik, of om de gewoonte om in werkoverleggen niet alleen een actueel dilemma te bespreken, maar juist een recent afgeronde casus waar niets meer aan te veranderen is, maar waar wel van kan worden geleerd. Verantwoording zoals hier bedoeld staat vooral in het teken van wat Bovens eerder benoemde als 'het ijken van normen en waarden in de organisatie' (Bovens, 1990, p. 313). Of wat we in paragraaf 2.6 over de oordeelsvorming van de casist hebben benoemd als de 'jurisprudentie' of de 'gebruiken' van de organisatie.

Met deze vier aangrijpingspunten kan sturing door politiek en management een wezenlijke inhoudelijke bijdrage leveren, binnen de eigen organisatie en in interactie met externe partijen. In het bureaucratisch perspectief zitten management en politiek opgesloten in de top van de piramide, opdrachten gevend, regels stellend en wachtend op voorstellen waarover zij een bindend oordeel zouden moeten vellen.

Het denkraam van de casusorganisatie opent de weg om als bestuurder of manager op een veel gevarieerdere manier in gesprek te gaan met professionals en maatschappelijke actoren. Niet per se als de alles bepalende actor, maar als speler die waarde toevoegt door eigen ideeën en overwegingen mee te geven en uiteindelijk te beslissen over de eigen bijdrage. Managers en politici hoeven niet weg te blijven uit het proces. Als zij hun arrogantie en verlegenheid achterlaten, kunnen ze onbeschroomd participeren tijdens ontwerpbijeenkomsten. Zij kunnen experts of belanghebbenden uitnodigen om hen voor te lichten of met hen te debatteren. Zij kunnen hen omgekeerd ook ter verantwoording roepen door hen te bevragen over de relatie tussen hun gedrag en publieke waarden. Ze hoeven zich niet bedreigd te voelen door de legitimerende werking van interactieve processen, of die nu bemenst worden met belanghebbenden, met experts of met gelote afvaardigingen (zoals bepleit door Van Reybrouck, 2016).

Managers, bestuurders en politici hebben een eigen rol en op basis daarvan een eigen inbreng. Zodra zij zich verplicht voelen tot een bureaucratische beheersing ontstaat er spanning in de interactie met de concrete omstandigheden en de doelen, belangen en mogelijkheden van externe partijen. Als zij echter de rol aanvaarden van de casist en diens bestuurlijk en ambtelijk opdrachtgever, dan kunnen zij een optimale bijdrage leveren door te sturen via de hier genoemde aangrijpingspunten. Het model van de casusorganisatie is hiervoor geschikt. Volledige controle geeft dat niet, maar in interactie met andere partijen is dat ook niet mogelijk en in de klassieke bureaucratie was het al lang meer een illusie dan een werkelijkheid. Casusorganiseren is het antwoord voor de moderne overheid, die geleerd heeft van de bestuurskundige geschiedenis en die haar eigen rationaliteit wil verrijken door interactie en samenwerking in de uitvoeringspraktijk buiten.

5.3 Democratische legitimatie

Als wij spreken over 'democratische legitimatie', dan bedoelen we het rechtsstatelijk openbaar gezag in dienst van het algemeen belang en ingesteld op basis van vrije verkiezingen.

De vraag naar democratische legitimatie komt meestal op in de context van sturing vanuit democratisch gekozen organen op de uitvoeringspraktijk. In de tijd van Weber bemiddelde de parlementaire democratie tussen de volkswil en de publieke besluitvorming. De centrale regelsturing van het bureaucratische model leek daarvoor een garantie. De vraag is nu hoe zich dit verhoudt met de ruimte die in het casusmodel wordt gelaten aan de uitvoering. De vraag wordt vaak nog indringender gesteld in relatie tot intergemeentelijke samenwerking en/of interactieve beleidsprocessen (Boogers e.a., 2015).

Het klassieke democratische model staat ter discussie. Het is de vraag in hoeverre partijpolitieke verkiezingen nog de beste uitdrukking zijn van volkssoevereiniteit. Bemiddelende en vertegenwoordigende functies staan in het tijdperk van ICT overal onder druk. Veel bestuurders experimenteren met mechanismen om belanghebbenden op meer directe manieren te laten participeren (bijvoorbeeld Code Oranje, 2016). In netwerken is de zeggenschap sowieso verdeeld over meerdere partijen. In 't Veld en Kruiter stelden vijftien jaar geleden al dat de vertegenwoordigende democratie failliet is (In 't Veld & Kruiter, 2002). Nationale ombudsman Brenninkmeijer uit zich nauwelijks minder kritisch (Brenninkmeijer, 2016). Ook Van Reybrouck en Akkerman voeren verschillende indicatoren aan die een crisis in het democratische model aantonen. De partijen in het vertegenwoordigend stelsel zijn steeds minder representatief en de klassieke democratie heeft moeite om haar rol te vinden in interactieve netwerken (Van Reybrouck, 2016, p. 13; Akkerman, 2004, p. 286).

Akkerman wijst erop dat het klassieke ideaal van democratie niet het tellen van kiezersvoorkeuren was, maar het bereiken van overeenstemming door het uitwisselen van argumenten. In een democratie wordt het publieke belang gevormd door 'deliberatie', oftewel het onderling afstemmen van relevante belangen. Deliberatie veronderstelt de bereidheid om open te staan voor de inbreng van anderen. Een proces van onderlinge deliberatie bevordert de inhoudelijke acceptatie van een beslissing. Dit in tegenstelling tot stemmentellerij, wat een geaccepteerde beslismethode kan zijn, maar nooit bijdraagt aan onderling begrip (Akkerman, 2004, p. 293). Van Reybrouck bepleit een deliberatief bestuur, waarin beslissers door loting worden aangewezen, in plaats van door politieke verkiezingen (Van Reybrouck, 2016, p. 101). Vele sprekers mengen zich in dit koor.

Hoe zich dit verder zal ontwikkelen, valt buiten het bestek van dit boek. Het is wel duidelijk dat er op verschillende manieren aanvullingen ontstaan op het parlementaire systeem. Het monopolie van het klassieke mechanisme is voorbij. Op deze plek past de suggestie om niet te pogen dat monopolie krampachtig te herstellen. Het huidige tijdsgewricht biedt nieuwe mogelijkheden en vraagt daar ook om. De beschouwing over casusorganiseren laat zien dat interactie een goede aanvulling kan zijn op de beperkte rationaliteit van centrale regelstelling. Tegelijk is duidelijk geworden dat democratisch gekozen organen een eigen rol en verantwoordelijkheid hebben, die niet zomaar kan worden overgenomen door interactie tussen belanghebbenden of mandaat in de uitvoering. Onze democratisch gekozen organen hebben de mogelijkheid en de legitimiteit om grenzen te stellen aan de vrijheden voor die interactie. Daarnaast hebben ze mogelijkheden om zelf deel te nemen aan die interactie en daar een unieke bijdrage aan te leveren, juist als democratisch gelegitimeerde vertegenwoordigers van het publieke belang. Ten slotte ligt bij deze organen vaak de bevoegdheid om al of niet in te stemmen met participatie van hun bestuur en hun organisatie in bepaalde arrangementen. Casusorganiseren laat zien dat als er een crisis is van ons democratisch bestel, dit geen vraagstuk van overleving hoeft te zijn, maar een vraagstuk van transitie.

6 VAN BUREAUCRATISCH GEDRAG NAAR CASUS- PROFESSIONALITEIT

Weber zag het objectieve karakter van de gezagsuitoefening als een van de voordelen van bureaucratie. De burger wordt zakelijk en onpersoonlijk benaderd:

> *'Zonder aanzien des persoons, "sine ira et studio", zonder haat en daarom zonder liefde, zonder willekeur en daarom ook zonder genade, als zakelijke beroepsplicht en niet op basis van persoonlijke betrekkingen. (...) Niet vanwege persoonlijke woede of behoefte aan wraak, maar zonder enige persoonlijke deelname en omwille van zakelijke normen en doelen.' (Weber, 1921/1988, p. 37)*

Een dergelijke neutrale en onpersoonlijke benadering is in de moderne rechtsstaat een geaccepteerde norm en veel ambtenaren en politici zijn er trots op dat ze hun gezag onpartijdig invullen: volgens de regels en zonder acht te slaan op hun persoonlijke opvattingen.

Wat vaak minder aandacht krijgt, is dat deze onpersoonlijke benadering noodzakelijkerwijs wederkerig is. In een bureaucratie is de burger voor het loket onpersoonlijk. De individuele kenmerken van de burger, het bedrijf, de instelling, de groep worden buiten beschouwing gelaten. Maar niet alleen de burger vóór het loket wordt door de bureaucratie onpersoonlijk gemaakt. Ook de ambtelijke functionaris *achter* het loket moet onpersoonlijk worden. Het mag, zoals vaak wordt gezegd, niet uitmaken welke ambtenaar een zaak behandelt.

In de beroemde woorden van Taylor: 'All possible brainwork should be removed from the shop and centred in the planning or laying out department' (Taylor, 1911, p. 98). Ten Bos wijst erop dat in een bureaucratie niet alleen het 'brainwork' uit het werkproces wordt verwijderd, maar ook het professionele inzicht, het gevoel en de emotie. In zijn indringende studie *Bureaucratie is een inktvis* stelt hij dat bureaucraten zich baseren op functionele gehoorzaamheid aan hogere regels en beginselen. Het bureaucratisch gezag is gebaseerd op persoonlijke onbeschrevenheid, of scherper gezegd: op de ontmenselijking van de bureaucraat. De bureaucraat is niet een persoon, maar een *functionaris*. Een actor die in een bepaalde regelcontext 'juist' handelt. Het gaat om een 'formalistische onpersoonlijkheid' (Ten Bos, 2015, p. 27 en 109; zo ook: Hartman en Tops, 2005, 74).

Ten Bos ziet bureaucratie niet als een organisatievorm, waar je al of niet voor kunt kiezen. Het is een cultuur die ons omringt en die in onszelf is gaan zitten. Hij noemt het een 'hyperobject', omdat het zo groot is dat niemand er ooit volledig zicht op krijgt. Bureaucratie is als het water waar we in zwemmen, of – in de woorden van Weber – het 'onherroepelijk omhulsel' of de 'ijzeren kooi' (Weber, 1921/1988, p. 137).

Bureaucratie functioneert als een systeem waaraan het individu ondergeschikt is. Er geldt een soort deelnemersethiek dat je erbij moet horen, en dat je je neerlegt bij de werking van het stelsel (Ten Bos, 2015, p. 48). Bekend is het beeld van de ambtenaar die bij binnenkomst zijn persoonlijkheid aan de kapstok hangt.

Dat roept natuurlijk een spanning op met de menselijke behoefte aan individualiteit. Professionals zien zichzelf dan ook vaak als slachtoffer van de bureaucratie, omdat zij hun persoonlijke en professionele kwaliteiten niet mogen inzetten. 'Dat mensen zich miskend voelen is een grondkenmerk van bureaucratie. Het is zelfs precies de bedoeling van bureaucratie, want er geldt maar één principe: de persoon is altijd ondergeschikt aan de functie' (Ten Bos, 2015, p. 30).

Aan de andere kant vervult bureaucratie ook een diep menselijke behoefte, namelijk de behoefte aan ordelijkheid en aan beheersing van de wereld om ons heen. Bureaucratie belooft een veilige weg van onbevooroordeelde redelijkheid in een anders ondoorgrondelijke wereld. Bureaucratie probeert de omgang met de wereld zo rustig en voorspelbaar mogelijk te maken. Het is hierom dat mensen bureaucratie vaak veel fijner vinden dan ze geneigd zijn om toe te geven (Ten Bos, 2015, p. 31).

Bureaucratie past dus in psychologische zin enerzijds heel goed bij menselijke behoeften en anderzijds helemaal niet. 'We hebben van doen met een systeem dat tegelijkertijd menselijk en onmenselijk is' (Ten Bos, 2015, p. 25).

Die dubbele verhouding geldt ook voor de leiding van bureaucratieën. Uit alle bestuurskundig en organisatiekundig onderzoek is wel gebleken dat het een mythe is dat de leiding de touwtjes in handen zou hebben. 'In de praktijk overziet niemand het geheel en heeft niemand de hoogste macht' (Ten Bos, 2015, p. 66). De verstikkende regeldruk binnen de bureaucratie komt niet alleen vanuit de top, maar juist ook vanuit de werkvloer en collega's onderling. In de bureaucratische cultuur eist iedereen van elkaar dat eventuele gedragsvrijheid van de anderen wordt gevangen in vaste regels. Anonieme regels waaraan iedereen medeplichtig is, maar waarvan niemand meer de oorsprong kan aanwijzen (Downs, 1966). Het nettoresultaat is dat uiteindelijk ook de top gevangen is in een veelheid aan regels.

Dit ervaarde een nieuw binnengekomen directeur van de dienst bedrijfsvoering in 2015 bij de provincie Zuid-Holland. Toen zij vroeg om een kleine aanpassing van een bepaalde procedure kreeg zij als antwoord: 'Dat kan niet, want dat mag niet van de dienst bedrijfsvoering.'

Wie dat dan wel is, die 'dienst bedrijfsvoering', dat is volledig onduidelijk geworden. Er is een soort collectief geheugen dat ooit ergens is besloten dat iets niet mag.

Wie de moeite neemt om na te zoeken of dat zo is en waar dat dan staat, die kan zomaar ontdekken dat het collectief geheugen bedrieglijk is. De betreffende beslissing is niet terug te vinden, blijkt toch anders te luiden of een heel andere context te betreffen. In de loop der tijd is een gewoonte gegroeid tussen functionarissen, die allemaal voor waar zijn gaan aannemen dat iets niet kan of niet mag.

Topfunctionarissen in een bureaucratie kunnen in principe de regels veranderen. Maar dat is vaak arbeidsintensief, omdat het hele discussies uitlokt. Zomaar afwijken van een regel is ook lastig, want je voelt dat je een voorbeeldfunctie hebt. Als de top zich vrij voelt om van de regels af te wijken, komt het hele bouwwerk van bureaucratische controle in het geding ...

In het bureaucratisch perspectief is de functie van de ambtelijke en politieke top om redelijkheid en beheersing in de organisatie in stand te houden of tenminste de indruk te bewaren dat zij de zaak in de hand hebben. Dat verleidt de top om incidenten, zoals het afwijken van regels, te beantwoorden met nog meer extra regels. Dat is de zogenaamde 'regelreflex'. De top probeert op die manier om ten minste de papieren werkelijkheid kloppend te maken. Weber benoemt dit als een 'belangensolidariteit' tussen volgers en gezagsdragers. Beiden hebben belang bij de ordelijkheid die uit de bureaucratie voortvloeit. Ook Taylor zag al dat onpersoonlijke machtsuitoefening via regels vaak welkom is, omdat dit de scherpte kan halen uit de hiërarchische machtsverhoudingen (Taylor, 1947, p. 4). Een maatregel verschijnt niet meer als een confrontatie tussen baas en ondergeschikte, maar als een onpersoonlijke toepassing van regels, waaraan zowel baas als ondergeschikte gebonden zijn.

Alternatief: casusorganiseren
In de casusorganisatie wordt deze psychologie omgekeerd. Veiligheid en zekerheid worden niet meer gezocht in het idee dat een juiste set regels de juiste uitkomsten oplevert, mits automatisch toegepast zonder vrijheidsgraden in de uitvoering. De casusorganisatie vertrouwt juist op het beoordelingsvermogen van professionals als de cruciale sleutel om per specifieke situatie de meest passende en wenselijke uitkomst te realiseren.

Een van de vragen daarbij is in hoeverre we afhankelijk durven te zijn van het oordeelsvermogen van de professional. De beoordelingsvrijheid ligt immers bij de casist en hij laat daarbij, anders dan in een bureaucratie, zijn eigen (professionele) opvattingen niet buiten beschouwing.

Dit vraagstuk is geen nieuw probleem, maar een oud probleem in nieuwe verpakking. We zijn immers ook in een bureaucratie altijd afhankelijk geweest van het menselijk oordeelsvermogen. Misschien (als je dat gelooft) niet van degenen die de regels toepassen, maar dan toch van degenen die de regels opstellen. Ik zou durven stellen dat afhankelijk zijn van het oordeelsvermogen van professionals principieel niet meer of minder riskant is dan afhankelijk zijn van het oordeelsvermogen van regelmakers. Beide disciplines kunnen gewetensvol handelen, maar beide hebben ook een eigen bias en staan bloot aan selectieve prikkels en eigenbelang. In die zin is het niet verwonderlijk dat het geloof in onfeilbare regels is verdwenen. In de publieke opinie hebben professionals, zoals artsen, rechters en hoogleraren, inmiddels meer gezag dan politici, managers en andere regelaars.

In de casusorganisatie ligt de belangrijkste kwaliteitsborging, naast de kwaliteit van de beroepsuitoefening zelf, in het totale proces van besluitvorming. Dat proces kent, zoals Lindblom zo mooi omschreef, 'the intelligence of democracy': we zijn niet afhankelijk van de kwaliteit van een individuele beslisser/beslissing, als er tenminste om die beslissing checks-and-balances zijn ingebouwd en als ons handelen in de loop der tijd op grond van ervaringen wordt bijgesteld (Lindblom, 1959, p. 81).
Op dit punt biedt de casusorganisatie een gunstiger uitgangspunt dan de bureaucratie. De rationalistische managementfilosofie gelooft in de mogelijkheid van de perfecte standaardisatie, zoals Taylor geloofde in 'one best way of organizing'. In die denkwereld heb je niet zozeer behoefte aan checks-and-balances, maar eerder aan een rechttoe-rechtaanuitvoering van de democratisch gelegitimeerde en daarmee in theorie onkwetsbare besluiten.
Bij casusorganiseren is de kwetsbaarheid van het professionele oordeel juist een centraal kenmerk. Uitgangspunt is de 'stewardship'-benadering, dat wil zeggen dat de professional gericht is op het zo goed mogelijk uitoefenen van zijn vak, in het belang van de organisatie en de samenleving (Davis e.a., 1997). Dat houdt echter niet in dat de casusorganisatie een vooringenomen vertrouwen heeft in de juistheid en passendheid van het professionele oordeel. Het casuswerkproces is er juist op gericht om de professionele beoordelingsruimte

in te bedden in een proces van kaderstelling, informatievergaring, besluitvorming en evaluatie. Dit proces biedt checks-and-balances, deels binnen het individuele besluitvormingsproces zelf, deels in de zich in de loop van de tijd ontwikkelende professionele praktijk, met waarden en normen die zich ontwikkelen in confrontatie met de praktijk. Net als jurisprudentie in het recht, de state of the art in professionele beroepen en de 'habits' in een organisatie.

In de casusorganisatie wordt het handelen geherpersonaliseerd door een behandelend ambtenaar beoordelingsruimte en verantwoordelijkheid toe te kennen, onder (bege)leiding van een ambtelijk en bestuurlijk opdrachtgever. Niet omdat die professional onfeilbaar zou zijn, maar juist om toegang te bieden tot verantwoording en leerprocessen.

In een kafkaiaanse bureaucratie lopen verantwoordingsprocessen stuk op 'het probleem van de vele handen'. Iedere functionaris levert persoonlijk slechts zo'n klein aandeel in het handelen dat de verantwoordelijkheid verdampt (Bovens, 1990). 'Persoon, functionaris, context – in een bureaucratie is alles zo verstrengeld geraakt dat we alleen nog maar kunnen gissen naar de oorsprong of oorzaak van iets wat gezegd wordt' (Ten Bos, 2015, p. 55).

Daarentegen is er in de casusorganisatie voor elke zaak een aanspreekbare driehoek, die het centrum is van de verantwoordings-, leer- en ontwikkelprocessen zoals Lindblom ze heeft bedoeld. Dit leren doet geen afbreuk aan de verantwoordelijkheid van de professional, maar is juist een inherent kenmerk van die professie. Het ruime mandaat van die driehoek lijkt misschien een kwetsbaarheid. Het vraagt veel van de kwaliteit waarmee die rollen worden ingevuld. Maar de scherpte waarmee de verantwoordelijkheden zijn toegedeeld, is een voorwaarde om scherpte te organiseren in de leer- en verantwoordingsprocessen daaromheen. Zo bezien maakt dit de organisatie als geheel niet kwetsbaarder. De organisatie wordt transparanter, beter aanspreekbaar en sneller een lerende organisatie.

De ambitie om het 'onherroepelijk omhulsel' van de bureaucratie binnenstebuiten te keren is niet gering. Het vraagt een omdenken van al diegenen die bij bureaucratie zijn betrokken. Ten minste op de genoemde tien omkeringen. Het vraagt een herijking van talloze procedures en gebruiken. Maar gelukkig zijn we met elkaar al volop onderweg. De bureaucratische geest is honderd jaar geleden opgetekend, maar we zijn ook al enkele decennia bezig met een brede ontwikkeling om de principes en gewoonten van de bureaucratie geleidelijk te vervangen. Dit boek geeft een beschrijving van dat proces. Een proces dat zich niet beperkt tot academische bestuurskundigen of degenen die met een bureaucratie werken. Het is een brede maatschappelijke ontwikkeling. De norm van billijke-uitkomsten-per-concreet-geval krijgt inmiddels meer steun dan de oude norm van blinde regeltoepassing. Dat is een teken aan de wand. We hebben de eeuw van bureaucratie achter ons gelaten. We treden een nieuw organisatorisch tijdperk binnen, stap voor stap, voetje voor voetje.

EPILOOG

De voorgaande tekst is theorievormend, in die zin dat ik een nieuw begrippenkader presenteer als ideaaltypisch model voor de beschrijving van de actuele praktijk. Ik breng de verschijnselen die ik waarneem in kaart, maar ik probeer ze ook te ordenen en te verklaren. Dat soort waarnemen is altijd theoriegeladen, want je waarneming wordt geordend door de begrippen die je gebruikt (Koningsveld, 1980, p. 133). De tekst is theoretisch, in die zin dat ik samenhang zoek door een relatie te leggen met de ontwikkeling van de bestuurskundige wetenschap. Tegelijkertijd is de tekst ook empirisch, in die zin dat het geen normatief theoretische beschouwing is, maar een beschrijving van een feitelijk waarneembare praktijk (Zijderveld, 1988, p. 29).

Het is juist die wisselwerking tussen theorie en praktijk waaruit mijn fascinatie met het onderwerp casusorganiseren is ontstaan. Een belangrijke factor was dat ik naast het werken in de praktijk jarenlang colleges bestuurskunde heb mogen geven, als parttime docent aan de Radboud Universiteit Nijmegen. Vanaf 2012 ben ik in die colleges gaan spreken over de 'casusorganisatie', als contrast met de oude vertrouwde bureaucratietheorie. De eerste opzet van de tekst in dit boek stamt al uit 2010. De eerste gedachten in de richting van wat ik nu 'casusorganiseren' noem, zijn bij mij opgekomen in de periode dat ik werkte als gemeentesecretaris in Doetinchem (2002-2006). Inmiddels heb ik dertig jaar geparticipeerd in de praktijk van vijf gemeentelijke en vier provinciale overheden. Daarnaast heb ik als adviseur en begeleider gewerkt met tientallen overheidsorganisaties. Die ervaring ligt ten grondslag aan dit boek. De methode waarmee ik de in dit boek beschreven verschijnselen heb waargenomen, is te karakteriseren als 'participerende observatie'. Er was echter geen sprake van een onderzoeker 'going native' om een vreemde volksstam te observeren. Ik ben zelf een 'native' in het lokale en regionale bestuur. Met de voor- en nadelen die daarbij horen.

Participerende observatie is een vorm van veldonderzoek ('fieldresearch'), waarbij de onderzoeksgegevens worden ingewonnen door zelf te participeren in de situatie die je onderzoekt, of tenminste daar zelf bij aanwezig te zijn (Babbie, 2013, p. 328). Pols, hoogleraar Sociale Theorie en Humanisme, stelt: 'Participerende observatie is de allermooiste vorm van onderzoek doen.' Gestandaardiseerde onderzoekstechnieken, zoals interviews en enquêtes, leiden volgens haar onder 'te veel taal', in die zin dat respondenten hun eigen (sociaal wenselijke) reconstructie inbrengen in plaats van hun feitelijke gedrag, of 'te weinig taal', in die zin dat respondenten zich niet bewust zijn van hun eigen gedrag en vooronderstellingen (Pols, 2006, p. 24). De grote kracht van participerend onderzoek ligt op kwalitatief vlak. De methode biedt gelegenheid om een diepgaand begrip van je onderzoeksobject te ontwikkelen. Vooral als het gaat om het 'natuurlijk' gedrag in een bepaalde sociale omgeving, zoals in dit geval overheidsorganisaties. Welke dingen gebeuren er? Welke rollen worden er gespeeld? Participerend onderzoek geeft ook unieke kansen om de achtergronden van feitelijk gedrag te achterhalen: Wanneer ontstaat bepaald gedrag, en waarom? Welke patronen zijn daarin te ontdekken?

Met andere woorden, goed uitgevoerde participerende observatie is sterk in de 'geldigheid' (validiteit) van wat je meet: breng je ook werkelijk datgene in beeld wat je wilt onderzoeken?

Participatief onderzoek is echter gebaseerd op ervaringen die niet 'betrouwbaar' te herhalen zijn. De reconstructie die ik hier voorleg, is daarom onvermijdelijk in zekere mate persoonlijk en subjectief. Het is mijn begrip van de samenhang in de ontwikkeling van moderne overheidsorganisaties. Ik heb me daarbij niet gericht op statistische samenhang, maar op theoretisch-inhoudelijke samenhang. Ik heb gezocht naar de onderlinge samenhang tussen de verschillende elementen in de moderne overheidsorganisatie en naar de samenhang met de actuele maatschappelijke ontwikkeling en bestuurskundig-theoretische geschiedenis die eraan voorafging. Mijn beschrijving is in die zin meer theorievormend dan empirisch toetsend.

De zwakke plek van participerende observatie ligt op het kwantitatieve vlak. Hoe vaak doen zich bepaalde ontwikkelingen voor? In hoeveel van de Nederlandse overheidsorganisaties is de trend richting casusorganisatie zichtbaar? Treden daarbij altijd alle tien omkeringen op? Zien we de ene omkering vaker of eerder dan de andere, of niet? Die vragen zijn zeker interessant, maar ik kan ze in het bestek van dit boek niet beantwoorden.

Een ander aandachtspunt bij participerende observatie is de invloed die je zelf (bewust of onbewust) uitoefent op de omgeving die je beschrijft. Zoals Van Twist schrijft naar aanleiding van zijn promotieonderzoek: het is niet mogelijk om aan participerende observatie te doen zonder te participeren (Van Twist, 1994, p. 102). Dit geldt zeker in mijn geval. Ik heb al die jaren immers niet alleen waargenomen hoe overheidsorganisaties zich ontwikkelden. Ik heb die ontwikkeling ook zelf mede vormgegeven, doorgaans in een eindverantwoordelijke rol.

Het was overigens nooit zo dat ik het model van de casusorganisatie ben gaan invoeren, om er vervolgens in deze tekst op te kunnen wijzen dat dit model 'opgang doet' in de bestuurspraktijk. Het model van de casusorganisatie is een reconstructie achteraf, die in de loop van de jaren, met name de laatste tien, vijftien jaar, geleidelijk aan is gegroeid. Het is een beschrijving van een praktijk zoals ik die zich heb zien ontwikkelen en waarin ik als deelnemer aan die praktijk heb meegedaan. In die zin ben ik zoals Schön dat noemt een 'reflective practitioner' (Schön, 1983).

Het woord 'casusorganisatie' is in geen van de organisaties waar ik gewerkt heb ooit gebruikt. Dat neemt niet weg dat de principes van de casusorganisatie al lange tijd in mijn hoofd en mijn handelen zitten. Voor mij is het een automatisme geworden om het oordeelsvermogen van de professional van groter belang te achten dan de regels en het beleid. Voor mij is het vanzelfsprekend dat een directie of managementteam input levert aan de behandelaar, in plaats van zeggenschap over te nemen.

Door zelf zo te werken sijpelen principes van de casusorganisatie binnen in de organisaties waar ik werk, ook zonder dat ik daar bewust op uit ben. Die impliciete en onvermijdelijke invloed betekent dat mijn eigen ervaring niet beschouwd kan worden als een geldige verificatie van mijn stelling: dat de principes van casusorganiseren inmiddels in veel overheidsorganisaties dominanter zijn dan de bureaucratische principes.

Wel zie ik om mij heen dat ik bepaald niet de enige manager ben die bezig is met het afbouwen van de bureaucratische principes. Heel veel managers werken hieraan, in heel veel organisaties, onder noemers als 'opgavegericht werken', 'netwerkend werken', enzovoort. Ik merk dat in de organisaties waar ik zelf heb gewerkt. Maar ik zie het ook in de organisaties waarmee ik via mijn werk in aanraking kom. Eigenlijk zijn alle collega's die ik spreek ten minste op onderdelen bezig met de tien omkeringen die ik in dit boek heb beschreven. Dit geldt eerst en vooral voor gemeenten en provincies, die in direct contact met de moderne samenleving min of meer gedwongen worden om hiërarchische sturingsgewoonten te verlaten. Het geldt wellicht nog in mindere mate voor departementen en sommige uitvoeringsorganisaties, waarin het door een sterke sturingsdruk minder gemakkelijk is om vrijheidsgraden voor de uitvoering te organiseren. Maar ook in die organisaties worden volop initiatieven genomen in de richting van de casusorganisatie (zie bijvoorbeeld het programma 'VenJ verandert' van het ministerie van Veiligheid en Justitie, Kamerbrief van 2 maart 2016, 740333; de Werkateliers 'Vakmanschap telt' op het ministerie van Infrastructuur en Milieu; of de Programmadirectie Innovatie & Zorgvernieuwing van het ministerie van Volksgezondheid, Welzijn en Sport).

Als ik praat met practitioners of wetenschappers, dan worden de hier genoemde concrete verschijnselen direct herkend. Toch is er vaak aarzeling om die verschijnselen te kwalificeren als 'het verlaten van het bureaucratische organisatiemodel'. Al honderd jaar staat 'overheidsorganisatie' gelijk aan 'bureaucratie'. Ieder van ons is daarmee opgegroeid. Het kost moeite om dat idee los te laten.
Naar mijn overtuiging is het die moeite toch waard. Ik hoop duidelijk te hebben gemaakt hoezeer de actuele praktijk is omgeslagen in het tegendeel van de door Weber beschreven kenmerken. Als we dan nog vasthouden aan de identiteit als bureaucratie, dan dreigt er een 'cognitieve dissonantie' (vasthouden aan een overtui-

ging ondanks strijdige waarnemingen) die de ontwikkeling van overheidsorganisaties in de weg gaat zitten. Ik hoop dat dit boek ertoe bijdraagt dat we de overheidsorganisatie weer met een open blik gaan zien, als het al niet is vanuit het model van de casusorganisatie, dan toch in ieder geval niet meer vanuit het idee dat overheidsorganisaties allemaal bureaucratieën zijn.

Maar nogmaals, mijn begripsvorming en mijn waarnemingen gelden niet als empirische toetsing van de stelling dat we de eeuw van de bureaucratie achter ons hebben gelaten en dat het paradigma van het bureaucratische model achterhaald is. In wetenschappelijke zin is die stelling een hypothese die empirische toetsing behoeft, zowel in verificatie als in falsificatie. Ik hoop dat in de komende periode te kunnen doen door een systematisch onderzoek naar de tien omkeringen, zoals beschreven in hoofdstuk 4. Mogelijk dat zo'n onderzoek zal leiden tot een doorontwikkeling van het model van de casusorganisatie.

Vooruitlopend daarop kan ik hier al twee nuanceringen plaatsen. De eerste nuancering is dat casusorganiseren weliswaar een nieuwe 'wezensvorm' van overheidshandelen is, maar dat het niet de enige vorm van overheidshandelen is en dat mijns inziens ook nooit zal worden. Zoals ik in hoofdstuk 1 heb aangegeven, zijn er ook nu nog domeinen van overheidshandelen waar het bureaucratische model nog steeds leidend is. Sterker nog, in domeinen waar automatisering een grote rol speelt, is er zelfs sprake van een sublimatie van bureaucratische regelvolging, tot en met gecomputeriseerde besluitvorming, waar geen menselijk oordeel meer aan te pas komt. De opkomst van casusorganiseren betreft dus niet alle overheidshandelen, maar slechts een belangrijk deel daarvan. In veel organisaties worden ook nog bepaalde taken uitgevoerd op een voornamelijk bureaucratische wijze.

De tweede nuancering betreft de vraag of de opkomst van casusorganiseren gezien moet worden als een vervanging van het bureaucratische model of als een aanvulling daarop. Een voorbeeld van het laatste is de 'sedimentatie'-benadering die Van der Steen,

Scherpenisse en Van Twist hanteren in hun zogenaamde kwadrantenmodel (Van der Steen e.a., 2015; Bourgon, 2011). Zij beschrijven in dat model vier perspectieven op overheidssturing, die successievelijk zijn opgekomen. Het meest klassieke perspectief is dat van de rechtmatige overheid (eerste kwadrant). Het draait om legitimiteit en rechtmatigheid, met wet- en regelgeving als voornaamste instrument. Vooral in de jaren tachtig heeft het perspectief van de presterende overheid (tweede kwadrant) veel aandacht gekregen. Daarin staan meetbare effecten voorop, met financiële instrumenten en op het bedrijfsleven geïnspireerde methoden. Vanaf 1990 heeft het perspectief van de netwerkende overheid (derde kwadrant) een centrale plek gekregen in theorie en praktijk. Het gaat hierbij om doelbereiking door de inspanningen van meerdere onafhankelijke actoren, vaak onder regie van overheidspartijen. De laatste tien jaar is daar het perspectief van de responsieve overheid (vierde kwadrant) bij gekomen. Hier wordt ook wel gesproken over overheidsparticipatie: uitgangspunt daarin is het eigen handelen van maatschappelijke actoren, waaraan overheden kunnen bijdragen.

Van der Steen e.a. plaatsen de opkomst van deze perspectieven opeenvolgend in de tijd, maar gaan ervan uit dat zij elkaar niet hebben vervangen. Alle vier perspectieven zijn tegelijkertijd aan de orde. 'Het beeld dat wij gebruiken is dat van sedimentatie. De kwadranten liggen als laagjes over elkaar heen en zijn gelijktijdig aan de orde' (Van der Steen e.a., 2015, p. 26). Zij beschouwen de vier perspectieven als aspecten die tegelijkertijd aan de orde zijn in al het overheidshandelen, zij het in wisselende verhoudingen.
Misschien is een dergelijke verhouding ook aan de orde in de relatie tussen het bureaucratiemodel en het model van de casusorganisatie. Zoals beschreven in hoofdstuk 2 is de casusorganisatie historisch voortgekomen uit een aantal ontwikkelingen die vertrokken vanuit het bureaucratische model. Die onderliggende tradities vormen een basis waarop in de casusorganisatie nog steeds wordt voortgebouwd.

Dat geldt in ieder geval voor de rechtsstatelijke en maatschappelijke waarden onder de bureaucratietheorie. Een zorgvuldig en onpartijdig opererende overheid is in de wereld van vandaag nog even belangrijk als honderd jaar geleden en in grote delen van de wereld evenmin vanzelfsprekend als toen. Met het concept van de casus-organisatie richt ik me zeker niet tegen die waarden, maar alleen tegen de operationalisering via de veronderstelling dat die waarden kunnen worden bereikt door de uitvoering dicht te schroeien met regels en hiërarchie.

Zo bezien is de casusorganisatie niet een tegenstelling tegenover de bureaucratische principes, maar te begrijpen als een meer eigentijdse uitwerking van diezelfde onderliggende waarden.

Het is ook denkbaar dat het in belangrijke mate een kwestie van inzoomen is. Zoals een voetbal mooi rond lijkt, totdat je van dichtbij kijkt en je de nerven ziet, de krassen en onregelmatigheid in de bolling. Laat staan als je die bal onder een microscoop legt en ontdekt dat het oppervlak meer lijkt op een berglandschap met oerbossen dan op een perfecte ronding.

Zo geldt misschien ook voor het beeld van 'eenvoudige regelvolging' dat het altijd een abstractie is geweest, een rationalistische illusie, aangejaagd door de idealen van de Verlichting. Een onvoltooibare 'queeste', zoals Van Gunsteren stelt. In navolging van Wittgenstein concludeert hij dat het idee van het 'volgen' van regels logisch altijd en empirisch meestal problematisch is. Van Gunsteren wijst erop dat het altijd noodzakelijk is om feiten en regels aan elkaar te koppelen. Daarbij is per definitie een interpretatieve redelijkheid nodig, die sociaal-cultureel bepaald is. De mores van de context wegen mee en zijn zelfs onmisbaar om tot een goede toepassing te komen. De activiteit van het bemiddelen tussen regels en feiten ('Vermittlung') is het eigenlijk te bestuderen fenomeen, niet de regels zelf, die per definitie slechts een abstractie zijn (Van Gunsteren, 1976, p. 108).

Zo bezien steunde het bureaucratische ideaal van automatische regelvolging altijd al op een waarneming van afstand. Een waarneming die, op de meest eenvoudige gevallen na, nooit echt houdbaar is geweest.

In deze geest kun je de verhouding tussen de bureaucratische en de casusorganisatie ook zien als een eeuwigdurend dilemma: het verabsoluteren van regels, bevoegdheidsverdelingen en de organisatiestructuur is onproductief, maar met mate en verstand gehanteerd kunnen ze een belangrijke ondersteuning zijn om het werk goed en vlot te laten verlopen.

Mijn uitgangspunt is in ieder geval dat er sprake is van een perspectiefwissel. In- en uitzoomend is, was en blijft zowel het perspectief van regelvolging als het perspectief van casuïstisch maatwerk relevant. Zo is het een zinnige uitspraak om te zeggen dat de AOW regelgestuurd wordt uitgekeerd: vanaf 65 jaar krijgt iedere alleenstaande een AOW-uitkering van € 1161,69 per maand, plus indexering. Iedere AOW-gerechtigde krijgt op hetzelfde moment hetzelfde bedrag, volgens dezelfde regels. Tegelijkertijd dienen zich ook hier al de complicaties aan. De AOW-leeftijd gaat in stappen omhoog naar 66 jaar in 2018 en 67 jaar in 2021. Vanaf 2022 is de AOW-leeftijd gekoppeld aan de levensverwachting. Maar voor personen die buiten Nederland werken of hebben gewerkt en personen die om andere reden niet altijd premie hebben betaald, gelden afwijkende bepalingen. Hier ontstaan in de praktijk lastige situaties bij het vaststellen van de feiten en het interpreteren van de regels en de omstandigheden. Zo zien we dat zelfs de ogenschijnlijk eenvoudigste regelgeving een interpretatieve toepassing vergt. Dat leidt, als je voldoende inzoomt, tot casuïstische beoordelingen. Dat is altijd zo geweest en zal altijd zo blijven.

Waar het in dit boek om gaat, is dat we een lange eeuw het perspectief van regelvolging hebben gehanteerd, als norm en als interpretatie van de werkelijkheid. En dat we onze ideeën, ons discours, ons handelen en bovenal de inrichting van onze organisaties daarop hebben afgestemd. Nu dient zich een perspectiefwisseling aan. Het bureaucratisch perspectief is steeds minder relevant voor de bestuurspraktijk, de wetgeving en de manier waarop we onze organisaties inrichten.

In de praktische werkelijkheid kunnen we niet wegkomen met een abstract theoretisch idee dat beide perspectieven relevant zijn en als 'sedimenten' op elkaar zouden liggen. In de werkelijkheid van alledag moeten we keuzes maken over de manier waarop we ons werk doen, over de rolverdeling die we hanteren, over de structuur van de organisatie en de taak van het management. In die keuzes kunnen beide perspectieven niet tegelijk worden gehanteerd. De stelling die ik in dit boek heb uitgewerkt, is dat in die keuzes het model van casusorganiseren inmiddels dominant is en dat daar goede redenen voor zijn. Mijn stelling is verder dat het van belang is om ons handelen vanuit de samenhang van dat model in te richten.

Het belangrijkste motief om hierover na te denken was steeds dat ik het zelf wil begrijpen. De afgelopen drie decennia heb ik ingrijpende veranderingen meegemaakt in de manier waarop we tegen de overheid aankijken en de manier waarop we de overheid organiseren. Net als de meeste collega's heb ik daar op mijn beurt steeds steentjes aan bijgedragen. Net als de meeste collega's koos ik vaak voor een voortdurende en geleidelijke doorontwikkeling. Net als de meeste collega's stond ik daarbij onder invloed van af en aan rondwarende trends.

Met het voorgaande verhaal kan ik dit duiden als respectievelijk incrementalisme (het steeds opnieuw uitproberen van kleine verbeteringen) en isomorfisme (het volgen van schijnbare succesvolle voorbeelden en verhalen). Het zijn allebei bekende en op zichzelf verantwoorde strategieën voor het omgaan met een overload aan informatie en tegelijk een gebrek aan zekere kennis.

Maar voor mij voelde het eenvoudig volgen van deze bewegingen altijd als te gemakkelijk. Het nadeel van deze strategieën is namelijk dat veel organisaties veranderingen doorvoeren die ze slechts oppervlakkig kennen, begrijpen en doorgronden. Mijn ambitie is altijd verder gegaan. Ik probeer steeds te doorgronden wat het karakter is van onze organisaties, van de onder- en bovengrondse patronen daarin en van de veranderrichting die de meesten van ons zijn ingeslagen.

Meer dan ooit besef ik de waarheid van wat Ten Bos zegt: 'Het verschijnsel bureaucratie is zo groot dat je er nooit volledig zicht op krijgt' (Ten Bos, 2015, p. 64-66). Maar ik geloof wel dat het model van de casusorganisatie een scherper perspectief biedt op waar we als practitioners mee bezig zijn dan het weberiaanse model. Ik hoop dat het ook de lezer kan helpen aan een 'diepgaander begrip' van de samenhang in doelen, normen en gedrag, in rollen, structuren en sturing.

Achter dat begrip ligt de uitdaging om ons aan de bureaucratie te ontworstelen. In de interpretatie van Ten Bos is bureaucratie veel meer dan een organisatievorm. Het is een hyperobject, een cultuur en een denkwijze. Het zit in ons en om ons heen en laat zich daarom niet zomaar veranderen in iets anders (Ten Bos, 2015, p. 40 en 142). Het is inderdaad nog maar de vraag of het de moderne mens ooit lukt om zich los te maken van het modernistische geloof in rationaliteit en regelvolging. Maar dat we de kenmerken van het weberiaanse bureaucratiemodel achter ons hebben gelaten, is aantoonbaar. Dat is maar goed ook, want de tekorten van de rationele regelreflex zijn steeds nadrukkelijker op de voorgrond getreden naarmate onze samenleving complexer en dynamischer is geworden. In zo'n omgeving past de bureaucratische organisatievorm niet meer. Vanuit de organisatietheorie weten we dat een organisatie het best functioneert als er een fit is met hetgeen de externe omgeving vraagt en een fit tussen de verschillende interne processen (Lawrence & Lorsch, 1967). Op die beide punten ligt de meerwaarde van de casusorganisatie en haar tien omkeringen, vooral als die in onderlinge samenhang worden gehanteerd. Ik hoop dat dit model kan helpen om organisaties in deze overgangstijd weer in een 'flow' te krijgen (Csikszentmihalyi, 1990): het gevoel dat je met elkaar de moeilijke uitdaging waar kunt maken om uit de bureaucratische mal te stappen en daadwerkelijk toegevoegde waarde te leveren bij het oplossen van concrete maatschappelijke opgaven.

DANKWOORD

Ik dank de organisaties waar ik heb mogen werken en waar ik de weerbarstigheden van de praktijk heb mogen ervaren. Ik dank de vele collega's die er ambitie en plezier in hadden om steeds opnieuw samen te proberen die organisaties beter te laten functioneren. In elke organisatie heb ik met zulke collega's mogen samenwerken. Dat leidde altijd tot intensieve discussies, waarin ieders ideeën werden getoetst en verrijkt. Samen hebben we van alles geprobeerd, soms heel succesvol en soms minder. We hebben ook steeds geprobeerd te analyseren waar dat aan lag. Van al die collega's en al die ervaringen heb ik veel dingen geleerd die in de bovenstaande tekst zijn terug te vinden.

Ik dank de Radboud Universiteit, waar ik een reeks van jaren colleges mocht verzorgen. Dat de docent daar zelf het meeste van leert, is een bekend gezegde, en een waarheid die mij enorm geholpen heeft. Ik dank ook prof. Paul Frissen, prof. Paul 't Hart, prof. Martijn van der Steen, prof. Mark van Twist, prof. Michiel de Vries en dr. Jan Kees Helderman, die afgelopen zomer de conceptversie van dit boek hebben gelezen en van commentaar voorzien. Hun reacties hebben me bemoedigd en gezorgd voor belangrijke verbeteringen en aanvullingen in de tekst.

Ik dank ten slotte mijn vrouw Jolanda Brinkhof, voor te veel om op te noemen, maar vooral voor hoe ze mij en anderen heeft geïnspireerd door, ondanks zoveel tegenwind, te blijven schijnen als een baken van levenskracht.

LITERATUUR

Agranoff, R., 'Inside collaborative networks. Ten lessons for public managers', *Public Administration review*, jrg. 66(1), 2006, p. 56-65.

Agranoff R. & M. McGuire, *Collaborative public management, New strategies for local governments*, Washington, 2003.

Akkerman, T., 'Democratisering in perspectief. De deliberatieve democratie', in: E.R. Engelen & M. Sie Dhian Ho (red.), *De staat van de democratie. Democratie voorbij de staat*, WRR, Amsterdam, 2004, p. 285-306.

Allison, G.T., *Essence of decision. Explaining the Cuban missile crisis*, Boston, 1971.

Ansell, C.K., *Pragmatist democracy. Evolutionary learning as public philosophy*, New York, 2011.

Arend, S. van der, *Pleitbezorgers, procesmanagers en participanten*, Delft, 2007.

Aristoteles, *Ethica Nicomachea*, vertaling Ch. Hupperts & B. Poortman, Budel, 2004.

Baas, J.H. de, *Bestuurskunde in hoofdlijnen. Invloed op beleid*, Groningen, 1995.

Baas, J.H. de, *Iedereen stuurt iedereen. Over verlegenheid en arrogantie van overheden in netwerken*, Inleiding Vereniging voor Griffiers, 2016 (verwacht in: Bestuurskunde, aflevering 4, december 2017).

Baas, J.H. de & H.J.A.M. van Geest, *Ruimtelijke besluitvorming via vrijstellingen. Een onderzoek naar het functioneren van vrijstellingsbepalingen in de Wet op de ruimtelijke ordening*, Zwolle, 1990.

Babbie, E., *The practice of social research*, Wadsworth, 2013.

Baccaro, L., 'Civil society meets the state. Towards associational democracy?', *Socio-Economic Review*, 2006/2, p. 185-208.

Bannink, D., H. Bosselaar & W. Trommel (red.), *Crafting local welfare landscapes*, Den Haag, 2013.

Becker, A. de, 'Juridische status van een ethische code. Waar plaats je zo'n code in de hiërarchie van continentale normen?', *Bestuurskunde*, jrg. 23, 2014/4, p. 19.

Bekke, A.J.G.M., *De betrouwbare bureaucratie. Over veranderingen van bureaucratische organisaties en ontwikkelingen in het maatschappelijk bestel*, Alphen aan den Rijn, 1990.

Bekkers, H., 'Leegloop bij BZK na reorganisatie. De reorganisatie bij Binnenlandse Zaken heeft gevolgen voor de inhoud van het beleid', *Binnenlands Bestuur*, 24 maart 2016.

Benington, J., 'From private choice to public value?', in: J. Benington & M.H. Moore, *Public value. Theory and practice*, Londen, 2011.

Bentham, J., *An introduction to the principles of morals and legislation*, 1789.

Binnema, H., K. Geuijen & M. Noordegraaf, *Verbindend vakmanschap. De uitdaging van tegelijk loslaten en samenbrengen*, Utrecht, 2013.

Blom, T., *Complexiteit en contingentie. Een kritische inleiding tot de sociologie van Niklas Luhmann*, Kampen, 1997.

Boogers, M., B. Denters & M. Sanders, *Effecten van regionaal bestuur. Quick scan van de effectiviteit en democratische kwaliteit van regionaal bestuur*, Enschede, 2015.

Boonstra, F.G., *Laveren tussen regio's en regels. Verankering van beleidsarrangementen rond plattelandsontwikkeling in Noordwest Friesland, de Graafschap en Zuidwest Salland*, Assen, 2004.

Bos, J. & E. Harting, m.m.v. P. Zuiker, *Projectmatig creëren 2.0*, Schiedam, 2006.

Bos, J., A.J. van Loon & H. Licht, *Programmatisch creëren*, Schiedam, 2013.

Bos, R. ten, *Bureaucratie is een inktvis*, Amsterdam, 2015.

Bourgon, J., *A new synthesis of public administration: Serving in the 21st century*, Kingston (Ontario), 2011.

Bovens, M.A.P., *Verantwoordelijkheid en organisatie. Beschouwingen over aansprakelijkheid, institutioneel burgerschap en ambtelijke ongehoorzaamheid*, Zwolle, 1990.

Bovens, M.A.P. & P. 't Hart, 'Publieke verantwoording, zegen en vloek', in: W. Bakker & K. Yesilkagit (red.), *Publieke verantwoording*, Amsterdam, 2005, p. 245-264.

Bovens, M.A.P. & Th. Schillemans, *Handboek publieke verantwoording*, Den Haag, 2009.

Bovens, M. & S. Zouridis, 'From street-level to system-level bureaucracies. How information and communication technology is transforming administrative discretion and constitutional control', *Public Administration Review*, jrg. 62, 2002/2, p. 174-184.

Braam, A. van, *Leerboek bestuurskunde*, Muiderberg, 1986.

Brenninkmeijer, A.F.M., 'Minder, minder, minder politiek', *NRC*, 28 april 2016.

Bruijn, J.A. de, 'Regie in de haarvaten van de stad. Een essay over het regisseren van microbeslissingen', *Bestuurskunde*, jrg. 19, 2010/4, p. 46-53.

Bruijn, J.A. de, *Managing professionals*, Oxon, 2011.

Castells, M., *The rise of the network society*, Chichester, 1996.

Chandler, A.D., *Strategy and structure: Chapters in the history of the American industrial enterprise*, Cambridge, 1962.

Cohen, M.D., J.G. March & J.P. Olson, 'A garbage can model of organizational choice', *Administrative Science Quarterly*, jrg. 17, 1972/1, p. 1-25.

Crozier, M., *The bureaucratic phenomenon*, Chicago, 1964 (origineel: *Le phénomène bureaucratique*, Parijs, 1963).

Csikszentmihalyi, M., *Flow. The psychology of optimal experience*, New York, 1990.

Daft, R. & K.E. Weick, 'Toward a model of organizations as interpretation systems', *Academy of Management Review*, jrg. 9, 1984/2, p. 284-295.

Dahl, R., *A preface to democratic theory*, Chicago, 1956.

Davis, J.H., F.D. Schoorman & L. Donaldson, 'Towards a stewardship theory of management', *Academy of Management Review*, jrg. 22, 1997/1, p. 20-47.

Derrida, J., *Of grammatology*, Baltimore, 1974 (origineel: *De la grammatologie*, *1967*).

Dewey, J., *Democracy and education*, New York, 1916.

Dewey, J., *Human nature and conduct. An introduction to social psychology*, New York, 1922.

Dewey, J., 'Logical method and law', *Cornell Law Review*, jrg. 10, 1924/1, p. 17.

Dewey, J., *The public and its problems. An essay in political inquiry*, Ohio, 1927.

DiMaggio, P.J. & W.W. Powell, 'The iron cage revisited: Institutional isomorphism and collective rationality in organizational fields', *American Sociological Review*, 1983/48, p. 147-160.

Doel, J. van den, *Demokratie en welvaartstheorie*, Alphen aan den Rijn, 1978.

Donk, W.B.H.J. van de & T. Brandsen, 'Vermengen of verbinden? Lessen uit het maatschappelijk middenveld', in: T. Brandsen, W.B.H.J. van de Donk & P. Kenis (red.), *Meervoudig bestuur. Publieke dienstverlening door hybride organisaties*, Den Haag, 2006, 361-372.

Dorf, M.C. & C.F. Sabel, *A constitution of democratic experimentalism*, Cornell Law Faculty Publications, Paper 120, 1998.

Downs, A., *An economic theory of democracy*, New York, 1957.

Downs, A., *Inside bureaucracy*, Boston, 1966.

Easton, D., *The political system*, New York, 1953.

Edelman, M., *The symbolic uses of politics*, Chicago, 1985.

Elster, J., *Deliberative democracy*, New York, 1998.

Elzinga, D.J., 'Naar een nieuwe politieke machtenscheiding. Over dualisme, ontvlechting en politiek leiderschap', *Socialisme en Democratie*, 1999/10, p. 435-442.

Engelen, E.R. & M. Sie Dhian Ho (red.), *De staat van de democratie. Democratie voorbij de staat*, WRR, Amsterdam, 2004.

Etzioni, A., *The spirit of community. The reinvention of American society*, New York, 1993.

Etzioni, A., *The new golden rule. Community and morality in a democratic society*, New York, 1996.

Fisher, R., W. Ury & B. Patton, *Getting to YES: Negotiating agreement without giving in*, New York, 1991.

Follett, M.P., *Dynamic administration*, New York, 1927.

Foucault, M., *Discipline and punish: The birth of a prison*, Londen, 1991.

Frissen, P., *De virtuele staat. Politiek, bestuur, technologie: een postmodern verhaal*, Schoonhoven, 1996.

Frissen, P., *De lege staat*, Amsterdam, 1999.

Frissen, P.H.A., *De fatale staat. Over de politiek noodzakelijke verzoening met tragiek*, Amsterdam, 2013.

Glaser, J.P.L.M., *Matrixorganisaties*, Groningen, 1981.

Goodin, R.E. & J.S. Dryzek, 'Deliberative impacts'. The macro-political uptake of mini-publics', *Politics and Society*, 2006/34, p. 219-244.

Groenleer, M., *De regio als redding. Over governance van ruimte en plaats in de netwerksamenleving*, Tilburg, 2016.

Gunsteren, H.R. van, *The quest for control. A critique of the rational-central-rule approach in public affairs*, Leiden, 1972/New York, 1976.

Habermas, J., *Theorie des kommunikativen Handelns*, Frankfurt am Main, 1981.

Hamel, G. & M. Zanini, 'What we learned about bureaucracy from 7,000 HBR-readers', *Harvard Business Review*, HBR.org, 10 augustus 2017.

Hanf, K. & F.W. Scharpf, (red.), *Interorganizational Policy Making: Limits to Coordination and Central Control*, Londen, 1978.

Hart, P. 't, *Ambtelijk vakmanschap 3.0. Zoektocht naar het handwerk van de overheidsmanager*, Den Haag, 2014.

Hartman, C. & P. Tops, *Frontlijnsturing. Uitvoering op de publieke werkvloer van de stad*, Den Haag, 2005.

Hayek, F.A., *The constitution of liberty*, Chicago, 1960.

Hiemstra, J. & J. Boelens, 'Nieuwe organisatiestructuren in gemeenten', *Openbaar Bestuur*, 2002/1, p. 11-15.

Hirsch Ballin, E.M.H., *Publiekrecht en beleid. Fundamentele kwesties rondom het functioneren van de Wetenschappelijke Raad voor het Regeringsbeleid*, Alphen aan den Rijn, 1979.

Homan, T., *Organisatiedynamica. Theorie en praktijk van organisatieverandering*, Den Haag, 2005.

Hoogerwerf, A., (red.), *Het ontwerpen van beleid. Een handleiding voor de praktijk en resultaten van onderzoek*, Alphen aan den Rijn, 1992.

Huberts, L., G. de Graaf & R. Smulders, *Publieke waarden. De beginselen van goed bestuur in de dagelijkse praktijk van ziekenhuis en gemeente*, Ministerie van Binnenlandse Zaken en Koninkrijksrelaties, Den Haag, 2013.

Jong, H.M. de & B. Dorbeck-Jung, *Juridische staatsleer*, Baarn, 1997.

Jorna, F., *De autobureaucratie. Informatisering en leren van uitvoering*, Delft, 2009.

Keynes, J.M., *The end of laissez faire*, Londen, 1926.

Kickert, W., E.H. Klijn & J. Koppenjan (red.), *Managing complex networks. Strategies for the public sector*, Londen, 1997.

Klijn, E.H., J. Koppenjan & C. Termeer, 'Managing networks in the public sector. A theoretical study of management strategies in policy networks', *Public Administration*, 1995, p. 437-454.

Koningsveld, H., *Het verschijnsel wetenschap. Een inleiding tot de wetenschapsfilosofie*, Amsterdam, 1980.

Kooiman, J., *Modern governance. New government-society interactions*, Londen, 2003.

Koppenjan, J.F.M., J.A. de Bruijn & W.J.M. Kickert (red.), *Netwerkmanagement in het openbaar bestuur. Over de mogelijkheden van overheidssturing in beleidsnetwerken*, Den Haag, 1993.

Koppenjan, J.F.M. & E.H. Klijn, *Managing uncertainties in networks. A network approach to problem solving and decision making*, Londen, 2004.

Kor, R. & G. Wijnen, *Essenties van project- en programmamanagement. Succesvol samenwerken aan unieke opgaven*, Alphen aan den Rijn, 2005.

Kreveld, J.H. van, *Beleidsregels in het recht*, Deventer, 1983.

Kruiter, A.J. & W. van der Zwaard, *Dat is onze zaak*, Raad voor Maatschappelijke Ontwikkeling, Den Haag, 2014.

Kwakkelstein, T. & J. Beaumont, 'Socialisatie van ambtenaren. Een kritische reflectie', *Bestuurskunde*, jrg. 23, 2014/4, p. 25-34.

Lasswell, H.D., *The futures of political science*, New York, 1963.

Lawrence, P.R. & J.W. Lorsch, *Organization and environment. Managing differentiation and integration*, Boston, 1967.

Lier, R.P.L.M. van, 'Programmamanagement vertrekpunt nieuw gemeentelijk organisatiemodel. Druk tot organisatievernieuwing wordt groter', *Overheidsmanagement*, 2001/6, p. 163-166.

Lier, R.P.L.M. van, *De provinciale organisatie in continue staat van verandering. Waarom veranderen provincies van organisatiemodel?*, Rotterdam, 2007.

Lindblom, C.E., 'The science of muddling through', *Public Administration Review*, jrg. 19, 1959/2, p. 79-88.

Lindblom, C.E., *Politics and markets. The world's political-economic systems*, New York, 1977.

Lipsky, M., *Street level bureaucracy. Dilemmas of the individual in public services*, New York, 1980.

Loo, H. van der & W. van Reijen, *Paradoxen van modernisering*, Bussum, 2001.

Luhmann, N., 'Autopoiesis, Handlung und kommunikative Verständigung', *Zeitschrift für Soziologie*, 1982/4, p. 366-379.

Majoor, S.J.H., *Voorbij de beheersing? Bijdragen aan de stadsontwikkeling in Amsterdam*, Amsterdam, 2010.

Maynard-Moody, S. & M. Musheno, *Cops, teachers, counselors. Stories from the front lines of public service*, Michigan, 2003.

Merriënboer, J. van, 'De jaren tachtig: van blauwdrukdenken naar sturing van efficiënte bestuurslagen', in: *Het openbaar bestuur in historisch perspectief*, Achtergronddocument studiegroep Openbaar Bestuur, Ministerie van Binnenlandse Zaken en Koninkrijksrelaties, Den Haag, 2015, p. 38-47.

Merton, R.K., 'Bureaucratic structure and personality', in: R.K. Merton e.a. (red.), *Reader in bureaucracy*, Glencoe, 1952, p. 361-371.

Mill, J.S., *On liberty*, Boston, 1859.

Mill, J.S., *Utilitarianism*, Londen, 1863.

Mintzberg, H., *The structuring of organizations. A synthesis of the research*, Englewood Cliffs, 1979.

Mintzberg, H. & J.B. Quinn, *The strategy process: Concepts, contexts, cases*, Upper Saddle River, 2003.

Montesquieu, Ch. de, *De l'esprit des lois*, Genève, 1748.

Moore, M.H., *Creating public value. Strategic management in government*, Cambridge, 1995.

Moore, M.H. & S. Khagram, *On creating public value. What business might learn from government about strategic management*, Cambridge, 2004.

Mulder, M., *Competentieontwikkeling in organisaties: theorie en praktijk*, Den Haag, 2001.

Niskanen, W., *Bureaucracy: Servant of master? Lessons from America*, Londen, 1973.

Noordegraaf, M., 'From pure to hybrid professionalism. Present-day professionalism in ambiguous public domains', *Administration & Society*, Vol 39, Issue 6, 2007, p. 761-785.

Noordegraaf, M. & B. Steijn (red.), *Professionals under pressure. The reconfiguration of professional work in changing public services*, Amsterdam, 2013.

Nozick, R., *Anarchy, state and utopia*, New York, 1974.

Osborne, S. (red.), *The new public governance. Emerging perspectives on the theory and practice of public governance*, Londen, 2010.

Osborne, D. & T. Gaebler, *Reinventing government. How the entrepreneurial spirit is transforming the public sector*, Reading, 1992.

Ostrom, V., Multi-organizational arrangements in the governance of unitary and federal political systems, K. Hanf & Th.A.J. Toonen, *Policy implementation in federal and unitary systems*, Dordrecht, 1985.

Parsons, W., *Public policy. An introduction to the theory and practice of policy analysis*, Cheltenham, 1995.

Pierre, J. & G. Peters, *Governance, politics and the state*, New York, 2000.

Pollitt, C. & G. Bouckaert, *Public management reform: A comparative analysis. New public management, governance and the neo-Weberian state*, New York, 2011.

Pols, J., 'Te veel of te weinig taal. Participerende observatie bij onderzoek naar idealen in de zorg', *Tijdschrift voor Kwalitatief Onderzoek in Nederland*, jrg. 11, 2006/2, p. 24-28.

Popper, K., *The open society and it's enemies*, New York, 1945.

Popper, K., *The logic of scientific discovery*, New York, 1959.

Pressman, J.L. & A.B. Wildavsky, *Implementation. How great expectations in Washington are dashed in Oakland*, Berkeley, 1973.

Pröpper, I. & D.A. Steenbeek, *De aanpak van interactief beleid. Elke situatie is anders*, Bussum, 1999.

Quade, E.S., *Analysis for public decisions*, New York, 1982.

Raad voor het openbaar bestuur (Rob), *De regiefunctie in gemeenten*, Den Haag, 1999.

Raad voor het openbaar bestuur (Rob), Aardema, H. & A. Korsten, 'Gemeentelijke organisatiemodellen. Hoe integraler het moet, hoe minder je het ziet...', in: A.J.G.M. Bekke, C.J.M. Breed & P. de Jong (red.), *Naar een collegiaal en samenhangend overheidsbestuur*, Den Haag, 2009.

Raad voor het openbaar bestuur (Rob), *Loslaten in vertrouwen. Naar een nieuwe verhouding tussen overheid, markt en samenleving*, Den Haag, 2012.

Raad voor Maatschappelijke Ontwikkeling (RMO), *De ontkokering voorbij. Slim organiseren voor meer regelruimte*, Amsterdam, 2008.

Raadschelders, J.C.N., *Plaatselijke bestuurlijke ontwikkelingen 1600-1980. Een historisch-bestuurskundig onderzoek in vier Noord-Hollandse gemeenten*, Leiden, 1990.

Raadschelders, J.C.N., *Government: A public administration perspective*, New York, 2003.

Rawls, J., *A theory of justice*, Cambridge, 1971.

Reybrouck, D. van, *Tegen verkiezingen*, Amsterdam, 2016.

Rorty, R., *Consequences of pragmatism. Essays, 1972-1980*, Minneapolis, 1982.

Rosenthal, U., M.P.C.M. van Schendelen & A.B. Ringeling, *Openbaar bestuur, organisatie, politieke omgeving en beleid*, Alphen aan den Rijn, 1987.

Ruijters, M.C.P., *Je binnenste buiten. Over professionele identiteit in organisaties*, Vakmedianet, Alphen aan den Rijn, 2015.

Rutte, M., *Individu is juist geholpen bij ongelijke behandeling*, Kerkdijklezing, Den Haag, 12 november 2014.

Sabel, C.F., 'Beyond principal-agent governance. Experimentalist organizations, learning and accountability', in: E.R. Engelen & M. Sie Dhian Ho (red.), *De staat van de democratie. Democratie voorbij de staat*, WRR, Amsterdam, 2004, p. 173-196.

Sabel, C.F. & W.H. Simon, 'Minimalism and experimentalism in the administrative state', *Georgetown Law Journal*, 2011/100, p. 53.

Schillemans, T., *Verantwoording in de schaduw van de macht. Horizontale verantwoording bij zelfstandige overheidsorganisaties*, Den Haag, 2007.

Schillemans, T., 'Regelruimte. Over de logica van verkokering en alternatieven voor ontkokering', in: *De ontkokering voorbij. Slim organiseren voor meer regelruimte*, Raad voor Maatschappelijke Ontwikkeling, Amsterdam, 2008, p. 107.

Schön, D, *The reflective practitioner. How professionals think in action*, New York, 1983.

Schulz, M., I. den Heijer, J.H. de Baas & M. van der Steen, *Sturen en stromen. Overheid in een samenleving waarin iedereen stuurt*, Den Haag, 2017.

Schumpeter, J., *Capitalism, socialism and democracy*, Londen, 1943.

Sennett, R., *De flexibele mens (The corrosion of character). Psychogram van de moderne samenleving*, New York, 1998.

Sennett, R., *De ambachtsman. De mens als maker*, Amsterdam, 2008.

Simon, H.A., 'The proverbs of administration', *Public Administration Review*, 1946, p. 53-67.

Simon, H.A., *Administrative behavior. A study of decision-making processes in administrative organization*, New York, 1947.

Snellen, I.Th.M., 'Street level bureaucracy in an information age', in: I.Th.M. Snellen & W.B.H.J. van de Donk (red.), *Public administration in an information age*, Amsterdam, 2012, p. 264-278.

Steen, M. van der, J. Scherpenisse & M.J.W. van Twist, *Sedimentatie in sturing. Systeem brengen in netwerkend werken door meervoudig organiseren*, Den Haag, 2015.

Steen, M. van der, M.J.W. van Twist, N. Chin-A-Fat & T. Kwakkelstein, *Pop-up publieke waarde: overheidssturing in de context van maatschappelijke zelforganisatie*, Den Haag, 2013.

Susskind, L. & J. Cruikshank, 'From win lose to all-gain solutions', in: *Breaking the impasse: Consensual approaches to resolve public disputes*, New York, 1987, p. 33-34.

Taekema, S., 'Regels als handelingsinstrument. Het rechtsbegrip van Dewey en Glastra van Loon', in: *Opstellen voor Liesbeth Huppes-Cluysenaer*, Amsterdam, 2012, p. 65.

Taylor, F.W., *Principles of scientific management*, New York, 1911.

Teisman, G.R., *Complexe besluitvorming. Een pluricentrisch perspectief op besluitvorming over ruimtelijke investeringen*, Den Haag, 1992.

Terlouw, P. & M.J.W. van Twist, *Hoe ruikt verandering? Het verstaan van veranderaars*, Den Haag, 2014.

Termeer, C., *Dynamiek en inertie rondom mestbeleid. Een studie naar veranderingsprocessen in het varkenshouderijnetwerk*, Rotterdam, 1993.

Tjeenk Willink, H.D., *De mythe van het samenhangend overheidsbeleid*, Tilburg, 1984.

Tops, P.W., P.F.G. Depla & P.J.C. Manders (red.), *Verhalen over co-produktie. De praktijk van bestuurlijke vernieuwing in Noordbrabantse gemeenten*, Tilburg, 1996.

Torfing, J., B. Guy Peters, J. Pierre & E. Sørensen, *Interactive governance. Advancing the paradigm*, Oxford, 2012.

Torgerson, D., 'Policy analysis and public life. The restoration of phronesis?', in: J. Farr, J.S. Dryzek & S.T. Leonard (red.), *Political science in history. Research programs and political traditions*, Cambridge, 1995, p. 225-252.

Tummers, L.G., V. Bekkers & B. Steijn, 'Beleidsvervreemding van publieke professionals. Theoretisch raamwerk en casus over verzekeringsartsen en arbeidsdeskundigen', *Beleid en Maatschappij*, jrg. 36, 2009/2, p. 104-116.

Turbitt, I., M. Mathias & J. de Jong, *The Kafka brigade. Public management theory and practice*, paper voor de Winelands Conference, 2010.

Twist, M.J.W. van, *Verbale vernieuwing. Aantekeningen over de kunst van bestuurskunde*, Den Haag, 1994.

Twist, M.J.W. van, *Zien wat je zegt: bewegende beelden van lokaal bestuur*, Den Haag, 2015.

Veld, R.J. in 't, *Spelen met vuur. Over hybride organisaties*, Den Haag, 1995.

Veld, R.J. in 't & A.J. Kruiter, 'Volksvertegenwoordiging moet worden afgeschaft', *NRC*, 22 maart 2002.

Veld, R.J. in 't, L. Schaap, C.J.A.M. Termeer & M.J.W. van Twist, *Autopoiesis and configuration theory. New approaches to societal steering*, Londen, 1991.

Vereniging Directeuren Publieksdiensten (VDP) & Vereniging Nederlandse Gemeenten (VNG), *Gemeente heeft Antwoord©. Het klantcontactcentrum van gemeenten als frontoffice voor de hele overheid*, Utrecht, 2007.

Vermaak, H., *Plezier beleven aan taaie vraagstukken. Werkingsmechanismen van vernieuwing en weerbarstigheid*, Alphen aan den Rijn, 2008.

Visser, B.L.V., *Toezicht in bestuurlijke rechtsverhoudingen*, Groningen, 1986.

Vree, W. van, *Nederland als vergaderland. Opkomst en verbreiding van een vergaderregime*, Amsterdam, 2008.

Vries, J. de, *Lege staat of lege bestuurskunde? Naar een herwaardering van de politiek en de politicologie*, Leiden, 2001.

Vries, M.S., *Understanding public administration*, Londen, 2016.

Vroom, C.W., *Bureaucratie*, Alphen aan den Rijn, 1980.

Walsh, K., *Public services and market mechanisms*, Hampshire, 1995.

Warner, M. & A. Hefetz, 'Managing markets for public services. The role of mixed public-private delivery of city services', *Public Administration Review*, jrg. 68, 2008/1, p. 155-166.

Weber, M., *Gesammelte Aufsätze zur Religionssoziologie*, deel 1, Tübingen, 1921/1988.

Weber, M., 'Herrschaft – Bürokratismus', in: *Wirtschaft und Gesellschaft. Die Wirtschaft und die gesellschaftlichen Ordnungen und Mächte*. Teilband 4 (Nalatenschap 1920), Tübingen, 1920/2009.

Weick, K.E., *The social psychology of organizing*, New York, 1979.

Weick, K.E., *Sensemaking in organizations. Foundations for organizational science*, Thousand Oaks, 1995.

Wenger, E., *Communities of practice. Learning, meaning and identity*, Cambridge, 1998.

West Churchman, C., 'Guest editorial: Wicked problems', *Management Sciences*, 14(4), 1967, p. 141-142.

White, J., 'Images of administrative reason and rationality. The recovery of practical discourse', in: H.D. Kas & B.L. Catron (red.), *Images and identities in public administration*, Newbury Park, 1990, 132-150.

Wiarda, G.J., *Drie typen van rechtsvinding*, Zwolle, 1988.

Wijnen, G. & P. Storm, *Projectmatig werken. Over samenwerking, risico's, aanpak en procesmanagement*, Houten, 2007.

Wildavsky, A., *Speaking truth to power. The art and craft of policy analysis*, Boston, 1979.

Wilson, W., 'The study of administration', *Political Science Quarterly*, jrg. 2, 1887/2, p. 197-222.

Woude, M. van der & J. van der Leun, 'De Nederlandse veiligheidscultuur als katalysator voor etnisch profileren?', *Tijdschrift over Cultuur en Criminaliteit*, jrg. 3, 2013/2, p. 123-136.

Zijderveld, A.C., *Sociologie als cultuurwetenschap*, Utrecht, 1988.

Zuurmond, A., *De infocratie. Een theoretische en empirische heroriëntatie op Webers ideaaltype in het informatietijdperk*, Den Haag, 1994.

OVER DE AUTEUR

Op het moment van publicatie van dit boek werkt Jan Herman de Baas als provinciesecretaris/algemeen directeur bij de provincie Zuid-Holland. Eerder was hij gemeentesecretaris/algemeen directeur in Dordrecht, Venray, Almelo en Doetinchem en secretaris-directeur van de regio Drechtsteden. Bij de provincies Utrecht en Overijssel en de gemeente Hengelo heeft hij gewerkt als directeur Strategie. Voordien was hij onder meer hoofd ruimtelijke ordening en hoofd milieubeleid bij de provincie Gelderland. Daarnaast heeft hij als adviseur en begeleider gewerkt met tientallen overheidsorganisaties (voor een overzicht zie www.debaasmanagement.nl).

Aan de Radboud Universiteit Nijmegen heeft Jan Herman als parttime docent jarenlang colleges Bestuurskunde gegeven. Van 1990 tot 1997 verzorgde hij het afstudeervak Bestuurskunde aan de rechtenfaculteit. Uit die colleges kwam een inleiding op het vak voort, die in 1995 is verschenen: *Bestuurskunde in hoofdlijnen*. Van 1997 tot 2002 en van 2012 tot 2016 doceerde hij bestuurskundige vakken aan de faculteit Managementwetenschappen, onder meer Geschiedenis van de Bestuurskunde, Kernthema's van de Bestuurskunde, Organisatieleer en Managementvaardigheden.

Jan Herman is lid van het bestuur van de Vereniging voor Overheidsmanagement.

Jan Herman de Baas studeerde bestuurskunde en rechten in Nijmegen en is geboren in 1961.

www.debaasmanagement.nl